差异、耦合及诠释：
多维视角下中美消费模式的比较研究

DIFFERENCE, INTER-DEPENDENCE AND INTERPRETATION:
A COMPARATIVE RESEARCH ON SINO-US
CONSUMPTION MODE FROM MULTIPLE PERSPECTIVE

何天立 著

图书在版编目（CIP）数据

差异、耦合及诠释：多维视角下中美消费模式的比较研究/何天立著. —北京：经济管理出版社，2014.11
ISBN 978-7-5096-3445-5

Ⅰ.①差… Ⅱ.①何… Ⅲ.①消费模式—对比研究—中国、美国 Ⅳ.①F126.1 ②F171.247

中国版本图书馆 CIP 数据核字（2014）第 247721 号

组稿编辑：申桂萍
责任编辑：刘　宏
责任印制：司东翔
责任校对：张　青

出版发行：经济管理出版社
　　　　　（北京市海淀区北蜂窝 8 号中雅大厦 A 座 11 层　100038）
网　　址：www.E-mp.com.cn
电　　话：(010) 51915602
印　　刷：大恒数码印刷（北京）有限公司
经　　销：新华书店
开　　本：720mm×1000mm/16
印　　张：14.25
字　　数：255 千字
版　　次：2014 年 12 月第 1 版　2014 年 12 月第 1 次印刷
书　　号：ISBN 978-7-5096-3445-5
定　　价：48.00 元

·版权所有　翻印必究·
凡购本社图书，如有印装错误，由本社读者服务部负责调换。
联系地址：北京阜外月坛北小街 2 号
电话：(010) 68022974　　邮编：100836

谨以此书献给我的母亲钟职清!

前　言

2008年至今，美国金融危机带来的全球经济寒冬未退，探寻后金融危机时代的国际格局和经济模式，反思金融危机原因与教训的说法不一。一些权威学者从消费视点来分析金融危机发生的原因。

主流经济学家伯南克认为：美国金融危机的产生，与全球特别是亚洲地区国家储备过剩，美国国民储蓄率过低，消费过度有关。[①]

美国前国务卿基辛格博士在接受中央电视台记者采访时指出：此次金融危机的发生与美国人过度消费的生活方式有关。为了支撑过度的消费方式，美联储不得不增发货币（美元），大量进口石油和日用消费品，以填补国内供给缺口，由此导致美国长期存在外贸逆差局面，进而使其成为世界上最大的债务国。

国内天则经济研究所学术委员会主席张曙光研究员和张弛认为：长期以来，美国人依靠举债来投资和消费。随着储蓄率的下降和债务率的上升，这种寅吃卯粮、举债度日的经济生活方式必然潜藏着很大的风险，成为这次危机的原因。

将美国金融危机的发生归因于国民过度消费方式后，一些追问自然生成：美国自己能够支撑本国国民的过度消费吗？如果美国是过度消费的国家，那么它是一个过度性的生产大国吗？

对此疑问，美国哥伦比亚大学教授兼地球研究所主任杰弗里·萨克斯认为，本次金融危机最基本的一个问题，就是美国居民过去几年消费过多。美国通过从中国、全球的金融机构借款来为本国居民的消费提供融资，并且美国居民对未来很乐观，认为可以非常容易地获得借款，特别是房贷，以及耐用消费品贷款。

杰弗里·萨克斯思考路径，使得人们自然而然地回望与美国相对应的中国谨慎消费模式。《货币战争》的作者宋鸿兵在接受《第一财经日报》的专访中认为，美国危机的本质是资产膨胀性消费模式的不可持续性。如果将膨胀表达为"过度"的话，那么我们完全可以这样认为：美国的过度消费模式是以中国的过剩生产型增长模式为物质供应的；中国过剩的生产型增长模式又是与中国多年来形成的谨慎消费模式特征相适应的。因此，可以得出这样的论断：美国的过度消费模

[①] 周立人.现代英文经济文献选读［M］.上海：立信会计出版社，2007：17.

式与中国谨慎的消费模式是在全球范围内出现的彼此对应的消费模式。因此，如果说次贷危机使得美国的消费模式难以为继，那么中国的谨慎消费模式也该有所改变了。

然而，当人们为中国的谨慎消费模式向何处去忧虑的同时，又有一个新出现的消费现象与事实，使人不得不怀疑对中国消费模式加以"谨慎"的描述是否适当！2010年5月20日，《法制晚报》上刊登了中国社会科学院的一份报告，报告指出截至2009年12月，在全球金融危机冲击下的奢侈品市场萎靡不振的市场状态下，中国奢侈品销售却逆势大涨三成以上。中国境内奢侈品消费总额已增至94亿美元，全球市场占有率为27.5%，首次超越美国而仅次于日本。考虑到经济的增长以及庞大的人口，专家认为第二只不过是中国人暂居的位置。报告还预计未来5年，中国消费者将掏出146亿美元用于购买各种奢侈品，届时中国将超越日本，成为全球奢侈品消费最大的市场。奢侈品在中国热卖的势头，引致目前80%的世界知名奢侈品品牌登陆中国内地市场，且总销售额不断上升。

奢侈品热卖与谨慎消费现象矛盾的背后，一个不能回避的事实是，中国人均GDP世界排名远远落后于欧、美等发达国家。国际货币基金组织2010年4月公布的数据显示，我国人均GDP是3678美元，排第100位；2005年是第112位；2006年是第139位；2013年排名第89位。

奢侈品消费如此，除生活必需品外的其他一般商品的定价也不尽如人意。知名学者郎咸平在他的新书《郎咸平说：我们的日子为什么这么难》中，有这样一段文字："在中国，似乎只有麦当劳这种一般社会大众都吃的快餐，天然气这种一般社会大众都要用的产品，我们和美国的价格差不多之外，其他稍微上点档次的东西，我们都比人家贵。"① 郎咸平先生的上述文字无非说明了这样一个事实：在中国广为存在一种物价泡沫，物价泡沫的存在与中国人的心理泡沫的存在有关，心理泡沫引起的消费现象被凡勃伦称为炫耀性消费。

对金融危机引发的美国过度消费模式的反思，以及这种消费模式相对应的中国消费模式谨慎性特征的一般描述，进而对我国消费模式内在的谨慎性与炫耀性矛盾并存的思考，是本书希望回答并揭示给读者的部分。当今，金融危机下的美国过度消费模式面临转型，与美国过度消费紧密相连的中国消费模式也需要探索新的方式。未来替代的消费模式将是体现社会和谐、人类大同的融合模式。探寻并展望未来新模式是本书竭力揭示的内容。

本书的基本架构与主要内容如下：

第一章是本书的逻辑起点，界定了基本概念，划定了研究的边界，阐述了本

---

① http://roll.sohu.com/20101207/n300950809.shtml.

书可能涉及的相关理论。本章阐明了运用跨文化研究的视角来分析中美消费模式特征上的差异，揭示中美两国消费模式特征之间的耦合关系是本书研究的逻辑起点与宗旨。

第二章诠释美中两国消费模式的经济特点是过度性和谨慎性，揭示过度性与谨慎性之间的耦合关系以及两种消费模式形成与发展的必然性。2008年次贷危机在美国发生，显示了美国过度消费模式的问题与非持续性，美国过度消费模式的收敛将意味着中国谨慎消费模式的未来转型。

第三章从文化的界面分析了两种消费模式的不同特质形成的文化因素。儒家文化与基督教文化在世界观、本体论、时间观、未来观等方面的差别是形成两种截然不同的消费理念，进而演化成不同消费行为模式特质的文化归因。

第四章从经济因素的不同层面分析产生中美两国不同特质的消费模式的原因。自然资源禀赋的不同是物质基础；经济制度与经济政策之间的差别是诱导性因素，塑造了中美各自的消费模式特征。

第五章是对未来消费模式的展望。中美消费模式都是特定经济条件下的产物，是不可持续的消费模式。未来的有利于社会经济与环境发展和谐统一的消费模式是两种消费模式的折中形式。

目　录

第一章　分析的基础 …………………………………………………………… 1

　第一节　视角与方法 ………………………………………………………… 1

　　一、研究视角：跨文化视域 ………………………………………………… 1

　　二、研究方法：系统动态学建构方法 ……………………………………… 2

　　三、研究目的 ………………………………………………………………… 4

　第二节　消费模式的研究现状 ……………………………………………… 5

　　一、概念界定 ………………………………………………………………… 5

　　二、消费模式研究现状 ……………………………………………………… 13

　第三节　理论基础：消费经济学理论 ……………………………………… 17

　　一、西方消费理论演变 ……………………………………………………… 17

　　二、东方消费理论沿革 ……………………………………………………… 35

第二章　中美消费模式特征 …………………………………………………… 39

　第一节　美国过度消费模式特征 …………………………………………… 39

　　一、美国消费模式的过度性与特殊性 ……………………………………… 39

　　二、过度性消费模式的终结 ………………………………………………… 50

　　三、过度消费模式的辩证思考 ……………………………………………… 56

　第二节　中国谨慎消费模式特征 …………………………………………… 61

　　一、谨慎消费模式的经济表象 ……………………………………………… 62

　　二、谨慎消费模式的发展困境 ……………………………………………… 73

　　三、谨慎消费模式现象背后的异化问题 …………………………………… 76

第三章　中美消费模式的文化解读 …………………………………………… 81

　第一节　文化原始词义及其内涵表述 ……………………………………… 81

　　一、西方的界定 ……………………………………………………………… 81

　　二、东方的解读 ……………………………………………………………… 83

差异、耦合及诠释：多维视角下中美消费模式的比较研究

　　三、不同文化界定的认识 ………………………………………… 84
第二节　文化的维度及其模型 …………………………………………… 86
　　一、跨文化研究中的时空维度 …………………………………… 86
　　二、文化维度模型：霍夫施泰德的文化维度论 ………………… 87
第三节　比较文化与消费模式 …………………………………………… 89
　　一、儒家文化与基督教文化的对比 ……………………………… 90
　　二、中国文化特征与谨慎消费模式 ……………………………… 103
　　三、西方文化与美国消费模式 …………………………………… 110

第四章　经济要素与消费模式 …………………………………………… 117

第一节　经济基础与消费模式 …………………………………………… 117
　　一、自然资源禀赋与美国过度消费模式 ………………………… 117
　　二、自然资源禀赋与中国谨慎消费模式 ………………………… 131
第二节　消费政策与消费模式 …………………………………………… 139
　　一、美国消费政策目标演变与消费模式 ………………………… 139
　　二、中国消费政策演变与谨慎消费模式 ………………………… 143
第三节　经济制度与消费模式构建 ……………………………………… 147
　　一、美国经济制度与过度消费模式 ……………………………… 148
　　二、中国经济制度变迁与谨慎消费模式的关联性 ……………… 153
第四节　消费模式之经济理论归因 ……………………………………… 161
　　一、美国消费模式归因 …………………………………………… 161
　　二、中国消费模式理论归因 ……………………………………… 163

第五章　合宜性的未来消费模式 ………………………………………… 171

第一节　消费模式的更替 ………………………………………………… 171
　　一、原始社会的生态消费模式 …………………………………… 171
　　二、农业社会中的简约消费模式 ………………………………… 171
　　三、工业社会中的线性消费模式 ………………………………… 172
　　四、循环消费模式 ………………………………………………… 172
　　五、可持续消费模式 ……………………………………………… 173
第二节　合宜性的内涵 …………………………………………………… 173
　　一、中西方的语义诠释 …………………………………………… 173
　　二、哲学诠释：折中性 …………………………………………… 177
　　三、中国从谨慎向适度模式转变的现实可能性 ………………… 178

第三节 合宜性未来消费模式的构建要素 ………………………………… 180
　一、绿色性与自然性 ……………………………………………………… 180
　二、社会性与公正性 ……………………………………………………… 185
　三、可持续性与发展性 …………………………………………………… 186
　四、适度性与折中性 ……………………………………………………… 188
第四节 中国适度消费模式的现实路径 …………………………………… 191
　一、政府扩大公共支出，刺激公共消费 ………………………………… 191
　二、转变经济增长方式，推动消费结构的转型 ………………………… 193
　三、推广消费信贷手段，适度扩大消费需求 …………………………… 195
　四、重点加强社会保障制度，降低预防性储蓄 ………………………… 199
　五、政府引导消费，实现和谐社会理念 ………………………………… 201

参考文献 ………………………………………………………………… 205

第一章 分析的基础

第一节 视角与方法

一、研究视角：跨文化视域

进入 21 世纪，人们在探寻纷繁复杂的经济问题时，发现越来越多的宏观与微观的经济现象都与文化有关联。法国经济学家弗郎索瓦·佩鲁（Fransols Perroux）在《新发展观》一书中指出：经济体系总是沉浸于文化环境里，每个人都遵守自己所属群体的规则、习俗和行为模式，尽管未必完全为这些东西所决定。经济体系如此，消费行为亦是如此。而东西方文化的差异呈现出来的消费现象的特异性，也越来越多地被世人所认识。

本书以文化的时空观为主线索，以文化间的差异为背景，以消费模式为研究对象，对比分析在不同文化背景下不同特征消费模式所带来的消费行为和消费现象的差异。这里，所谓的文化时空线索是指：第一，时间线索。它是纵向的历史发展线索，即以时间为轴线，以消费现象在一国或多国的变化为样本，记录并分析文化的演变与消费行为的演变间的关联性。第二，空间线索。这是指横向的对比研究。在对比不同文化语境下，国别与区域消费行为的异同，寻找异同现象背后的文化与心理因素。时空视角的选取，源于语言学中术语 Emic 与 Etic，演绎后翻译为普遍性与特殊性的词义。本书引用并延展成为分析视角。

（一）客位（Etic）视角

客位研究是研究者以文化外来观察者的角度来理解文化，以科学家的标准对其行为的原因和结果进行解释，用比较的和历史的观点看待民族性的材料。对于消费行为来说，就是运用某一外部标准来描述和比较不同文化背景下的消费行为，揭示选定外部标准的适用性的广泛程度。在确立比较的标准时，往往需要寻找非文化的普世的标准与概念进行横向比较。

（二）主位（Emic）视角

主位研究是指研究者不凭自己的主观认识，尽可能地从当地人的视角去理解文化，通过听取当地提供情况的人，即报道人所反映的当地人对事物的认识和观点进行整理和分析的研究方法。主位研究将报道人放在更重要的位置，把他的描述和分析作为最终的判断。同时，主位研究要求研究者对研究对象有深入的了解，熟悉他们的知识体系、分类系统，了解他们的概念、话语及意义，通过深入地参与观察，尽量像本地人那样去思考和行动。可见，主位视角是描述、分析一种特定文化背景下的消费行为的特殊性。在这个视角中，文化被当作一种观察具体消费行为与现象的镜头。在这里，行为研究被赋予文化色彩，文化被广泛地借用，用以说明一种行为特殊性的文化背景。

Emic 和 Etic 视角是比较文化研究常用的分析方式。而比较不同文化背景下的事物是跨文化研究的主旨。寻找不同文化背景、消费行为和消费模式中的异同是跨文化研究的又一目标。就本书而言，中美消费模式中哪些是文化带给消费模式的印记，哪些是生产力水平不同带给不同国家消费阶段不同而滋生的共性消费现象，是跨文化研究想要揭示的内容。例如，就中国的炫耀性消费现象而言，当下中国的炫耀性消费是为了获得群体价值认同而表现出来的群体（集体认同）心理的外化，还是社会在某个经济发展水平下所出现的人类消费心理的共同现象！这是跨文化研究试图解释的内容。

二、研究方法：系统动态学建构方法

（一）基本分析方法介绍

系统动态学是由美国麻省理工学院的教授 W.弗里斯特于 1956 年开发的一项关于现代企业系统管理的新技术和新方法。此方法被广泛用于解决复杂的经济系统和社会系统的管理和决策。该方法以系统结构、自动控制和信息传递为基础，运用系统结构决定系统功能的原理，将系统构成为结构、功能的因果关系图式模型，并利用反馈、调节、控制等原理设计出反映系统行为的反馈回路。最终形成动态仿真模型。

系统动态学分析方法的优势在于：能对系统内外各个因素的相互关系予以明确的认识和确定；能对系统内隐含的反馈回路予以明确的确定和认识；能对系统的发展过程及其趋势进行动态的考察；能在系统中设定各种控制因素作为参数，当系统参数发生变化时，可以观察系统行为及其发展变化；能够考察各种因素输入后所发生的行为和趋势，对各个因素的作用机制进行仿真模拟。

在构建本书的分析系统体系时，借用系统动态学分析方法，将影响国别集体消费行为特征的规律——消费模式作为分析对象，设定经济、文化、社会、制度等要素作为影响消费模式的参数的变量。由于其中的一些因素，比如文化、社会等，具有模糊性和非确定性特征，所以，本书中运用该分析方法构建模型旨在对变量之间的关系做解释性的、趋势性的分析，而不在于对消费模型各个变量之间的关系做逐一定量分析。这与国外以定量分析消费行为有所不同。

（二）变量、反馈回路的设置与说明

目前，西方在设置影响消费行为的变量上，有二分法和四分法等多种方法。卡托纳采用了经济因素和心理因素二分法来建立分析模型。霍华德（J. V. Howard）从系统发生学角度将变量设置为输入、知觉、学习、外因四种变量。

本书在兼顾时间维度和类别维度的同时，将模型中的变量因素设定为以下项目：经济因素、文化因素、制度因素、社会因素。其中，经济因素分为宏观经济因素和微观经济因素。宏观经济因素包括经济制度、经济政策、分配政策等；微观经济因素包括消费者的个人收入、消费习惯、消费心理等因素。文化因素包括宗教、价值观等因素。制度因素主要指代经济制度因素对消费的影响，比如：美国市场经济制度与中国旧有的计划经济制度，城乡二元经济、社会保障制度等。具体设想如图1-1所示。

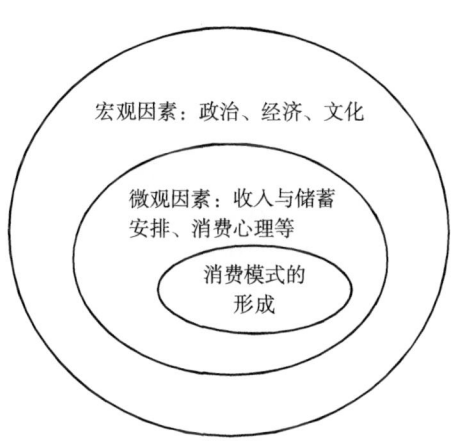

图1-1 研究对象及其参量设计

外圈是影响消费的宏观因素，包括受到政治制度影响的经济制度安排、经济体制、经济政策、文化因素。根据消费行为研究的结果，某个国家和地区的消费模式有规律性和共性特征，对共性形成的主导因素基本上是宏观的政治、经济、文化习俗等，因此，将某一国家或者地区的政治—经济—文化因素放在外圈。其中，文化因素作为社会成员所共有的价值观，是一个国家和民族历史的积淀，对消费心理和行为的共性有较大影响。

中间是居民、消费者受到宏观因素影响后的个人经济环境因素，包括消费心理、个体收入、个体消费、个体储蓄投资安排、参照群体等。参照群体是指个体在心理上所从属的群体。参照群体对个体具有规范功能和比较功能，规范的参照群体影响一个人的一般价值和行为。L. G. 西弗曼认为，影响消费行为主要的参照群体依次为：家庭、朋友、所属工作团体或正式的社会团体、购买团体等。西方社会强调个性，对集体和团体的认同没有东方社会强烈，因此，参照团体在本书中更多的是选取了以家庭为核心的朋友群体作为参照群体。

核心是研究的对象消费模式的形成。消费模式是描述和归纳个体消费行为上的群体共性和规律性的总结，因此，探寻一种消费模式的特征，要通过从宏观回望到微观介入两方面进行。最终比较总结消费模式的差异性和规律性。

（三）其他分析方法的使用

1. 交叉学科研究理论的运用

本书运用经济学、心理学、社会学的基础理论，以及经济社会学交叉学科的一些理论分析消费模式形成的原因和特点，解释群体消费行为中的普遍规律以及特殊表现。

2. 比较研究运用

本书运用比较研究的方法，对比分析了中美两国消费模式和消费行为的对应性和对称性。分析中包括了对不同国家消费、储蓄等数据的分析，通过横向对比揭示中美消费模式各自的特性；在对中国消费模式的分析中，对我国谨慎消费行为的连续性作了历史性的回顾和梳理。本书比较分析方法的运用多是建立在对大量数据进行了分析的基础上的。历史数据的运用对于总结规律、挖掘问题受益很大，能对论点、论据提供最具说服力的帮助。

三、研究目的

（1）揭示以美国为首的西方国家，由于过度消费而导致全球经济危机现象背后的文化心理因素。

（2）分析以中国为代表的儒家文化影响下的消费行为的特异性。中国消费者如何摆脱不健康的消费观念，使拥有 13 亿人口的中国居民获得可持续的消费与经济增长、消费与自然和谐的发展模式。

（3）在全球能源短缺的国际大背景下，寻找导致能源短缺问题发生的消费模式背后的文化因素，为全球经济可持续性发展和人类摆脱经济发展中的"瓶颈"找寻以文化为底蕴的新增长模式。

第一章 分析的基础

第二节 消费模式的研究现状

一、概念界定

消费模式特征抽象，是对个别消费行为的共性的总结。犹如消费具有动态性一样，消费模式也具有历史性和时代性，回顾消费的作用在人类社会经济历史中的变化，有助于帮助我们理解消费模式特征的历史性。所以，对消费模式的研究，有一部分是从对消费和消费行为的研究开始的。

（一）消费内涵的多重界定

从生物学角度来看，消费犹如所有生命体的代谢功能，是人类社会存在与发展的基本性功能。只要有生命迹象，消费现象就必不可少。但是，人们对消费作用的认识，不是原发性的，而是随着社会生产力的发展而不断丰富的。至今，大量的中外词典、经济学词典、消费经济学词典及消费经济学教科书，仍未能对"消费"这一经济学的基本范畴做出一致的界定。

《标准汉语词典》2000 年版的界定是：消费"是为了生产或生活需要而消耗物质财富"。①

《辞海》1999 年版、2006 年 1 月第 5 次印刷版本中的释义是："消费：人们消耗物质资料以满足物质和文化生活需要的过程。"这种界定也与《现代汉语词典》中的界定一致。②

尹世杰教授等消费经济学专家，在由他本人主编、西南财经大学出版社 1991 年出版的《当代消费经济词典》中，对"消费"的界定是："人们在物质资料和劳务的生产与生活中，对物质产品和劳动力的消耗过程。包括生产消费和生活消费。" 1999 年尹世杰教授主编出版的《消费经济学》著作中将消费看成"是人类社会经济活动的重要行为和过程。广义的消费，包括生产消费和生活消费两个方面……生活消费，是指人们为满足个人生活需要而消耗各种物质资料和精神产品"。2003 年高等教育出版社版本的《消费经济学》对消费（生活消费）给出的定义做了简单补充。即"消费已生产出的消费资料（包括劳务消费）来满足自己的物质文化需要的消费行为，它直接与劳动力再生产相联系"。后一个定义在

---

① 张谦亨.标准汉语词典 [M].长春：吉林人民出版社，2000：1042.
② 中国社会科学院语言研究所词典编辑室.现代汉语词典 [M].北京：商务印书馆，2002：1380.

消费资料的界定上多了一个"劳务",是一个补充。

林白鹏教授等主编、经济科学出版社 2000 年出版的《消费经济学大辞典》中对消费的界定是:"人们通过对各种劳动产品(包括劳务和精神产品)的使用和消耗,满足其多方面的需要,以实现人本身的生产和再生产的过程和行为。广义的消费包含生产消费和生活消费。"其中"生活消费"是:"人们为满足生活需要消费多种物质、精神产品的过程。生活消费具体包括:物质产品消费和精神产品消费。前者包括吃饭、穿衣、住房、交通等;后者包括阅读书报、看电影电视剧等。两种消费分别满足了不同的需要,并且都包括一部分劳务消费。"如果把上面关于"消费"、"生活消费"的这两段定义联系起来看,除了认为消费("生活消费")是"消耗"外,还增加了"使用"的内涵。

《牛津袖珍词典》认为消费就是"消耗"。Consumption 就是毁掉、用尽、吞掉,吃光或喝光的意思。杨圣明教授撰写的《中国消费结构研究》中,也把"消费"定义为"消耗":"消费既是人们消耗各种消费资料(包括劳务)的生物、生理的自然过程,又是人们之间发生一定关系的社会过程。"① 此外,在温孝卿等主编的《消费心理学》一书中,也把"消费"定义为"消耗"。书中写道:"在生活过程中,人们为满足某种需要,在消耗物质产品的过程中所表现出的行为活动……成为生活过程中的消费,即生活消费。"

美国消费经济学家就职于罗德岛大学终身教授肖经建认为:消费即"使用"。"消费"一词是指"用于那些强调物品和服务使用过程的活动"。②

可见上述对消费内涵的认识各异,但是如果抛开消费的外在形式,寻求内在实质,则消费最后可以蜕变成两种层面的消费。如果把消费看做是对物质消费,那么消费是自然物质、商品物质的减少,或者是器用等磨损的过程;如果把消费看做是精神层面的消费,那么消费又是获取某种物质感官快乐的愉悦过程。美国经济学家简单地将消费总结为物品和服务使用过程的活动。作者认为,比较适合描述多层面意义中的消费过程。

如果把消费和生产看做是社会再生产的循环过程,那么消费与生产是互为目的的循环过程。其中的辩证思想深邃且值得认识。

(二)马克思消费内涵中的辩证思想

恰如 Williams 指出的那样:从词源上看,Consumption 就是辩证关系的统一。因为"一件物品的使用或挪用,通常既是消费,又是生产;既是破坏,又是生

---

① 杨圣明. 中国消费结构研究 [M]. 太原:山西经济出版社,1986:11.
② 肖经建. 现代家庭经济学 [M]. 上海:上海人民出版社,1993:9.

成；既是解构，又是建构。"① 对于消费与生产的辩证关系，马克思的理解很深刻。

1. 消费与生产之间是合二为一的统一关系

生产与消费互为目的性。这就像人的身份有二重性一样，人的生产者身份与人的消费者身份是合二为一的。当生产时，人（生产者）的体力消费过程就是生产；当消费时，人（消费者）的消费就是再生产劳动力的过程，也是为了生产。消费与生产，消费者与生产者本身是一个事物不可分开的两个方面。马克思在《〈政治经济学批判〉导言》中，提出了"生产的消费性"与"消费的生产性"。他说，生产直接也是消费。双重的消费，主体的和客体的。这是因为：

第一，个人在生产过程中发展自己的能力，也在生产行为中支出和消费这种能力，这与自然的生殖是生命力的一种消费完全一样。第二，生产资料的消费，生产资料被使用、被消费，一部分（如在燃烧中）重新分解为一般元素。原料的消费也是这样，原料不再保持自己的自然形状和自然特性，而是丧失了这种形状和特征。因此，生产行为本身就它的一切要素来说也是消费行为。不过，这一点是经济学家所承认的，他们把直接与消费同一的生产，直接与生产合一的消费，称作生产的消费。消费直接也是生产，正如在自然界中的元素和化学物质的消费是植物的生产一样。例如，在吃喝这一种消费形式中，人生产自己的身体，这是明显的事。而对于以这种或那种形式从某一方面来生产人的其他任何消费方式也都可以这样说。②

2. 消费与生产又是对立统一的关系

从经济发展的历史上看，消费在社会生产中的角色变化说明了消费与生产的对立统一。对立与统一关系是一个哲学层面上的对消费与生产关系的描述。这种对立统一关系的发生与社会生产力水平密切相关。当社会生产力水平低下时，整个社会关注的是如何生产，提高生产力水平，在这样的社会里人们对消费是不关注的或者说是否定消费的。而当社会的物质生产能力达到了一定水平后，生产与需求之间的矛盾不再是生产不能满足需求，而是生产的相对过剩，即马克思说的相对于人的需求，或者说购买力过剩之后，消费作为可能影响生产持续发展的力量才进入了人们的研究视野。在这样的相对丰裕的社会中，消费被看做是促进生产的积极力量。消费问题真正进入人们的视野，消费作为肯定意义存在于人们的意识中。

总之，在马克思主义的政治经济学理论中，生产与消费的对立统一是被置于社会再生产的连续过程中来考量的。在社会再生产的过程中，生产是起点，消费

---

① [英] 西莉亚·卢瑞. 消费文化 [M]. 张萍译. 南京：南京大学出版社，2003：1.
② [德] 马克思、恩格斯. 马克思恩格斯选集（第二卷）[M]. 北京：人民出版社，1995：8.

是终点。从二者之间的关系来看，生产对消费起着决定性作用，生产水平决定消费水平、消费结构、消费方式等一系列消费问题；反过来，消费也会制约生产，消费是生产的目的、归宿、动力与前提。消费不足，生产也会停滞，从这个意义上看，消费是有利于再生产过程的继续的。

（三）消费功用动态性启示

消费与生产的辩证关系，以及对消费之于经济发展角色的变化是一个动态的历史过程。从15世纪至今消费在社会经济生活中的角色几经变化。

1. 第一阶段（15~18世纪）消费被忽略

15~18世纪初期，从社会发展阶段来说，西方社会尚处于前工业化社会和工业社会初期，社会生产力水平较低，社会物质产品稀缺，供给不足，资本家处于原始资本积累时期。整个社会生产的焦点是如何提高效率和生产力水平。从经济学思想史来看，古典经济学家们一致反对消费，提倡节制、节俭，促进生产。在亚当·斯密的《国富论》中，大量篇幅在讨论如何用分工的办法来提高生产效率，增加社会财富总量。与此同时，法国的重农学派倡导发展农业，认为社会进步取决于农业为社会生产的贡献能力。对于消费，重农学派的代表魁奈把消费品区分为生活必需品和奢侈品。他认为，农业提供的是生活必需品，而工业中的有些工场则生产奢侈品。由于必需品的消费会增加财富和收入，而奢侈品的消费不利于财富和收入的增加，因此，他主张减少奢侈品的生产和消费，保护农业，以保证必需品的供应。①

2. 第二阶段（18世纪后期至20世纪初期）超越节俭，正视消费

18世纪后期，西方确立了资本主义生产关系。工业革命释放了生产力，社会产品的供给由短缺转向丰富，由绝对稀缺向相对丰裕转变。资本主义生产关系内部固有矛盾，即生产相对过剩现象初露端倪。从社会再生产循环的角度来看，生产过剩就是消费不足的表现。消费不足影响生产的继续，导致经济危机现象的发生，第一次引起了学者们的关注。法国的小资产阶级代表西斯蒙第（1773~1842）发现了经济危机的症结是消费力的不足，从而对消费产生了新的认识。

（1）生产的目的是消费，生产本身不是生产的目的。西斯蒙第批判了英国古典经济学派把"国民财富的增长"作为经济学的研究对象，提出"享受财富才是创造财富的目的"。在他的《政治经济学新原理》中，他认为财富之所以为财富，即在于它能满足人们的需要。人的需要，即消费总是先于生产和决定生产的。

（2）生产由消费决定，而消费的扩大更取决于社会分配的合理性。西斯蒙第认为"绝对的消费决定着相等的，或扩大的再生产。再生产的范围是否可以扩

---

① 魁奈.魁奈节俭著作选集之谷物论［M］.北京：商务印书馆，1979：39-40.

大，或呈螺旋形变化就取决于这一点"。①如果社会片面地追求财富增长结果必然造成社会的贫富不均，消费萎缩，生产也终将因消费的不能扩大受到影响。在《新原理》中，他追问道：英国所积累的如此巨大的财富究竟带来什么结果呢？除了给各个阶级带来忧虑、困苦和完全破产的危险外，还有什么呢？为了物而忘记人的英国不是为手段而牺牲目的吗？他还指出，资本主义的不公平分配是一切灾难和贫困的原因。只有分配保证按照每个人的情况给予物质福利，才能使社会生产得到顺利的发展。

（3）从消费决定着生产这一前提出发，西斯蒙第发现了生产与消费之间的矛盾，并把这二者间的矛盾看成是资本主义生产关系的基本矛盾。西斯蒙第的代表作《政治经济学新原理》一书完成在 1819 年，当时英国继 1815 年之后又再次爆发了经济危机。早期的经济危机暴露了资本主义制度的内在矛盾这使他发现了生产与消费之间的内在矛盾，从分析生产的目的开始，直至触及消费停滞对生产和社会带来的危害。在《政治经济学新原理》中，他这样写道：在生产、收入和消费之间的相互比例中，如果发生不协调现象同样会有害于国家，有时会使生产的收入比平时减少，有时会使一部分资本变成消费基金，或者相反，这种消费减少，也就不再要求新的生产。只要这种均衡受到破坏，国家就会遭难。②可见，生产的停滞无疑将带来国家的危机，产生生产的过剩。但由于西斯蒙第所指出的这一消费矛盾是建立在以分配为核心的理论分析上的，没能真正认识到分配关系背后的生产关系，因此消费的作用只是被西斯蒙第作为一种现象揭示了出来，至于对生产与消费之间矛盾根源的揭示只有在马克思的"生产"视角下才最后成为可能。③

3. 第三阶段（20 世纪 20~70 年代）鼓励消费

1825 年，整个世界爆发了第一场经济危机。此后，每隔若干年就会爆发一场经济危机。危机的到来，使得消费在学者们心目中的地位再次上升。20 世纪 30 年代，爆发了资本主义历史上持续时间最长、波及面最广、影响程度最深的一次经济危机。本次经济危机对社会生产的打击是严重的，同时使人们清楚地认识到资本主义生产中的内在矛盾。正如马克思、恩格斯所指出的那样，在危机期间，发生一种在过去一切时代看来都好像是荒唐现象的社会瘟疫，即生产过剩的瘟疫。④

经济危机带来的生产过剩是相对意义的，是相对人们的购买力而言的生产过

---

① 西斯蒙第. 政治经济学新原理 [M]. 何钦译. 北京：商务印书馆，1964：83.
② 西斯蒙第. 政治经济学新原理 [M]. 何钦译. 北京：商务印书馆，1964：85.
③ 夏莹. 消费社会理论及其方法论导论 [M]. 北京：中国社会科学出版社，2007：95-96.
④ 马克思，恩格斯. 马克思恩格斯选集（第一卷）[M]. 北京：人民出版社，1995：278.

剩。凯恩斯借此现象提出了"有效需求不足"的理论。凯恩斯从人们的消费心理出发分析了经济危机的根源。他认为，人们的三种心理状态导致了长期性的人们的消费不足。三种心理状态的外化形式是，人们的消费支出不随着收入的增长而同比例的增长；人们的预期利润率将随投资的增加而递减；人们乐于在手头保持现金，满足灵活偏好的心理。三种心理状态对应了三个积极规律的总结，即消费倾向递减、资本边际效率递减和流动偏好的规律。

既然人们心理的自然趋向是消费递减，那么，促进消费只能依靠外力来推动了。于是，凯恩斯提出强化政府职能，通过转化政府的角色来带动消费。他提出政府应该通过财政政策与货币政策来刺激需求，平衡生产相对过剩，避免消费危机和失业，保持社会的稳定。

可以想见，在凯恩斯主义盛行的时代，消费地位上升到了要由政府行为加以保护并且推动的地步。凯恩斯理论完全颠覆了以往经济学家们推广的自由放任主义的政府角色主张，政府职能由"无为"到"有为"，而且有为的方向是促进消费。

4. 第四阶段（20世纪70年代末至今）消费反思

凯恩斯主义从产生以来，成为西方官方御用的理论。但是，过度的刺激消费如果只是危机时期的权益之举，尚还可以接受，但是持久运用就会带来新的经济与社会问题。20世纪70年代末，新的经济与社会问题的出现，使得人们开始反思凯恩斯理论的适用范围。反思集中在扩大消费所带来的负面社会问题上。

（1）社会生产动力不足，西方社会出现了滞胀经济现象。20世纪70年代，伴随着国际原油危机，资本主义社会出现了经济发展停滞和社会通货膨胀并存的经济问题，简称滞胀现象。对于滞胀的原因，新自由主义经济学派的解释是货币发行量过大导致了通货膨胀，停滞则是由税收过高引起的。因此，供给学派的拉弗主张减税增加社会产品的供给，货币学派的代表弗里德曼主张减少货币发行来对付通货膨胀的问题。

所有新自由主义的主张集中在减少政府对经济的干预上。减少对消费的刺激，增加供给。供给学派主张的供给是包括劳务和商品数量的供给，以及要素供给和供给效率。供给学派的减税政策旨在增加社会的劳动供给、资本供给、技术供给。

供给学派的思维逻辑是：通过财政政策的变革——降低税率（尤其是边际税率）的调整，刺激劳动积极性，增加储蓄和投资的兴趣，从而最终促进总供给和经济增长。供给学派倡导的减税政策主要表现在降低个人所得税和公司所得税上，使得劳动者、投资者和消费者有更多的税后收入用于储蓄，促进储蓄资本向投资转变，促进经济增长。对此，罗伯茨指出：美国劳动生产率的下降有几个明

第一章　分析的基础

显的原因，其中最为重要的是，政府支出的扩张和边际税率的上升将潜在的储蓄者推向更高的税收等级，从而减少了储蓄；使经济中最为重要的资源——资本供给严重不足；损害了工作积极性，从而减少劳动供给；资源转向非生产性目的和地下经济，降低了技术兴趣，使技术创新机制受阻。

（2）环境无法承担过度消费的资源供给压力。20 世纪 70 年代，西方社会掀起了反思西方社会消费模式的浪潮。反思有经济理论层面的，也有生产模式方面的。就后者而言，西方工业化生产方式本身是建立在对自然资源的消耗上的，在 20 世纪 60 年代末这种生产模式的负面影响，就已经被西方有识之士发现。一些经济学家、生态学家、社会学家对经济增长的阴暗面提出非议。他们指出，"曾经一度是正面意义的'增长'一词，似乎突然增加了阴暗的、令人烦恼的含义"。增长极限论就是在对西方工业化生产模式反思基础上提出的。其代表人物是美国麻省理工学院管理学教授丹尼斯·梅多斯（Dennis L.Meadows）。

1970 年，丹尼斯·梅多斯接受了罗马俱乐部的委托，与唐奈拉·梅多斯（Donella H. Meadows）和乔根·兰德斯（Jorgen Randers）等人合作，于 1972 年出版了《增长的极限》（The Limits to Growth）一书。这是该俱乐部关于人类境况研究的第一份报告。在该报告中，梅多斯根据其老师福雷斯特（Jay W. Forrester）的"体系动态学"的分析方法，建立了一个世界模型。在该模型中，他们从定性和定量两个角度，对影响世界经济增长的五种主要因素：世界人口、粮食生产、工业发展、污染和资源消耗进行了系统研究，最后得出的基本结论是，如果上述各个因素按照现有生产模式继续下去，那么在未来 100 年内，人类将面临全球规模的增长极限，最终结果很可能是人口和工业生产能力发生非常突然和无法控制的崩溃。要想避免这种情况的发生，就必须在 15 年内停止人口和经济增长，以达到"零增长"的"全球均衡"状态。许多学者把梅多斯等人的世界模型称为"世界末日"模型。

梅多斯等人的研究结论无非向世人陈述了这样一个严峻的事实：世界的资源和环境的承受力已经到了极限，到了要摒弃以往的消费与生产模式，树立全球经济可持续发展的观念。1972 年 6 月，在斯德哥尔摩召开的联合国人类环境会议上，《增长的极限》被列为大会文件分发给各国代表，对大会最后发表的《人类环境宣言》产生了重大影响。该宣言明确提出，"我们应该做些什么，才能保持地球不仅成为现在适合人类生活的场所，而且将来也适合子孙后代居住"。

1980 年 3 月，联合国大会首次使用了"可持续发展"的概念，指出"必须研究自然的、社会的、生态的、经济的，以及利用自然资源过程中的基本关系，确保全球的可持续发展"。为国际社会所普遍接受的可持续发展的概念，是世界环境与发展委员会于 1987 年完成的一篇题为《我们共同的未来》的报告中提出的。该报告认为,"可持续发展是指既满足当代人的需要,又不损害后代人满足需要的能力的发展"。这一定义经过国际社会的激烈争论,被 1989 年 5 月举行的第 15 届联合国环境规划署理事会通过的《关于可持续发展的声明》广泛认可,并于 1992 年在巴西里约热内卢召开的世界环境与发展大会上形成全球性的共识,即"可持续的发展,是指满足当前需要而又不削弱子孙后代满足其需要之能力的发展,而且绝不包含侵犯国家主权的含义",并定为全人类的共同发展战略;1994 年开罗世界人口与发展大会更加明确地指出,"可持续发展的核心是人"、"要充分认识和妥善处理人口、资源、环境与发展之间的相互关系,并使它们协调一致,求得互动平衡"、"各国应该减少和消除无法持续的生产和消费方式,并推行适当的政策,以便满足当代人的需要而又不影响后代满足自身需要的能力"。

(3)过度消费给金融体系带来的融资压力。前面分析了历史上过度消费对社会生产和环境的负面效应。当时光回到 21 世纪的时候,我们再次切身地感受到了由过度消费带来的金融体系的崩溃给世界各国经济带来的危害。

犹如消费与生产之间应该保持适度的平衡关系一样。消费之于每个消费个体也是应当遵循收支平衡的。凯恩斯主义主张的"赤字财政"的宏观财政政策在个体消费者身上的微观化,造成借贷消费的习惯在世界各国的盛行。下面仅以美国为例说明。

依据圣路易斯联储银行公布的经济数据,20 世纪 80 年代以后,美国消费支出占国内生产总值的比重持续上升,2002 年以后保持在 70%左右,超过欧洲 58%、日本 55%的消费比重。与此同时,家庭负债规模迅速上升,2002~2006 年家庭债务以每年超过 10%的比例增加,超过收入以及国内生产总值的增长速度。家庭负债占可支配收入的比重从 1999 年的 90%迅速上升到 2007 年底的 130%。消费者信贷规模 2008 年达到 2.6 万亿美元,比 10 年前的规模增长了近 80%。2009 年美国信用市场各类债务总额超过了 50 万亿美元,占国内生产总值的 243%;其中,家庭部门负债总额达到 13.5 万亿美元,占国内生产总值的 94%。①

借贷消费的确是推动美国经济增长的重要力量,在一定程度上缓和了美国经济的周期性震荡,但膨胀的信用消费模式下形成的高负债经济却始终是一个巨大的隐患。当过度的负债消费和非健康的负债结构达到一定程度后,便对国民经济产生严重的负作用。美国消费信用结构失衡表现出巨大的破坏能力,最终在住房消费信贷上以次贷危机的形式表现出来。因此,有人这样评价美国的金融危机:"是在经济高度证券化条件下,美联储长期实行低利率政策,鼓励人们举债投资,使金融衍生品交易积累大量泡沫,导致人们收入虚高增长,进行过度消费、透支

---

① 周玲玲. 美国的负债消费与金融危机 [J]. 长春师范学院学报, 2011, 2 (30): 22.

第一章 分析的基础

消费，脆弱的债务融资链条断裂、信用崩溃而引发的。"①

对消费历史的回顾表明，随着社会生产力发展从低级阶段到高级阶段，人们对消费的认识也从忽略——重视——社会破坏性发生着转变，消费之于经济的作用是变化的。如何在动态的发展中，驾驭消费、把握消费对经济的推动作用仍是经济学家和广大社会人士要继续探索的课题。

二、消费模式研究现状

（一）消费模式内涵的揭示

消费模式是人们消费关系和行为规范的综合表现，是从总体上反映人们消费行为的主要内容、基本趋势和质的规定性，是指导人们进行消费活动并对人们的消费行为进行社会价值判断理论概括和依据。在我国，对消费模式的研究是伴随着消费经济学的出现而产生的。

我国第一篇系统分析消费模式的文献载于1981年《经济问题》杂志第7期，由周叔莲先生撰写的《正确处理生产和消费的关系——兼论中国式的社会主义消费模式》一文。该文从生产与消费的一般辩证关系、社会主义制度下生产与消费的关系以及中国国情出发，指出建立中国式的社会主义消费模式的重要性与复杂性。周叔莲认为，消费模式是指一定时期消费的主要特征，包括消费内容、消费水平、消费结构、消费方式、消费爱好、消费趋势以及消费的其他方面的一些主要特点。② 李彦和教授的观点与此相似，他认为："消费模式就是消费收入、消费水平、消费结构和消费方式的总和。"③ 早期两位权威经济学者的界定使我们清楚、具体了解和认识了消费模式的内在结构与构成。

徐淼忠教授认为消费模式是人们对消费的人为规定，而不是人们消费实践的客观结果。因而只限于对未来人们的消费做出规定，用以指导人们的消费活动。④ 这种观点把消费模式看做是对于未来消费的预先的头脑设定。与其他界定不同的是，其他消费模式的界定多是对过去消费经验和消费特征的总结和归纳。

杨圣明教授在他的专著《中国式消费模式选择》一书中指出：所谓消费模式是指消费体制中最根本、最重要的部分，是消费体制的骨架、基本规定性和主要原则。这是消费模式的狭义的层面；广义的消费模式除包括消费体制外，还包括

---

① 丁浩.美国次贷危机形成机理与金融危机根源探究[J].金融教学与研究，2009（1）：7-9.
② 周叔莲.正确处理生产和消费的关系——兼论中国式的社会主义消费模式[J].经济问题，1981（7）：13-19.
③ 李彦和.简明社会主义消费经济学[M].银川：宁夏人民出版社，1987：187.
④ 徐淼忠.现代消费经济学通论[M].深圳：海天出版社，1988：290.

消费发展、消费结构以及消费运行机制等内容。① 在杨先生看来，狭义的消费模式就是消费体制的体现。

尹世杰教授较为系统地建立了人们对消费模式这一概念的认识，他认为消费模式是人们消费关系和行为规范的综合表现，是在一定生产力水平和一定生产关系下人们消费行为的方式、规范和质的规定性。它不仅反映人们消费活动的主要内容和特点，也反映消费领域的经济关系；不仅反映消费活动的运行机制，也反映消费领域的基本规范；不仅反映人们消费活动的发展趋势和客观规律性，也反映国家对消费的基本政策和要求。消费模式是指导人们进行消费活动，并对人们的消费行为进行社会价值判断的依据和理论概括。② 这种观点强调消费活动的规范与质的规定，把消费模式理解为居民消费活动中所形成的社会关系的总和。

还有部分教材将消费模式定义为：是一定社会在一定时期内消费的特征和量的规定，包括消费结构、消费水平、消费需求等规范、数量与发展趋势。③

上述消费模式的不同描述，我们可以认为全面的"消费模式"的描述，应该是兼顾对消费对象"质"的特征与"量"的规定性的综合描述。它应该既反映过去消费发生的历史事实与消费特点，又能够对现实消费现象做客观的描述；既反映不同模式背后的生产力水平，又能兼顾思想意识、政策方针以及不同文化的特点。

鉴于笔者对此事物的理解，本书将消费模式做如下界定：消费模式是社会消费群体因受到不同的政治体制、经济制度、社会环境以及文化等因素的影响，而呈现出来的在一定历史时期内稳定的，主导群体表现出来的与社会消费结构、消费水平、消费需求相适应的消费行为的集体特征。

（二）消费模式划分标准

对于消费模式的划分，因分析角度的差别，划分类型多样：

（1）从消费模式与社会经济发展阶段性划分，可分为早熟型（超前型）消费模式和滞后型消费模式。消费模式所选择的消费水平超过了本国经济增长水平就是超前消费模式；反之就是滞后型消费模式。

通常在一国经济处于起飞前的准备阶段和起飞过程中，具体来说就是在工业化加速时期，社会需要保持较高的储蓄率来支持经济增长和产业发展，国家会倾向于选择滞后的消费模式。在这种情况下，一定时期适度滞后的消费对于增加资金积累、促进国民经济的长期发展具有积极的作用。苏联和东欧国家以及新中国

---

① 杨圣明. 中国式消费模式选择 [M]. 北京：中国社会科学出版社，1989：68-69，47-48，102-111.
② 尹世杰. 关于消费模式的几个问题 [J]. 求索，1990（4）：4.
③ 南方十六所大学政治经济学教材编写组. 政治经济学社会主义部分 [M]. 成都：四川人民出版社，1986：353.

成立后较长的一段时期里推行的就是滞后型的消费模式。当然，这种消费模式持续时间是需要加以控制的，因为消费长期停滞不前或增长缓慢，会对经济的长期发展带来一些消极的影响。

而早熟型消费，多发生在发展中国家经济开放的过程中，由于本国的工业技术不成熟，工业品和消费品的生产不完善、不充足。而开放国门后发达国家消费方式的示范作用，使得国内的主要资源用于生产或者进口耐用消费品。消费品的大量进口，一方面花费大量外汇，另一方面使国外消费品充斥国内市场，削弱了本国消费品工业的发展能力。大量外汇用于消费品进口，在外汇紧缺的情况下，不仅影响先进技术、设备的进口和本国经济实力的增强，而且有可能造成外债债台高筑，从而对国民经济造成严重的危害。20世纪70年代以来，拉美的一些发展中国家在实行对外开放的过程中曾经出现过早熟型消费。①

（2）从消费发生的历史演化来看，消费模式经过了原始生态消费、线性消费、循环消费与未来的可持续消费四个阶段。这四个阶段是与人类文明经历了狩猎文明、农业文明、工业文明到未来的生态文明几个阶段相适应的。②

（3）从消费需要的层次上划分，斯人把消费模式分为一元消费模式（物质消费模式）、二元消费模式（以物质消费为主与精神消费为辅的消费模式）、三元消费模式（物质、精神与生态消费模式）。③

（4）从消费模式的国别特征来看。张建平通过对典型国家消费方式、消费水平、消费结构的比较，总结出五种世界范围内的典型消费模式。它们分别是：美国——高收入—高消费—低储蓄的过度消费模式；瑞典——社会福利型消费模式；日本——资源节约型消费模式；印度——享受型与温饱型共存的二元消费模式；非洲欠发达国家——贫困生存型消费模式。④罗先锋总结的世界三种消费模式为：美国的市场型消费模式——以建立在完全市场化基础上的高水平消费、高信贷消费为特征；瑞典社会福利型消费模式——以高消费—高福利—高税收和完善的社会保障体制为特征；日本消费模式——以低消费—高储蓄—高积累为特征。⑤鲁捷比较了美、日两国的消费模式，认为美国是追求高度舒适、奢侈型的消费模式，日本是追求低工资、高积累式的消费模式。⑥

对于中国的消费模式的类型，有两种看法：一是将中国模式看做是与美国模

---

① 伊志宏. 消费经济学 [M]. 北京：中国人民大学出版社，2004：198.
② 张长元. 消费模式的演替 [J]. 生态经济，2001 (1)：53-55.
③ 斯人. 当代消费模型转型及其发展政策创新研究 [J]. 改革，2001 (6)：22-24.
④ 张建平. 世界不同国家消费模式比较 [J]. 中国党政干部论坛，2009 (2).
⑤ 罗先锋. 消费模式的国际比较 [J]. 商业研究，1996 (7).
⑥ 鲁捷. 日、美两国生活消费模式的变化及对我国的启示 [J]. 北方经济，2006 (5).

式相对应的消费模式。例如，宋鸿兵根据中国经济增长的特征，将中国模式描述为过剩生产型增长模式。二是根据中国消费模式的相对特征，严先溥将中国看做是高储蓄—谨慎保守型消费模式。①

（5）从金融危机与消费模式的关联性上划分。美国的金融危机使得消费模式的研究重新回归人们视线。因为危机从表面上看，是由居民过度的借贷消费引起的。我国学者宋鸿兵认为，美国的资产膨胀型消费模式是金融危机发生的原因之一，金融危机的爆发，也在检验以美国为样本的消费模式能够持续多久。对于何谓资产膨胀型模式，斯蒂芬·罗奇认为，由于美国经济增长越来越依赖资产价格的不断膨胀，一旦资产价格膨胀中止，美国消费者的资金链将不可避免地出现断裂。由此，当2007年房产泡沫破裂之后，美国人开始面临前所未有的"信仰危机"——这种资产膨胀型的消费模式遭受着考验。②

（6）根据收入与储蓄分配比例关系来划分。2010年，严先溥在《经济研究参考》上发表一篇题为《加快我国消费模式转型步伐》的文章，文章中将当前世界上存在的消费模式按照消费特点分为三类：一是超前消费模式。它的显著特点是居民透支未来的收入，储蓄较少。在超前消费模式形成之初，对经济增长的拉动作用十分明显。在超前消费模式形成之后或改变之前，对经济增长形成新的拉动力不会太明显。但一旦超前消费模式改变为适度消费或保守消费，对经济增长的负面影响将立竿见影。因此，超前消费不是一种可持续的消费模式。二是保守消费模式。其主要特点是居民消费少于收入，储蓄较多。储蓄与即期消费表现出一种反向的关系，储蓄越多，即期消费越有限。保守消费模式不仅影响一个国家的最终消费能力而不利于经济增长，而且使个人储蓄存款大幅度增加，容易影响银行资金运用，在客观上刺激了投资扩张。三是适度消费模式。它介于超前消费模式和保守消费模式之间，居民消费与收入大体平衡并有所节余。这是一种比较理想的消费模式，对经济可持续发展和增长方式转变可产生多方面的积极作用。③

表1-1 不同消费模式的特征

消费模式	特征	人均GDP	消费方式	消费率	代表国家
过度型	超前、透支、高消费、低储蓄	3万美元以上	以信贷消费为主	75%~85%	美国、西欧
保守型	低消费、高储蓄	2000~5000美元	以现金消费为主	40%~55%	中国、印度
适度型	收支大体均衡		现金与信贷	45%~75%	

---

①③ 严先溥. 加快我国消费模式转型步伐[J]. 经济研究参考，2010（27）：32.
② 袁惠等. 从消费文化到经济增长模式[J]. 中外企业文化，2009（7）：49.

由于在 1994~2007 年的 14 年间，以美国为代表的欧美发达国家的消费需求与消费规模持续上升，消费需求实际年均增长率为 3.5%，而同期可支配个人收入实际平均增长率为 3.2%。美国属于借贷消费率持续较高的国别，被划归为过度消费型的国家。

本书中的消费模式，是指在不同文化背景、不同社会经济制度下的，以国别为代表性的两种消费类型，它们以不同的消费心理、消费文化为内在的基础，以消费结构、消费总量的多少为外在表现形式的消费存在方式。

第三节　理论基础：消费经济学理论

一、西方消费理论演变

西方学术界对消费理论的阐述是与社会对消费作用认识的变化相适应的。消费理论研究热点，经历了以抑制消费为核心的古典消费经济理论时期和现代的重视消费的理论发展阶段。近现代西方消费经济理论的发展，以消费者行为学研究的出现为重大标志，消费者行为学的出现，将消费现象从对客体消费的观察转变为对主体行为的研究。而研究涉及人本身之经济的行为，经济学理论又从对消费者为"经济人"的研究假设，发展到对消费者作为"社会人"之行为表现的研究历程。以经济人的假设为前提的研究结论是西方主流经济学理论的路线。以"社会人"为前提假设而衍生出来的理论被看做是非主流经济学派的路线。本节以经济人与社会人的假设为路径，以时间为线索，试图对有关本主题的消费经济理论进行梳理，力求对后面的分析建立相关的理论基础。

(一)"经济人"假设前提下的消费经济理论

1. 古典经济学派的消费经济理论

西方古典消费经济理论以节制消费为核心，其目的在于适应资本主义生产方式确立时期资本积累的需要。古典消费经济理论中具有代表性的人物及其观点是：

英国古典经济学派创始人威廉·配第（1623~1687）是较早讨论消费之于生产意义的学者。他以是否有利于社会生产扩大为标准来划分消费的类别，将消费分成必要消费和不必要消费。像大吃大喝在他看来就是最不利于生产的消费了，属于不必要的消费。为了抑制人们不必要的消费行为，防止收入提高后带来的懒惰，配第呼吁政府用税收调节收入，抑制工资上涨，保持最低工资，从经济收入上控制"不必要消费"需要发生的物质可能性。他提出的"生存工资学说"就是这种观点的体现。为了实现上述主张，他主张通过立法来保障精确规定劳动的价格，用以保持工人不产生消费剩余，抑制奢侈消费的发生。

另一位英国古典经济学派代表人物亚当·斯密（1723~1790）也以节制消费、增加资本积累为他的消费经济思想的核心。斯密认为："资本增加，由于节俭；资本减少，由于奢侈与妄为。""资本增加的直接原因，是节俭，不是勤劳。诚然，未有节俭以前，须先有勤劳，节俭所积蓄的物，都是由勤劳得来的。"[1] 与配第的消费分类不同的是，他把消费按照时间趋势和消费用途分为目前消费与未来消费、生产性消费和非生产性消费。他指出，目前消费指满足眼前享受，不能积累资本，进行再生产；未来消费可以鼓励人民节俭，还能生产出价值与利润。对于生产与消费的关系，与重商主义为了生产者的利益而牺牲消费者的利益不同，他首次提出了生产的目的是消费。他指出，消费是一切生产的唯一目的，而生产者的利益，只在能促进消费者的利益时，才应当加以注意……[2]

法国古典政治经济学的完成者西斯蒙第（1773~1842）的消费经济思想在整个古典经济学中显得较为丰满。他肯定了消费对社会生产与再生产的重大经济意义，第一个指出了经济危机是由消费不足引起的问题，也第一次完整地论证了资本主义制度必然发生经济危机的问题。他认为，造成资本主义经济危机不可避免的根本原因在于消费不足。这种消费不足是由资本主义制度固有的生产和消费之间的尖锐矛盾造成的。他在考察了生产和消费的比例平衡问题后指出，在短时期内消费与生产比例平衡是一种暂时的偶然现象；从长期看，要改变消费与生产比例的不平衡，特别是在生产过剩的情况下，是十分困难的。对此，西斯蒙第认为政府应对人们的消费行为、消费习惯进行指导，采取措施发展消费品生产和便利消费品的销售，制定合理、公平的消费税制度，通过公平的税收制度扩大消费总量。

古典经济学的消费理论经历了前期的对消费抑制到后期正视消费对经济作用的过程。而古典经济学派学者消费理论的变化过程是社会发展阶段的产物，受到社会生产力水平发展的制约，经济制度所包含的内在矛盾尚处于萌芽阶段。当前，学术界和理论界正视消费的经济作用是经济发展的必然。

2. 近现代西方消费经济理论

当代西方消费经济理论是在古典消费经济思想和理论的基础上发展起来的。随着社会经济的发展，消费的作用充分展现，并日益被学者们所关注。对消费的研究，不仅有定性分析还有定量分析。对于消费的研究，不再简单地把消费当

---

[1] 赵萍. 消费经济学理论溯源 [M]. 北京：社会科学文献出版社，2011：15.
[2] 亚当·斯密. 国民财富的性质和原因的研究（下册）[M]. 郭大力译. 北京：商务印书馆，1974：227.

第一章 分析的基础

做再生产过程中的一个环节来对待，而是把它当做消费主体本身来看待。对消费者行为的研究，表明西方已从生产社会向消费社会转变。这一时期消费理论派别如下：

（1）边际效用价值消费论。19世纪50~70年代，欧洲不同国家的学者，如德国的戈森、英国的杰文斯、奥地利的经济学家门格尔、庞巴维克等人几乎同时发现了边际效用递减的规律。边际效用规律的发现与运用，为消费问题的量化研究提供了新的分析工具。1854年德国学者提出了效用最大化的理论。他从主观的效用价值论出发，揭示了这样的规律：随着一种产品被更多地消费，它所增加的效用是递减的。因此，理性消费者在既定的收入和商品价格条件下，为了实现效用最大化，消费者应该使他花费在所购买的每一种商品上的最后一元钱所得到的边际效用相等。在这个假定条件下，消费者在实现相同效用的情况下，商品可以有不同组合。这些能够给消费者带来相等效用的不同商品组合点的轨迹，称为无差异曲线（假定购买两种商品），它也是研究消费者选择的重要工具。

奥地利学者庞巴维克和门格尔进一步将时间选择引入效用价值消费论的分析中，得出创造性的结论是：人们对现在物品的估价通常高于未来物品。基于对物品时间估计的差额，他提出了时差利息论。他认为，人们有看重现在、忽略未来的心理，对现在物品的评价比同种类、同数量的未来物品的评价高，结果就会降低将来物品的边际效用。因此，要把现期消费转换成将来消费，就要对现在物品和未来物品的差额进行补偿，需要为相应的时间贴水（利息）。

边际效用理论把消费商品数量的递增与消费需求递减之间建立了数量联系。在社会生产不发达的短缺社会，这种联系并不显著，随着富裕社会的到来，这种分析方法和结论有助于消费者消费选择性和社会生产的计划性实践。

（2）消费函数理论。从经济学层面研究消费者本身的消费决策选择以及影响消费决策和消费行为变化的因素是现代西方经济学理论的核心问题。消费者行为论是消费经济学研究日趋成熟的标志。经济学视角下的消费经济理论，主要研究对象是消费者在资源既定（现在）或假定（未来）条件下，消费者的收入如何在储蓄（投资）、消费比例之间做调整，这就是经济学理论中消费函数部分要揭示的重点问题。根据消费者假定和既定的资源条件，消费函数理论分析被加以时间条件和确定性与不确定性条件下的消费经济理论。

1）基于确定性分析的消费经济理论。基于现期收入的消费经济理论包括凯恩斯的绝对收入消费理论和杜森贝利的相对收入假说。

第一，凯恩斯的绝对收入理论。英国著名经济学家凯恩斯（J. M. Keynesian）（1883~1946）在1936年发表的《就业、利息和货币通论》中指出，消费支出与实际支出之间保持着稳定的函数关系，消费支出主要决定于人们的现期可支配收入，随着收入的增加，消费将增加，但消费的增加量小于收入的增加量，即边际消费倾向递减。

绝对收入假说的函数形式为：

C=a+bY

式中，C 为当前消费；Y 为当前收入；a 为已知常数，代表各种主观因素；b 为平均消费倾向。

这个公式的含义是：

首先，实际消费支出是实际收入的稳定的函数。短期内消费支出的变化，主要是由于以工资单位计算的收入的变化，而不是由于消费支出与收入之间的比例关系的变化。也就是说，短期内的消费倾向基本稳定。其次，随着收入的增长，人们的消费支出也会相应的有所增加，但收入的增量不是全部用于消费，边际消费倾向是一个小于 1 的正数。边际消费倾向随收入的上升而下降。最后，由于边际消费倾向递减，平均消费倾向也随收入的上升而下降。

对于影响消费者消费倾向的因素，凯恩斯认为有主观与客观两个方面的因素。

在主观因素方面，谨慎、远虑、计算、改善、独立、投机、自豪、贪婪这八个方面的因素将会影响到消费者的消费倾向。推而广之，上述八种因素可以具体表述为以下方面：

首先，预防性储蓄因素。建立准备金，以防不测；为可预料到的未来个人和家庭的需要做准备。其次，投资性因素。牺牲目前的消费，以赚取利息和投资收益，以增加未来的收入，使未来能有更多的消费；存钱作为投机进行企业经营之用。最后，心理性因素。总希望未来的生活水平能比现在高，所以存钱留作将来享受，或打算把钱作为遗产，留给后人；想存钱来保持个人的"独立感"和"有所作为"的感觉；纯粹的吝啬，以致节省到不合理的程度。

以上是人们不愿多消费或愿意储蓄的主观动机。凯恩斯认为，影响人们消费支出的主观因素是比较稳定的，改变起来比较缓慢。

在影响消费倾向的客观因素方面包括：首先，收入方面的变化。具体包括工资单位的变化；收入和净收入之间的差额的变化；个人对未来收入预期的变化；财产的货币价值的意想不到的变化，即财产的意外增值或损失。这种变化与收入之间并不存在有规律的关系，但会对消费倾向产生影响。其次，利息率的变化。利息率的变化对于当前的消费是有影响的，但这种影响很复杂，它依存于其他多种因素。最后，财政政策的变化。财政政策中的个人所得税、遗产税及国债偿还的有关规定会影响消费与储蓄之间的关系。

在上述客观因素中凯恩斯认为除第一个因素之外，其余因素在短期内都可以看成是变化不大的。因此在消费函数中，消费以收入为其主要变量。

第一章　分析的基础

　　第二，杜森贝利（J. S. Duesenberry）的相对收入理论。凯恩斯绝对收入理论中的假定是消费者的消费支出是彼此独立的，个体消费者行为不受其他人消费行为的影响。而现实中的个别消费者是社会群体中的一员，消费不受他人影响的前提就是理论上的假设。杜森贝利弥补了凯恩斯假设在现实分析中的不足，提出了相对收入理论。1949年，杜森贝利在《收入、储蓄和消费者行为理论》中提出了他的理论。他认为消费个体的消费行为有两大明显特征：首先，消费者的消费支出不仅受到自身收入的影响，而且受到周围人的消费行为及他人收入与消费之间相互关系的影响。他人消费行为对个体消费行为能够产生示范效应，产生攀比消费现象。其次，个体消费具有惯性特征。消费具有惯性是指人们在某一时刻的消费不仅受当前收入水平的影响，而且受以往收入高峰期消费习惯的影响，特别是过去所达到的最高收入和最高消费的影响。如果目前收入低于过去的最高收入，人们宁愿动用以前的储蓄来维持已经达到的消费水平，这称为消费的"不可逆性"，又称为消费的"棘轮效应"。

　　可见，相对收入理论中的相对性，是指个体消费者当前消费水平受到横向的社会参照群体消费水平的影响，同时也受纵向时间因素——历史上收入最高时期消费水平的影响。

　　凯恩斯的绝对收入理论和杜森贝利的相对收入理论，都把消费水平与现期和往期的收入水平和消费习惯作了关联性的研究。但是，未来收入预期对消费者现期消费水平和决策的影响未有触及。弗里德曼的持久收入和莫迪里亚尼的生命周期理论从消费者对未来收入的预期（永久收入）的角度分析了当前消费者消费水平如何受到预期心理的影响。

　　第一，弗里德曼（M. Friedman）持久收入假说。弗里德曼1957年发表《消费函数理论》，提出关于消费持久收入假说。他把消费者的收入分为两部分：①消费者预料能够得到的稳定的收入，称为"持久收入"；②非连续的、偶然的收入，称为"一时收入（或暂时收入）"。同样，他也把消费分成两部分：①正常的、计划中的消费，称为"持久消费"；②非经常性的、计划外的消费，称为"一时消费"。消费者的消费决策总体上是由持久收入决定的。持久收入的边际消费倾向总是大于暂时收入。

　　第二，莫迪里亚尼（F. Modigliani）的生命周期假说。意大利籍美国经济学家弗兰科·莫迪里亚尼为1985年诺贝尔经济学奖得主。在他的《储蓄的生命周期假说》中提出了关于家庭储蓄与消费的生命周期理论。

　　莫迪里亚尼认为，个人总是按照其一生的总收入水平来安排投资与消费的比例。也就是说，个人现期消费与储蓄并不仅取决于现期收入，还与预期收入、开始时的资产和个人年龄有关联。个人总是试图把一生的全部收入在消费和投资之间做最佳的分配，从而获得最大的效用。因此，在任何一个短期内，消费与收入之间并不一定有密切而单纯的关系。所以，当现期收入超过或低于按稳定的消费率计划消费时，个人将进行储蓄或负储蓄。由于退休后断了收入，消费者为了在退休后也能保持按退休前的消费率安度晚年，他需要在工作期间进行大量储蓄。由此可见，消费者的储蓄动机主要为了实现消费效用的极大化，从而实现一生的最大满足，储蓄便是他考虑了人生的全过程进行统筹规划的结果。以上行为现象犹如莫迪里亚尼归纳所说，从实际观察到的个人消费行为看，消费者总是想把他一生的全部收入，在消费上做最佳的分配，使他在一生的消费中所获得的总效用达到最大，从而得到一生的最大满足。由此可见，一个人在任何一个时期的消费也只是他一生的整个消费计划中的一部分，而同期中的收入也只是帮助其形成这个计划的一个因素，消费者一生的总效用是他目前和未来总消费的函数。

就个人消费与储蓄之间的变动关系与年龄的变化有直接的关联性。莫迪里亚尼认为，一个人在少年、壮年、老年不同时期消费支出和消费习惯有所不同。在少年与老年阶段，消费大于收入；在壮年阶段，收入大于消费，由于退休后收入减少，多数人偏好一生均衡消费，壮年阶段多余的收入通常用于偿还少年时期的债务或将年轻时期的多余收入储蓄起来以备养老之需，消费者未来在退休后也能保持退休前的消费率并安度晚年，就需要在工作期间进行大量的储蓄。因此，从这种观点来看，储蓄的动机主要是为了实现消费效用的最大化，实现一生的最大满足，储蓄是个人对其一生全过程进行统筹规划的结果。尽管一个人一生的收入是不稳定的，但消费尽量要保持稳定的状态。

根据生命周期的假定，由个人行为推及整个社会的消费和储蓄关系，可以得出这样的结论：在一个人口总数和收入总数不变的社会里，个人净储蓄总额将是零；退休者的附储蓄刚好弥补工作者的储蓄，而工作者从事储蓄的唯一目的是为自己未来的退休做准备。然而在一个人口不断增长或人均收入不断增长的社会里，个人净储蓄总额将是正值，并且人口增长率越高，或人均收入增长率越高，储蓄在总收入中所占的比例也越大。

2）基于不确定性分析的消费经济理论。

第一，随机游走（Random Walk Hypothesis）假说。霍尔根据卢卡斯的思想，采用二次型效用函数，提出了随机游走假说。如果未来收入和消费存在不确定性，那么消费者的预期效用最优化公式是：

$$\text{Max} \quad U = U(C_1, \cdots, C_t, \cdots, C_T) \tag{1}$$

$$\text{s.t.} \quad A_{t+1} = (1+r)A_t + Y_t - C_t \quad t = 0, 1, 2, \cdots, T-1 \tag{2}$$

其中，C_t（$t = 0, 1, 3, \cdots, T$）表示在 t 时期的消费，T 表示其寿命。A_0 表示其初始财富水平，A_{t+1} 表示 $t = 1$ 期的财产，它等于 t 期保留下来的财富，A_{t+1} 表

示生命结束时的遗产;Y_t 表示各 t 时期的收入;r 为实际利率,并在各期保持不变。

为了便于分析,假设效用函数 U 具有可分可加性,消费者预期效用最大化公式可以写成:

$$E_0(U) = \sum_{t=0}^{T} \frac{E_{0u(C_t)}}{(1+\rho)^t} \qquad u' > 0, \ u'' < 0 \tag{3}$$

其中,E_0 表示消费者根据 0 时期的信息对以后各期的期望值,U 是消费者每一期的效用函数,u' 和 u'' 分别表示函数 U 的一阶导数与二阶导数,ρ 为折现率。

利用动态最优化的贝尔曼(Bellman)方程求解该模型,对应的一阶必要条件(欧拉方程)为:

$$E_t \sum_{t=1}^{T} \frac{E_{1u(C_t)}}{(1+\rho)^t} [u'(C_{t+1})] = \frac{1+\rho}{1+\gamma} u'(C_t), \ t = 0, 1, 2, \cdots, T-1 \tag{4}$$

其中,$E_t[u'(C_{t+1})]$ 表示在 t 期根据所有可得到的信息对下一期消费的边际效用的条件期望值。

假定效用函数 U 为二次型,即 $u(C_t) = C_t - (1/2)C_t^2$,那么 $u'(C_t) = 1 - C_t$。如果 $\rho = r$,则 $E_t[u'(C_{t+1})] = u'(C_t)$,根据期望的定义 $E_t[u'(C_{t+1})] = [u'(C_{t+1})]\varepsilon_t$,可导出:

$$C_{t+1} = C_t + \varepsilon_t \tag{5}$$

其中,ε_t 为不可预测的误差。式(5)表明消费是随机游走过程,消费的变化($C_{t+1} - C_t$)是不可预见的,收入的变化不能预测消费的变化。这就是霍尔的著名结论。由于随机游走假说与持久收入假说、生命周期假说关于消费和储蓄的传统观点严重背离,而且即使许多学者花费了很大精力来检验,也很难通过,人们不得不从其他角度来解释现实中的消费和储蓄。

第二,预防性储蓄理论(Precautionary Saving Theory)理论。随机游走假说以二次型效用函数为假设前提,但如果假设效用函数为非二次型,且效用函数的三阶导数为正,就能得到不同的结果。预防性储蓄理论就是在三阶导数为正的效用函数假设条件下来分析消费和储蓄的。该理论认为,如果消费者对于未来收入和支出的不确定性增强了,那么消费者就必须进行更多的储蓄,以防备未来收入和支出的剧烈波动。

在上述框架下,消费者最优化的一阶条件仍然是式(4),但假设效用函数具有高阶导数,特别是三阶导数为正,对 $u'(C_{t+1})$ 在 C_t 点应用泰勒展开式,可得到:

$$u'(C_{t+1}) = u'(C_t) + u''(C_t)(C_{t+1} - C_t) + \frac{1}{2}u'''(C_t)(C_{t+1} - C_t)^2 + o((C_{t+1} - C_t)^2) \tag{6}$$

代入式（4）并忽略高阶项得到：

$$E_t\left[\frac{C_{t+1} - C_t}{C_t}\right] = \frac{1}{\gamma}\left(\frac{r_t - \rho}{1 + r_t}\right) + \frac{\delta}{2}E_t\left[\left(\frac{C_{t+1} - C_t}{C_t}\right)^2\right] \tag{7}$$

式中，$\gamma = -C_t(u''/u')$ 为相对风险回避系数；$\delta = -C_t(u'''/u')$ 为相对谨慎系数。如果用 g 表示消费增长率，即 $g = (C_{t+1} - C_t)/C_t$，上式可简单地表示为：

$$E_t(g) = \frac{1}{\gamma}\left(\frac{r_t - \rho}{1 + r_t}\right) + \frac{\delta}{2}E_t(g)^2 \tag{8}$$

根据方差的定义，上式可以变换为：

$$E_t(g) = \frac{1}{\gamma}\left(\frac{r_t - \rho}{1 + r_t}\right) + \frac{\delta}{2}[E_t(g)]^2 + \frac{\delta}{2}VAR(g) \tag{9}$$

由于消费增长率的平方 $[E_t(g)]^2$ 很小，可以忽略，上式就变为：

$$E_t(g) = \frac{1}{\gamma}\left(\frac{r_t - \rho}{1 + r_t}\right) + \frac{\delta}{2}VAR(g) \tag{10}$$

如果用截面数据，上式左边可以理解为平均的消费增长率，右边的第二项可以理解为消费增长率的方差。该式说明预期的消费增长率受消费增长率的方差的影响，由于假定 $u' > 0$，$u'' < 0$，$u''' > 0$，相对风险回避系数 γ 大于零，而相对谨慎系数是小于零的。如果消费增长率的方差增大，说明未来消费支出的不确定性增大，消费者将降低消费增长率，减少消费，增加储蓄。另外，如果假设贴现率 ρ 等于利率 r，而且三阶导数 $u''' = 0$，那么预期消费增长率将等于 0。

第三，流动性约束（Liquidity Constraint）对消费的制约。流动性约束又称信贷约束，是指居民从金融机构以及非金融机构和个人取得贷款以满足消费时所受到的限制。

持久收入假说和生命周期消费理论假定个人只要能最终偿还贷款，就能以与储蓄相同的利率获得信贷。在此假定下，消费者以效用最大化为目标进行跨期决策的最优消费水平是平滑的，其基本的作用机制是：消费者预期未来收入上升时，从金融市场借款来增加当前的消费；而当预期未来收入下降时，消费者减少当前消费，在金融市场上贷出，将当前节省下来的收入储蓄起来，以保证将来消费水平不会下降到最优消费水平以下。消费者有能力借钱消费就能借到钱，显然这是以完全信息和充分发达的信贷市场为前提的，即假设不存在流动性约束或信贷约束。

但实际上，即使是在发达的金融市场上，由于信贷市场的信息不对称等原因，流动性约束是必然存在的；在发展中国家，除了信贷市场信息不对称的基本原因之外，信贷市场不发达使得流动性约束的情况更严重。

流动性约束的产生主要有四个方面的原因：一是消费者没有财富，不能将现有的财富变现或者难以将现有财富作抵押获得贷款；二是信贷市场的信息不对称导致信贷市场存在道德风险和逆向选择，使均衡的信贷利率高于信息对称情况下的均衡利率；三是信贷市场本身不发达，消费信贷的规模和种类不够多；四是各国对破产和取消贷款抵押回赎权的法律规定不同，破产程序越严，取消贷款抵押回赎权的期限越长，放贷者会更谨慎、更严格地审查借款人的资格。在典型消费者最优化消费的框架下，存在流动性约束条件下消费者效用最优化问题可以表示为：

$$\text{Max } E_1(U) = \sum_{t=1}^{T} \frac{E_{1u(C_t)}}{(1+P)^t} \qquad u' > 0, \qquad u'' < 0 \tag{11}$$

s.t. $\quad A_t = (1+r)A_{t-1} + Y_t - C_t \geq 0 \qquad t = 1, 2, \cdots, T \tag{12}$

约束条件式（12）表示消费者在一生中任何时期的净财富都不能为负。实际上，即便消费者有些财富，由于各方面原因，也仍然借不到所需的款项，所以式（12）仅是最起码的约束条件。流动性约束从两个途径降低消费：其一，当前的流动性约束会使一个人的消费比他想要的消费少，如果消费者受到严重的流动性约束，那么消费者就不能顺利地平滑一生中的消费。当消费者处于低收入阶段时，即使他有预期的未来高收入，但他借不到钱，所以只能进行低消费。消费者提高消费水平的唯一途径是自己积累财富或者等待高收入时期到来。其二，预期未来可能发生流动性约束同样会降低现期消费。例如，假设在下一期存在收入降低的可能，如果没有任何流动性约束，个人会通过借款来避免消费锐减，但是如果有流动性约束，那么收入下降就会引起消费下降，除非个人有储蓄。因此，流动性约束的存在会导致个人减少现期消费，增加储蓄。这一点与预防性储蓄的作用类似，说明流动性约束和不确定性因素对消费的影响具有类似之处（Carroll and Kimball，2001）。

综合来看，当存在流动性约束时，消费减少，储蓄增加。显然，如果典型消费者受到流动性约束，其一生的消费路径将不再是平滑的。各国流动性约束的严重程度不同，国际比较说明，流动性约束对各国的总储蓄来说是重要的，从而也说明流动性约束对消费来说也具有重要的影响。

第四，低收入和流动性约束的结合——短视（Myopia）行为。当消费者的绝对收入很低时，在流动性约束的制约下，消费者只能根据现期的收入与已有的流动性资产（如储蓄存款）以及最近可预测的未来规划消费路径——首先进行积累，直至实现最迫切的目标，然后再进行积累，逐个实现预定消费目标。在这种制度下，可以将消费者的最优化问题简化为一个两期消费决策问题：一个时期是现期的消费和储蓄，另一个时期是可预见的"最近的未来"，消费者为了应对最近的未来消费支出，必须压低本期的消费，增加储蓄，以实现他的短期储蓄目标。由于消费者不是对其一生的消费行为进行规划，因此这种模型被称为"短视行为"模型（Romer，1999）。

假设消费者不能获得消费信用，消费者的最优化问题可以表示为：

$$\text{Max} \quad E_0[U(C_0C_1)] = u(C_0) + E_0\frac{u(C_1)}{1+\rho} \tag{13}$$

$$\text{s.t.} \quad C_0 + \frac{C_1}{1+r} = A_0 + y_0 + \frac{y_{1-R}}{1+r} \tag{14}$$

$$C_0 \leq A_0 + y_0 \tag{15}$$

如果从长期来观察，具有"短视行为"的典型消费者的消费路径可能具有多个"触发点"。消费者首先节约消费，积累财富，然后逐个实现其消费目标。在积累时期，消费水平小于不存在的流动性约束情况下的当前消费水平。对于低收入者而言，收入越低、目标支出越大，积累的时间就越长，或者在比较短的时间内，现期的储蓄就必须更多。这与通常的边际消费倾向递减规律正好相反。在"触发点"时刻，消费支出与其已经积累的财富具有密切的关系，当期收入对消费支出的影响相对减弱。

显然，"短视"消费行为增加的储蓄与预防性储蓄不同，前者是为了实现已知的短期储蓄目标，最终进行一次性消费支出；而后者的目的是预防不可预见的大额消费支出或者收入减少。据此，可以将"短视"消费行为增加的储蓄称为积累性储蓄。

（二）"社会人"假设前提下的消费经济理论

社会人的假设是人际关系学家埃尔顿·梅奥根据霍桑实验的结果于1933年在《工业文明的人类问题》一书中提出的。他认为，人是有感情的社会性动物，是社会关系的产物。人是社会的人，影响人积极性的因素，不仅有经济的，还有社会的，满足人的社会需要比满足人的经济物资需要更能调动人的生产积极性，而物质刺激对调动人的积极性起次要作用，良好的人际关系才是决定性因素。① 社会人假设可以用来解释经济人抽象没有完全反映出来的人的全貌和那些非效率最大化或者非利润最大化制度的存在。社会人假设的提出是从非经济因素中或者不完全的经济因素中寻找到了解释消费行为现象及其发生原因的交叉性质的学科，属于非主流经济学范畴。西方非主流经济学的消费理论包括货币学派的消费理论、理性预期学派的消费理论、制度经济学派的消费理论、经济社会学消费理论和经济心理学消费理论等。鉴于本书研究主题与制度、阶层、心理和文化等问题

---

① 孙余防.人性假设理论的比较与分析[J].全国商情（经济理论研究），2007（10）：48-74.

第一章　分析的基础

相关，因此，理论部分的选取也选择了制度经济学、经济社会学、经济心理学中的有关炫耀性消费心理主题的理论。

1. 炫耀性消费理论

（1）凡伯伦的炫耀消费理论。制度经济学起源于19世纪40年代的德国历史学派。19世纪末20世纪初期，在美国以凡伯伦、康芒斯、米切尔、克莱尔、克拉克等为代表，形成了制度经济学派别。制度学派的经济学家大多重视对非市场因素的分析，诸如制度因素、法律因素、历史因素、社会和伦理因素等，其中尤其强调制度因素。制度经济学派曾被认为是一个庸俗的和无足轻重的学派，后来这种看法又因为新制度学派的奠基人科斯的著名评论而得到进一步的强化。新制度经济学包括四个基本理论：交易费用理论、产权理论、企业理论和制度变迁理论。主要代表人物包括科斯、威廉姆森、斯蒂格勒和德姆塞茨等。

美国制度经济学鼻祖托斯丹·邦德·凡伯伦（Thorstein B Veblen, 1857~1929），在消费与社会地位之间建立了联系，提出了炫耀性消费理论，该理论通过分析炫耀性消费行为者的心理，揭示了消费者最为经济人需要之外的社会人的需求，反映了消费者个体对社会群体分化的认识与群体归属感认同的特别需要。炫耀性消费理论不仅对资本主义条件下寄生阶级的奢侈消费进行了最尖刻的讽刺，也颠覆了正统经济学的理性消费理论，这是他对经济学发展的最重要贡献。

凡伯伦根据消费的性质，将消费分为有闲阶级脱离生产后所拥有的消费和劳动阶级为了维持自己的生活和便于继续劳动所进行的消费。有闲阶级消费的特点就是炫耀性消费。所谓炫耀性消费，指的是富裕的上层阶级通过对物品的超出实用和生存所必需的浪费性、奢侈性和铺张浪费，向他人炫耀和展示自己的金钱财力和社会地位，以及这种地位所带来的荣耀、声望和名誉。炫耀性消费又可称为显眼的消费、装门面的消费、摆阔气的消费。富裕者总是要通过购买一些昂贵的奢侈品或大讲排场等疯狂的消费来显示自己的地位，要满足这些富有者的消费欲望，就需要生产昂贵的奢侈品，创造可供他们疯狂消费的条件和环境。

凡伯伦认为物品之于人，具有物质满足和精神满足两种效用。在《有闲阶级论》一书中，他指出："物品的效用首先在于它能够作为达到这个目的的手段。而这个目的首先是绝对意义下的个人生活的充实。但是人类的竞赛倾向利用了对物品的消费作为进行歧视性对比的一个手段，从而使消费品有了作为相对支付能力的证明的派生效用。消费品的这种间接的或派生的用途，使消费行为有了荣誉性，从而使最能适应这个消费的竞赛目的的物品也有了荣誉性。"[1]

有闲阶级消费的特点就是追求炫耀性消费，以受到尊敬。"摒绝劳动不仅是

---

[1] 赵萍.消费经济学理论溯源[M].北京：社会科学文献出版社，2011：139.

体面的，值得称赞的，而且成为保持身份的、礼俗上的一个必要条件。"有闲阶级力图通过消费给别人留下印象，"一个人要使他日常生活中遇到的那些漠不关心的观察者，对他的金钱力量留下印象，唯一可行的办法是不断地显示他的支付能力"。有闲阶级总是力争提高消费水准，使消费超过物质生活所必需的程度。"通常促使我们努力争取的消费标准，并不是那个已经达到的、平淡无奇的支出规模，而是刚好为我们力所不及的，或者是需要加一把劲才能达到的理想境地"。有闲阶级与劳动阶级在心理上的差异决定了他们不仅满足于生理需求的直接消费，而且还要满足心理的、精神的，更确切的是为了虚荣心的炫耀性消费。通过消费可以提升消费者自身的金钱力量、权力和身份，为消费者本人打上特定社会阶层的印记，从而使其博得荣誉，获得自我满足，通过消费表明一个人在社会中的相对位置。

有闲阶级的炫耀性消费心理，导致了在传统经济学看来是无法解释的凡伯伦效应。这是一种反映人们挥霍性消费心理愿望的一种消费行为。与传统经济学理论揭示的价格与消费需求之间的关系相左，炫耀性消费行为对商品的需求程度随着标价的提高而增加。凡伯伦最先注意到这种特殊的消费行为。他指出，在任何高度组织起来的工业社会，荣誉最后依据的基础总是金钱力量；而表现金钱力量，从而获得或保持荣誉手段是有闲和对财务的明显浪费。

（2）布迪厄的炫耀消费模式。法国社会学家布迪厄（Pierre Bourdicu，1930~2002）发展了炫耀性消费理论。将炫耀性消费看做是社会各阶层消费行为的普遍现象，并建立了炫耀性消费在阶层之间互相渗透的模式。

布迪厄认为，后现代社会中的炫耀性消费从炫耀金钱发展到炫耀品位。后现代社会不同于早期的资本主义社会，当社会生产力从匮乏而走向丰盈发展阶段后，以对文化资本的占有为表现形式的消费在总消费中占有压倒性的地位。以往的炫耀性消费发生了转向，即从炫耀金钱到炫耀品位。布迪厄区分出了三种品位：合法品位，这是获取支配阶级中教育程度最高的集团成员资格的钥匙；中产阶级品位，普遍存在于中产阶级；大众品位，普遍存在于工人阶级中，但与教育资本呈反相关。也就是说，在后现代社会，各个阶层都有各自炫耀消费的标准，炫耀性消费不再是凡伯伦时代的有闲阶层的消费特质。

由于各个阶级和阶层都存在着炫耀性消费心理和行为，炫耀性消费在不同阶层之间彼此渗透形成了不同于凡伯伦时期的炫耀性消费新的渗透模式。布迪厄认为后现代社会炫耀消费是循环渗透模式（见图1-2）。①

---

① Andrew B. Trigg. Veblen, Bourdieu, and Conspicuous Consumption [J]. Journal of Economic Issues, 2001（1）：107.

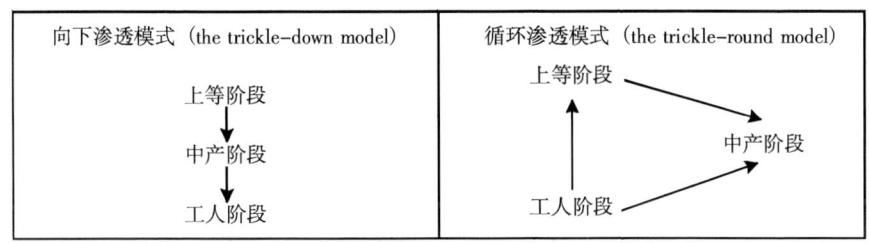

图1-2 凡伯伦与布迪厄炫耀性消费模式比较

当工业化社会被后工业化社会所取代，个人的标准生命史也随之被选择生命史所取代。个人在社会中具有更多自由选择的机会，凡伯伦时代的炫耀消费是从有闲阶级（上层）向工人阶级（下层）单向度的传递过程被各个阶层之间的彼此接受和渗透所代替。社会上层为了使他们与模仿上层的生活方式的中产阶级相区分，而模仿了下层阶级的服饰和消费习惯。传统的下向渗透消费模式的解释力受到极大的限制。他举例说，牛仔裤、流行音乐、观看足球等下层阶级热衷的生活方式，逐渐被上层阶级所接受。因此，炫耀消费的渗透模式，不仅是自上而下的下向渗透，也存在自下而上的渗透，这就是布迪厄的循环渗透模式。

2. 消费方式与阶级地位关联理论

如果说凡伯伦的炫耀性消费理论是从消费者的心理层面，分析了有闲阶级存在的有异于一般大众的消费行为的话。那么，经济社会学研究的范畴则是从社会学的视角解释了经济现象和经济制度发生的必然。经济社会学在消费理论方面的贡献之一在于将消费方式与不同的阶级（社会阶层）之间建立的广泛的联系。

经济社会学萌芽于19世纪中叶，法国学者迪尔凯姆奠定了经济社会学研究的基础。他在《社会学方法的规则》中将社会学分为一般社会学、社会形态学和社会生理学三部分。其中，经济社会学是社会生理学的一个分支。经济社会学对消费的研究主要沿着三个方向展开：一是侧重于研究消费者内在的购买行为以及社会结构、社会组织消费行为的影响；二是侧重于分析消费行为方式发生所依赖的政治、经济和社会制度环境；三是对消费文化的关注侧重于研究符号的意义、消费文化的形成以及行为感受过程。早期经济社会学理论的代表性学者有马克斯·韦伯、迪尔凯姆等；当代较有影响的经济社会学家有熊彼特、杜森贝里、西美尔和鲍德里亚等。

（1）韦伯等的消费方式决定社会等级归属说。马克斯·韦伯（Max Weber，1864~1920），德国社会学家、社会哲学家、历史学家，被公认为是现代社会学和公共行政学最重要的创始人之一。他在政治学、社会学和经济学上都做出了巨大贡献，他在各种学术上的重要贡献被通称为"韦伯命题"。在消费方面，韦伯首次将消费和阶层地位明确地联系起来。其代表作有《新教徒论与资本主义精神》、《社会和经济组织理论》等。韦伯的消费观点如下：

消费方式是阶层划分的依据。在韦伯看来，阶级与阶层是两个不同的概念，在划分标准上各异。韦伯认为："人们可以——有些过于简单化地——这样说：'阶级'是根据其货物的生产和获得的关系来划分的；'等级'则是根据其货物消费的原则来划分的，表现为'生活方式'的特殊形式。"可见，韦伯的阶级划分是按照生产关系来划分的，这与马克思主义的阶级划分方式相类似。而社会等级或者说阶层的划分是与消费方式相联系的。

消费方式是地位群体的标识。韦伯认为，一定的地位群体，往往"强行要求一种特殊的生活方式"。对上层社会的人来说，特定的消费方式是上层社会保持和区分身份的手段。在一个社会共同体中，社会分化表现在经济、声望、权力三个维度的划分上，与经济标准相联系产生的是阶级，以声望和生活方式为标志产生的是地位群体，与权力相联系的则是政治领域的政党。消费方式使得潜在的阶级差别显性化了，形成地位不同、生活方式不同的地位群体并成为不同群体间彼此区别的标识。

（2）布迪厄的消费与阶级惯习理论。法国经济社会学家布迪厄在韦伯命题的基础上，运用资本、场域、惯习等概念工具，分析了消费与阶层分化之间的关系。

布迪厄指出，消费是主观与客观相统一的社会实践，也是一种具有相对自主性的实践。消费的自主选择性使之成为阶级区隔的标识。消费的目的是追求阶级区隔，不同地位的阶级群体通过在其独特的消费行为基础上形成了消费模式上的区分。布迪厄指出："一个阶级，可以通过其存在，同样的，其被感知来界定；通过其在生产关系中的位置，同样的，通过其消费（但这种消费不必是为了象征而是炫耀性的）来界定。"[①] 可见，消费的阶级性，使得消费作为一种符号性活动，具有区隔和标识的功能。

消费作为区分社会阶级差异的方式，是各阶层消费惯习差异的结果。惯习是连接行动者实践与客观社会结构（即场域）的中介变量，惯习并非先验的主观意识或其体现，而是体现在行动者身上的历史经验积累。场域也不是僵死的结构模式，而是既有规则，也有重构和变化的可能性。相异的惯习，使得不同的阶级群体在消费过程中形成不同的文化欣赏品位，从而达成本群体的社会认同，与其他品位不合的群体相区隔。

消费的阶级划分与资本量及其构成有关联。首先，布迪厄把资本分为三类：

---

① Bourdieu, P. Distinction [M]. London and NewYork: Routledge, 1984: 483.

第一章 分析的基础

经济资本、社会资本和文化资本。统治阶级内部不同的成员，因拥有的经济和文化资本的构成比例不同，可以作更细致的划分。拥有大量文化资本和相对较少经济资本的职业有作家、艺术家、大学教授等；而拥有大量经济资本和相对较少文化资本的职业有大公司的所有者、金融家等。居于这两种类型之间的是拥有中等量的经济和文化资本的自由职业者、私营和国营部门的高级管理人员等。与居于两个极端的上述阶级类型相比，这类居于中间地位的职业，在经济资本和文化资本的拥有量上，有比较平衡的特点。根据消费者拥有的资本量划分阶层。

其次，资本数量与结构决定品位、消费水平和消费方式。品位、消费水平和消费方式随不同阶级群体所拥有的资本数量和构成的不同而各异。资本数量限制了可能的消费水平和能力；而不同类型的资本构成状况，则影响到消费决策的选择，资本构成不同，消费品位也大不相同。例如，那些拥有较多的经济资本和文化资本的中上阶层，会讲求消费的档次、质量与品牌，会在享受型消费与发展型消费上花较多功夫；而经济资本和文化资本都较少的人则局限于生存性需求的满足，下等阶级的品位主要是生存必需所决定的，这与上等阶级不同，他们的资本更多从而不受生存必需的限制。因此，一个人的阶级更多的是由品位或生活风格而不是由生产方式中的地位所决定，"甚至确实是后者统治前者"。而且，品位不仅简单地反映社会地位，而且是那些经济或政治等级高的人限制那些低阶层的人接近并保持其政治特权和经济优势的一种手段。

总之，布迪厄创造性地使用了惯习—场域—符号等概念来分析消费问题，并建构了一种"关于内在性与外在性的辩证关系，即内在性的外在化和外在性的内在化的辩证关系"的日常生活理论模式。布迪厄认为，惯习或资本加上场域，就是日常生活的言行。布迪厄揭示了阶级惯习与人们在消费实践中表现出来的品位之间的关系，以及人们的品位差异对阶级建构和阶级认同所具有的意义。

(3) 齐美尔的时尚消费论。格奥西格·齐美尔（Georg Simmer）是德国哲学家、社会学家。在其代表著作《货币哲学》、《社会分化》中阐述了货币经济发展及其社会影响。齐美尔的消费与阶层之间的观点集中在时尚消费论和模仿消费论中。

第一，齐美尔认为消费具有符号意义。现代工业生产的无限能力和这种文化客观化的进一步发展，催生了消费主义及其流行，消费的符号意义代替了消费的物质满足功能，这是后现代的论题之一。这里齐美尔对时尚流行的分析实际上就表现出了消费品符号意义的重要性。

第二，消费的符号意义，使得时尚消费出现了群体特性和阶层性质。时尚是一种社会的力量，一种客观自主的运动，"时尚较少依赖个体，个体也较少依赖时尚"。①时尚是社会的流行，流行背后是对时尚所代表的价值观或者审美的社会认同。

第三，时尚的流行性是变化不拘的，是追求变幻的阶层的心理反应。正如齐美尔所说："每一种时尚在本质上都是社会阶层的时尚，也就是说时尚通常象征着某个社会阶层的特征，以统一的外表表现其内在的统一性和对外区别于其他阶层的特性。一旦地位较低的阶层试图跟从较高阶层的时尚并模仿他们时，后者就会扔掉旧时尚，创造一种新时尚。只要存在时尚的地方，他们无一例外地被用于展现社会的区别。"②较高社会阶层引领时尚，从而全面获得上层地位和社会优势，较高社会阶层的时尚"把他们自己与较低阶层区分开来，而且又成为较低阶层模仿的对象。一旦地位较低的阶层试图跟从较高阶层的时尚并模仿他们时，社会上层就会扔掉旧时尚，创造一种新时尚"。

第四，时尚的阶层性使时尚具备了阶级分化和阶级统一双重功能。"时尚是阶级分野的产物，并且像其他一些形式特别是荣誉一样，有着既使既定的社会各界和谐相处，又使他们相互分离的双重作用。"在时尚中，社会阶层的界限正是依这两种作用形成而又不断突破与重建的。"时尚一方面意味着相同阶层的联合，意味着一个以它为特征的社会圈子的共同性，但另一方面，在这样的行为中，不同阶层、群体之间的界限不断地被突破。"而且这两种作用都是不可或缺的，"一方面是统合的需要，而另一方面是分化的需要——有一方面缺席的话，时尚就无法形成而它的疆域将终结"。时尚正是通过阶级分化与同化的双重作用完成了其社会区分的功能。齐美尔认为，时尚对于听众或观众的心理是双重满足，它首先提供了把个人行为变成样板的普遍性规则，同时又满足了对差异、变化、个性的要求。在时尚中，个体消费行为同样也是处于自由与限制、主动与被动的矛盾统一。因为"人以各种形式在外在性上做出牺牲，即在外在性上受一般大众的支配，以保存内在自由的目的，时尚只是这些形式的一种"。正是自由与束缚之间不断更新的斗争和无尽的变化给时尚带来更多的发展空间。这种矛盾其实也是消费中个体社会处境的一种真实写照。

第五，模仿时尚消费创造了大众消费。齐美尔指出，时尚的区分功能使时尚追逐者能够借助时尚来表达、更新和实现自己的愿望，正是这一愿望成了人们消费的强烈欲望。大众时尚与较高社会阶层的时尚不同，时尚对于大众而言，是一种根除他们的羞耻心的一种跟风的行为。时尚就像金钱一样，很诱人，而且千变万化。通过时尚的塑造，人们陶醉在大众文化建构的生活理想国中，沉浸在消费

---

① 赵卫华. 消费的社会结构意义 [J]. 中国社会科学院研究生学报，2004：1.
② 齐美尔. 货币哲学 [M]. 北京：华夏出版社，2002：374.

的幸福中。

模仿时尚是为了提高社会等级。齐美尔认为,时尚能够提升不重要的个体和群体,成为一种社会补偿机制。他说:"对于那些天性不够独立但又想使自己变得有点突出不凡、引人注意的个体而言,时尚是真正的运动场。通过使他们成为总体的代表和共同精神的体现,时尚甚至可以提升不重要的个体。"模仿是群体生命向个体生命的过渡,通过追赶时尚,"就好像置自己于坚实的基础,从而使现在的行为免除了保持自身个性的困难"。正是时尚的区分功能使时尚被模仿,人们为了获得较高的社会地位而模仿上层人的时尚。齐美尔还指出,模仿可以使个人减少选择的痛苦,模仿是一种选择,但也是一种无思想的选择,是一种自然趋从,这时的模仿者"只是群众的创造物,以及社会内容的容器"。

(4)鲍德里亚的消费社会论。消费社会的理论被西方誉为中世纪以来的,第一次工业革命之后的第二次社会革命。[①]作为一个描述性的社会形态学的概念,消费社会揭示了一个与过去不同的新的社会形态。加尔布雷斯对消费社会的不同描述见诸他的著作《丰裕社会》。该书指出:丰裕社会的到来意味着西方人业已暂时从长期以来支配他们的一切贫困命运中解脱出来。其他对于消费社会的描述性的语言还有诸如后现代主义、后工业社会、后资本主义社会等术语。而法国学者鲍德里亚的消费社会理论是对这个社会转型加以详尽阐释的第一人。

法国哲学家和社会学家让·鲍德里亚(Jean Baudrillard,1929~2007)的消费社会理论对后现代社会中的消费心理和消费行为的研究颇有建树。其代表作《消费社会》、《生产之镜》、《物的体系》、《幻觉的终结》等作品影响深远。

鲍德里亚的消费社会理论被阐述在其《消费社会》一书中,该书出版于1970年。他以消费社会中需求的变化为研究对象,分析了消费社会中由于消费需求的变化,而导致的人与物的关系转变。他的理论建树如下:

第一,消费社会的特点是物质充裕。在《消费社会》一书的开篇,鲍德里亚写道:"今天,在我们的周围,存在着一种由不断增长的物、服务和物质财富所构成的惊人的消费和丰盛现象,它构成了人类自然环境中的一种根本变化。恰当地说,富裕的人们不再像过去那样受到人的包围,而是受到物的包围……我们生活在物的时代;我们是说,我们根据它们的节奏和不断替代的现实而生活着,在以往所有的文明中,能够在一代又一代人之后存在下来的物,是经久不衰的工具和

---

① 刘方喜. 论消费主义模式的理论转型意义[J]. 河北大学学报,2009(5):40.

建筑物,而今天,看到物的产生、完善和消亡的却是我们自己。"①

可见,消费社会是一个建立在物质生产极大丰富基础上的"物"的社会,它是以物的大规模消费为特征的社会,在这个社会里,人的根本生存需求业已得到满足,人们追求物的使用价值的需求日趋饱和。由于生产的相对过剩,社会需要通过鼓励消费,以便维持、拉动、刺激生产。对此,鲍德里亚说:在生产力水平发达的社会中,浪费以其独特的功用代替了以往理性消费的用途,它甚至作为消费社会的核心功能而发挥作用。丰盛社会中的浪费与匮乏社会中的浪费之间存在着一种绝对的差别。"前者是一种纳入经济体系的危害,是一种集体价值功能性的而非生产性的浪费;后者则是一种'过分的'浪费,对财产的破坏是集体象征性价值的源泉。……经济体制只有考虑到所谓理性的时候,才会在节日浪费过程中超越自己的原有水平。"②

第二,消费的终极目的发生转变。对物的消费演变成对符号的消费。所谓符号消费,是指在消费社会中,人们在消费商品时不仅仅是在消费物品本身具有的内涵,而且是在消费物品所代表的社会身份地位的符号价值,人类赋予商品诸如富贵、浪漫、时髦、前卫等象征性的意义。消费者在被动的迷醉状态下变成了社会存在中的符号。人们则更多地关注商品的符号价值、文化精神特性与形象价值,而不是商品的物的属性——使用价值。消费者需求的"不是物,而是价值。需求的满足首先具有附着这些价值的意义"。物品的原始功能性层面让位于物品的符号文化层面,人们消费中受吸引的不是物品本身的功能,而是某种被制造出来的象征性符码意义。正是建立在符号价值上的商品消费的特点,赋予消费社会空洞地、大量地引入各类符号,否定了事物的真相。这正如鲍德里亚所指出的,现代消费社会里所指的价值取消了,即符号形式所指向的"真实"的内容已不存在,符号只进行内部交换,不会与真实互动,故而我们通过大众媒体所看到的世界并不是一个真实的世界。消费是为了建立关系的主动模式。鲍德里亚认为:消费不是被动地吸收和占有,而是建立一种关系的主动模式。消费是一种建立关系的主动模式,这不只是人和物品的关系,也是人和集体与世界间的关系,它是一种系统性活动的模式,也是一种全面性的回应,在它之上,建立了我们文化体系的整体。消费是一种集体性的和主动性的行为,是一种约定,一种道德,一种制度。它是一种彻头彻尾的价值系统,蕴含着群体团结和社会控制。

第三,消费被赋予阶级属性。在消费社会里,符号被赋予阶级属性和等级性。鲍德里亚指出,在今天的资本主义消费中:"人们从来不消费物的本身,而

---

① 赵小鸣.消费主义价值观解析——合理与风险[J].经济问题,2007(7):3-4.
② 赵萍.消费经济学理论溯源[M].北京:社会科学文献出版社,2011:171.

第一章 分析的基础

总是把物用来当做能够突出你的符号，或让你加入视为理想的团体，或参考一个地位更高的团体来摆脱本团体。"一旦人们进行消费活动，那么他便进入了"一个全面的编码价值生产交换系统中"。作为符号和差异的那些深刻等级化的物品，成为他们身份的象征符号。消费社会的等级性是区划社会阶层的依据。

二、东方消费理论沿革

清末之前，中国是世界上屈指可数的大国和强国。文化思想输出和文明辐射力覆盖周边各国。因此，对东方国家的消费思想的研究可以中国为样本。纵观中国经济历史，从古代到现代，在传统的义利观的支配下，加上生产力低下的影响，中国消费思想充满抑制消费、节俭消费的观念。即便是小康社会的到来，也没有太大地冲击到这种消费观念。

（一）古代的需求节用论思想

古代中国生产力低下，因此鼓励生产、控制消费需求是各个朝代的思想主流。古代的需求节用思想是和义利观念联系在一起的。先秦时期的崇俭节用的思想。先秦时代，节用思想是主流经济观点，消费思想中也充斥着节俭观念。主要代表性人物及其思想是：

1. 孔子的消费崇俭思想

儒家学派的代表人物孔子，是春秋时期简约消费思想的主要代表性人物。他的消费思想以礼为前提。在消费观念上，孔子站在中庸的立场上，既反对奢，又反对过度的俭。他认为："奢则不孙，俭则固。与其不孙，宁固。"①也就是说，不逊和鄙陋都不好，但是比较而言，还是取俭而去奢。但是取俭而不能背礼。

孔子的崇俭思想以"礼"为前提。由于春秋时期，礼崩乐坏，社会很不稳定，急需建立礼治的社会。因此，恢复周礼是孔子思想的核心。他认为，"礼，与其奢也，宁俭"②。孔子说"道（治）千乘之国，敬事而信，节用而爱人，使民以时"③，"节用而爱民"，"政在节财"。这里的节用思想主要是指节省国家的财政开支，减轻人民的赋税。

其他先秦思想家，如墨翟、荀况，在提倡节用的同时，注意到强本（发展农业）的重要性。墨子的节俭思想包括两个层面：国家财政开支的节省和个人消费的节俭。他认为节用能够兴利，因为节用使国家"去无用之费"，减少财务消耗，等于增加了财务。墨子主张将劳动力生产投向有用的产品部门，反对投向奢侈品

---

① 叶世昌.述而.古代中国经济思想史 [M].上海：复旦大学出版社，2003：42.
② 朱熹.四书章句集注 [M].北京：中华书局，1983：62.
③ 朱熹.四书章句集注 [M].北京：中华书局，1983：49.

· 35 ·

生产或其他非生产性劳动方面。他说"古者圣王制为节用之法"①,要求"天下群百工……各从事其所能"②,制造的产品"凡足以奉给民用,则止"③,据此他提出"诸加费不加于民利者,圣王弗为"④。意思是说,手工业产品以对社会有用为准则,增加成本而不增加使用效益的产品不应生产。也就是说,生产以满足大众的基本需要为前提,不鼓励社会劳动投入奢侈品生产。

在消费方面,墨子在衣、食、住、行方面都以"圣王"之法的名义提出了严格的消费标准。例如,饮食"足以充虚继气,强股肱,耳目聪明,则止"⑤;冬服绀(天青色)緅(红青色)之衣,轻且暖,夏服絺(细葛布)绤(粗葛布)之衣,轻且清,则止⑥;车为服重致远,乘之则安,引之则利"⑦,楫"足以将(行)之,则止"⑧;室"其旁可以圉风寒,上可以圉雪霜雨露,其中蠲洁,可以祭祀,宫墙足以为男女之别,则止"。⑨针对统治阶级的奢侈消费,他提出"俭节则昌、淫逸则亡"的道理。

2. 老子去奢从俭思想

道家学派代表人物老子,在其无欲和寡欲思想基础上提出了他的消费思想。老子认为欲望是一切问题的根源。他认为:"五色令人目盲,五音令人耳聋,五味令人口爽(辨不出味道),驰骋畋猎令人心发狂,难得之货令人行妨。"⑩即是说,五色、五音、五味、飞禽走兽和难得之货等的存在,使人们产生了追求这些东西的欲望。人们追求欲望的满足可能给社会造成动乱。因此,老子主张:"不贵难得之货,使民不为盗。不见可欲,使民心不乱。"⑪他认为只要回到较低的生产力水平中去,使人们接触不到能引起消费欲望的事物,将欲望降低到最低限度,社会矛盾就会消除,社会动乱就可避免。

然而,生产总是不断发展的,难得之货总是客观存在的,要人们"不见可欲"是不可能的。因此,《老子》要求人们在主观意识上下功夫,做到"无欲"或"少私寡欲"。无欲或寡欲就会"知足"。《老子》赞美"知足"的人生态度,认为"知足者富","知足不辱",并警告说:"罪莫大于可欲,祸莫大于不知足,咎莫大于欲得。故知足之足,常足矣。"⑫根据这一主张,则人人都应满足于自己原有的政治、经济地位,从"知足"就是"常足"中求得心理平衡,不要为改变自己的命运而抗争,免得因"不知足"而自取其祸。

在奢俭问题上,《老子》主张"去奢从俭"。他说:"我有三宝,持而保之:一

---

①②③④⑤⑥⑦⑧⑨ 墨子闲诂[M].北京:中华书局,2001.
⑩ 陈鼓应.老子注译及评价[M].北京:中华书局,1984:106, 71, 244, 318.
⑪ 陈鼓应.老子注译及评价[M].北京:中华书局,1984:71.
⑫ 陈鼓应.老子注译及评价[M].北京:中华书局,1984:244.

曰慈，二曰俭，三曰不敢为天下先。"①把俭定为三宝之一。"俭，故能广"②，即提高节俭从而达到宽裕。

3. 管子的禁末思想

《管子》一书中，有较多部分提到了"末"一词，比如：末产、末用、末作、末事、末生、玩好、珍怪、文巧、技巧、无用之物等。对于"末"在书中的含义，20 世纪 30 年代唐庆增已作过阐述。他认为《管子》"所谓末事者，乃指下列四事而言"：一是 "谓一切作奸犯科之恶事，所谓'犯上作乱'者是"；二是 "谓各种游荡不检之行为"；三是 "谓小人贪货财牟利之举动"；四是 "谓制造一切无用之器物，如雕刻精美之器具，华丽夺目之衣裳等等皆是"③。这四项中，第一项说的是不禁末的后果，他所用的例证是《管子·牧民》中的"文巧不禁，则民乃淫"，民淫是不禁文巧的结果；第三项可以并入第四项，他所用的例证是《管子·治国》的"今为末作技巧者，一日作而五日食"，这里的"末作"即第四项所说的"一切无用之器物"。剩下来的两条，第二项指游食，第四项指奢侈品生产。

管子认为奢侈品生产会影响农业，造成大众饥寒。他认为："菽粟不足，末生不禁，民必有饥饿之色"④；"布帛不足，衣服毋度，民必有冻寒之伤"⑤。"今工以巧矣，而民不足于备用者，其悦在玩好；农以劳矣，而天下饥者，其悦在珍怪；女以巧矣，而天下寒者，其悦在文绣。"⑥故此，"古之良工，不劳其智巧以为玩好。是故无用之物，守法者不生。"⑦为了禁末，他主张将已经生产出来的阔带子割狭，大袖子裁小，彩色的丝绸染成单色，精细的雕刻削平磨光。

（二）洋务运动时期对黜奢崇俭消费理论的反思

近代时期的中国内忧外患，逐渐地沦为半殖民地半封建的社会。闭关锁国的局面因鸦片战争、西方列强的侵入而废止。外国商品大量进入中国的市场。在一些通商口岸甚至出现了产业工人。传统自给自足的自然经济逐步瓦解，资本主义经济在南方沿海城市出现萌芽。在西方列国强大的政治与经济攻势面前，19 世纪 60 年代中国国内出现了洋务运动。

洋务运动在富国强兵的宗旨下，以中学为体，西学为用，以及"师夷长技以制夷"的主张下，在思想和制度层面寻求变革图强。在消费思想上，对过去一味地强调节用的消费思想进行了反思。例如，梁启超认为，崇俭是"上古不得已之

---

①② 陈鼓应. 老子注译及评价 [M]. 北京：中华书局，1984：318.
③ 唐庆增. 中国经济思想史（上卷）[M]. 商务印书馆，1936，212-213.
④⑤ 黎翔凤. 管子校注 [M]. 北京：中华书局，2004：285.
⑥ 黎翔凤. 管子校注 [M]. 北京：中华书局，2004：201.
⑦ 黎翔凤. 管子校注 [M]. 北京：中华书局，2004：201-202.

取之上的。消费量的上升速度相对于地球资源可持续的供给来说是过度的。

本书对美国过度消费模式的阐释，将从上述三个层面展开。对于过度的理解，本书认为过度消费模式是指总体居民消费长期超越本国居民的储蓄、可支配收入以及资源可持续性发展的消费范式。

（二）过度性之镜像

美国消费模式的外在表现是多方面的。在经济上，表现为美国总体消费率与世界各国平均消费率相比相对较高，以及居民借贷消费习惯和行为的极端化；在生态上，表现为资源和能源利用上短缺观念和危机意识的出现。

1. 经济表现

消费是国民收入的构成要素之一，对经济发展起促进和支撑作用。而最终消费率的高低是衡量一国生活水平，乃至最终消费合理与否的重要标志。由于不同国家经济总量、经济结构、经济发展水平、经济制度乃至文化差异等诸多因素的存在，致使不同国度最终消费率高低不一。

众所周知，一国的消费水平应当保持在适度的范围内，过高或过低的消费率都将不利于经济的健康发展。就世界银行公布的数据来看，近30年来世界平均最终消费率在75.9%~78.2%，而同期美国最终消费率处于83%~85%，明显高于世界平均水平。消费率偏高是美国过度消费模式的一种表现而已。具体来说，美国过度消费模式在经济方面上的表现有：

（1）较高的消费率。消费率是指消费占GDP的比重。它代表了消费需求对一国经济贡献率的大小。消费率与GDP的增长之间保持适度比例，表明一国拥有适度的国民消费水平。西方发达国家早已进入后工业社会，消费已经成为拉动经济增长的重要因素。因此，整个社会呈现较高的消费率，消费率高于经济增长率是几十年来的事实。例如，1986~1995年，发达国家GDP年均增长3%，居民消费增长3.1%；1996~2005年，GDP年均增长2.8%，居民消费增长2.9%。在1986~2005年的20年中，居民消费高于GDP增速0.1个百分点，反映居民消费超前于经济增长已成为西方国家经济发展的长期趋势。

从国别消费率的差别来看。2007年日本最终消费率为75%，英国为86%，美国高达87%，为发达国家之最。同期，世界平均消费率为78%，中国仅为46%，低于世界平均水平，也低于印度等中等收入国家（见表2-1）。

表2-1　最终消费率国际比较

单位：%

国家＼年份	1980	1990	2000	2001	2003	2004	2005	2006	2007
中国	66	62	60	57	54	59	55	55	46

续表

国家\年份	1980	1990	2000	2001	2003	2004	2005	2006	2007
印度	83	78	79	79	78	78	72	69	65
日本	69	66	71	72	73	75	75	75	75
朝鲜	76	63	66	71	68	68	65	69	70
新加坡	62	57	50	50	53	52	52	49	48
加拿大	75	79	77	77	75	75	76	75	74
美国	81	84	81	82	86	86	87	86	87
巴西	79	78	80	80	78	75	73	80	76
法国	77	77	79	78	79	79	80	81	81
德国	—	77	77	77	78	78	78	78	76
意大利	76	78	78	78	79	79	79	79	79
俄罗斯	—	70	67	65	69	70	66	66	67
西班牙	79	77	76	76	76	76	76	76	76
英国	81	83	84	84	86	87	86	87	86
低收入国家	72	79	80	81	81	81	76	74	83
中等收入国家	76	74	74	74	73	71	72	72	75
高收入国家	76	76	78	78	81	81	80	80	80
东亚	69	65	65	64	64	59	62	61	54
南亚	85	81	81	80	80	79	74	73	69
世界	76	76	77	78	79	79	79	78	78

资料来源：世界银行（2002~2009；2000，2004）。

由表2-1可见，美国自20世纪80年代至2007年，国民最终消费率始终保持在80%~87%。消费率基本上维持在世界最高国家之列。美国80%以上的消费率与它80年代以来较低的储蓄率不相称。

（2）较低的储蓄率。根据美国商务部统计，若以当年储蓄额占个人可支配收入的比例来计，美国居民储蓄率从20世纪80年代中期开始一直较低。但低储蓄率并非具有一贯性。

查考美国经济发展史可见：20世纪40~80年代初，美国居民储蓄率始终维持在7%~11%，表现出良好的储蓄意愿和储蓄水平。1966~1970年，美国个人储蓄率为8.1%，1971~1975年降到7.6%，1976~1980年为6.5%，1982年为5.8%。

从1984年开始，美国个人储蓄率开始呈现阶段性下降趋势。1984~2004年，个人储蓄率从10.08%降至1%，个别月份甚至出现了负储蓄。2007年美国的储蓄率仅为-1.7%，创1933年大萧条时代以来的历史新低，成为世界上最低的国民储蓄率国家。储蓄率转为负数意味着人们不仅花光了当年的所有可支配收入，而且必须动用储蓄或借贷消费。美国爆发金融危机后，民众的储蓄意愿有所增强，储蓄率有所回升。2008年美国的储蓄率为1.7%，2009年5月达到了6.2%，达到1993年以来的最好水平（见图2-1）。

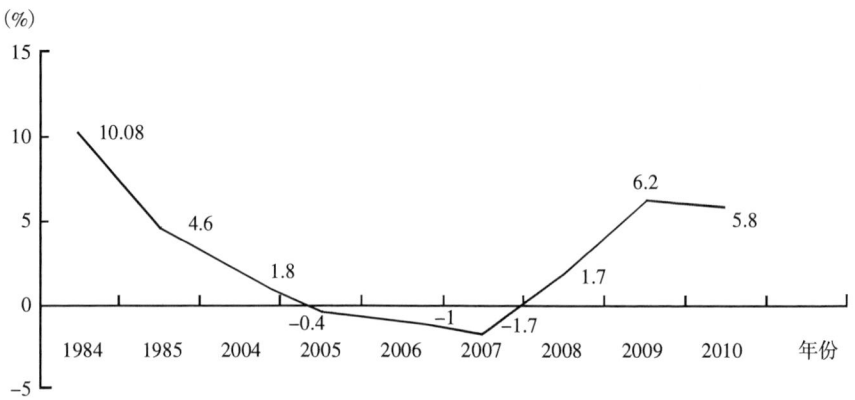

图 2-1　美国储蓄率情况

（3）借贷消费盛行。较高的消费率与较低的储蓄率，导致美国经济内部储蓄、收入、消费三者之间比例失衡。若要维持发展，借贷消费成为必然。借贷以消费者个人为债务方的信用消费方式称为个人消费信贷，始于20世纪20年代，20世纪50年代后得到长足发展。

个人信贷的发展，使得由个人信贷形成的债务数量占美国债务总量的份额比重加大。2009年美国信用市场各类债务总额超过了50万亿美元，占国内生产总值的243%。其中，家庭负债总额高达13.5亿美元，占国内生产总值的94%。自2002年以来，美国家庭债务就以每年超过10%的比例增加，超过国内生产总值和收入的增长速度。家庭负债占可支配收入的比重从1999年的90%上升到2007年底的130%，即不到10年时间上升了40%。从家庭债务结构来看，住房抵押贷款在家庭负债中的比重不断上升，特别是21世纪以来至2006年间，2006年，住房抵押贷款在家庭债务结构中的份额超过了76%。同期，消费信用贷款规模也迅速增加，2008年已达2.6万亿美元，比10年前的规模增长近80%。

表2-2为1990~2007年美国居民储蓄、可支配收入、消费之间的数量关系。储蓄比重从1990年的7.0降至2007年的0.6；消费支出却从89.6%升至95.5%。在总支出中，消费占据绝对比重，储蓄呈现递减趋势。

第二章 中美消费模式特征

表 2-2　1990~2007 年美国个人消费支出及个人储蓄占可支配收入的比重

年份	占个人可支配收入比重（%）		个人储蓄
	个人支出		
	总支出	个人消费支出	
1990	93.0	89.6	7.0
1991	92.7	89.3	7.3
1992	92.3	89.1	7.7
1993	94.2	91.2	5.8
1994	95.2	92.1	4.8
1995	95.4	92.0	4.6
1996	96.0	92.4	4.0
1997	96.4	92.6	3.6
1998	95.7	91.9	4.3
1999	97.6	93.8	2.4
2000	97.7	93.7	2.3
2001	98.2	94.2	1.8
2002	97.6	93.9	2.4
2003	97.9	94.4	2.1
2004	97.9	94.4	2.1
2005	99.6	95.9	0.4
2006	99.3	95.5	0.7
2007	99.4	95.5	0.6

资料来源：2008 年美国《总统经济报告》。

失衡的储蓄、消费、收入关系，使得满足消费需要的资金只能通过借贷来完成，也推动了居民和政府借贷消费行为，成为美国借贷消费盛行的客观经济原因。历史数据表明，从"二战"后到 2003 年，美国居民消费信用总量增长 31.1 倍，从占可支配收入比重的 15.8% 上升至 103.6%，增长了 5.6 倍之多。2003 年以后，甚至超过了个人可支配收入的 3.6%[①]。这种结构关系揭示出美国经济发展中的问题是：消费者的全部收入都不足以弥补消费者的借贷；美国经济增长对国内信贷消费的依赖性较大。

（4）消费结构上的享受特质。我国著名的经济学家于光远认为：消费结构是社会消费规定性的体现。一个社会生产出种类繁多的消费品和劳务，其产品的种类和各种产品、劳务的数量，是体现一个社会消费规定性的重要因素之一。分析消费结构的差别，能够客观地反映出不同社会消费的规定性。

---

① 赵珊珊. 浅谈美国的消费文化与次贷危机的关系 [J]. 消费导刊, 2009 (10)：86.

消费结构的变化和演进是有规律可循的，消费结构的升级与社会生产力的发展，以及与人类心理的需求层次的提高有密切关联。马斯洛需求层次理论揭示了人类需求变化发展的层次性。一般而言，人的需求由低到高依次分为生理需求、安全需求、社会需求、尊重需求、自我实现需求。上述五种需求还可以被归纳为三种层次的需求：基本需求、发展需求和享受需求。

一般而言，消费者消费需求发展呈现出从基本需求向发展需求，再向享受需求提升的阶梯变动规律。阶梯演进的变动趋势见之于消费者的消费结构升级过程中。美国消费结构已经处于消费结构的高级阶段，享受消费需求特点较为突出。

第一，美国的基本生活需求中的食物、服装支出比重相对较低。食物在消费总支出中的比重被称为恩格尔系数。1947~2006 年，美国的恩格尔系数分别为：1947 年为 34.9%，1950 年为 30.3%，1960 年为 27.1%，1970 年为 23.8%，1977 年为 21%，1990 年为 16.5%，2006 年为 13.65%。与其他发达国家的食品消费率相比，美国恩格尔系数属于偏低国家之列。其他发达国家恩格尔系数，如法国 2005 年降至 16%，英国 2002 年降至 13.21%，德国为 15.77%。[1] 衣着消费的比重也不断下降。1947 年美国国民衣着消费支出占比为 14.2%，1960 年占比为 27.1%，1970 年占比为 23.8%，1978 年占比为 21.4%，[2] 2002 年为 5.03%，2006 年美国衣着消费更是降至 3.87%（见图 2-2）。其他发达资本主义国家衣着消费占比情况为：日本为 4.97%，德国为 6.21%，法国为 4.2%，加拿大为 5.24%，澳大利亚为 4.04%。

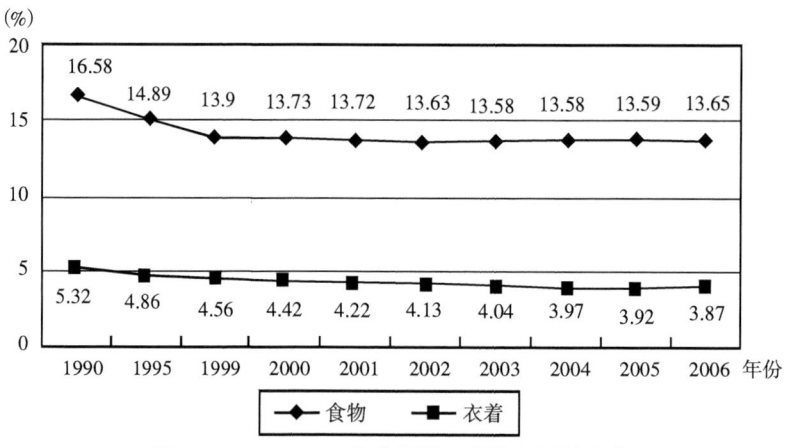

图 2-2　1990~2006 年美国居民食物与服装消费

---

[1] 王子先. 世界各国消费率演变的趋势、比较及启示 [J]. 求实，2006 (4)：57.
[2] 王启云. 现代消费经济探索 [M]. 湘潭：湘潭大学出版社，2011：4.

若与发展中国家相比，我国城镇家庭食品支出比例虽然在不断下降，但是与西方国家相比，比重仍然还是很高。由1985年的52.25%，下降到2006年的35.78%。表2-3为美国居民人均食物消费与中国人均食品消费量之间的对比。

表2-3 我国与美国居民每年人均食物消费量的对比①

单位：千克

	2003年我国农村家庭人均食品消费量	2003年我国城镇居民家庭人均食品消费量	2010年中国达到百姓营养食谱标准的人均食品消费量	2001年美国居民人均食物供应量	2001年美国是我国2010年人均食物消费标准的倍数
口粮	192.5	79.5	155	116.9	0.75
蔬菜	110.6	118.3	147	124.5	0.85
水果	18.31	—	38	113.4	2.98
食用植物油	6.3	9.2	10	26.7	2.67
食糖	1.3	—	9	71.6	7.95
肉类（猪、牛、羊）	15.0	23.7	28	121.5	4.34
家禽	3.2	9.2	—	47.8	—
蛋类	4.8	11.2	15	14.7	0.98
奶及奶制品	1.06	11	16	256.6	16.03
水产品	4.7	13.4	16	21.2	1.23
豆类	—	—	13	3.9	0.3

图2-3显示我国城镇居民的衣着消费从1994年的13.69%降至2006年的10.37%。②

第二，住房支出比重总体趋于上升。发达国家住房消费总体呈上升趋势。美国住房消费：1947年消费占比为9.7%，1960年为14.8%，1970年为15.2%，1978年为15.7%，2002年上升为27.13%；其他发达国家在2002年住房支出：德国为24.87%，英国为17.18%，加拿大为23.40%，澳大利亚为20.57%。③法国在1960~2006年的46年里，居民住房消费的比重大约每10年提高1个百分点，即1960~2006年，累计提升了5个百分点。

第三，文化娱乐的比重不断提高。经济发达国家的文化娱乐支出的比重不断提高。例如，日本：1970年为7.8%，1993年上升为10.02%；美国：1947年占

---

① 耿莉萍. 中美消费模式与条件的比较分析[J]. 北京工商大学学报（社会科学版），2005（1）：103.
② 潘军等. 劳动收入与消费结构[J]. 湘潭大学学报，2009（1）：57.
③ 尹清非. 西方主要发达国家居民消费结构探析[J]. 消费经济，2006（4）：214.

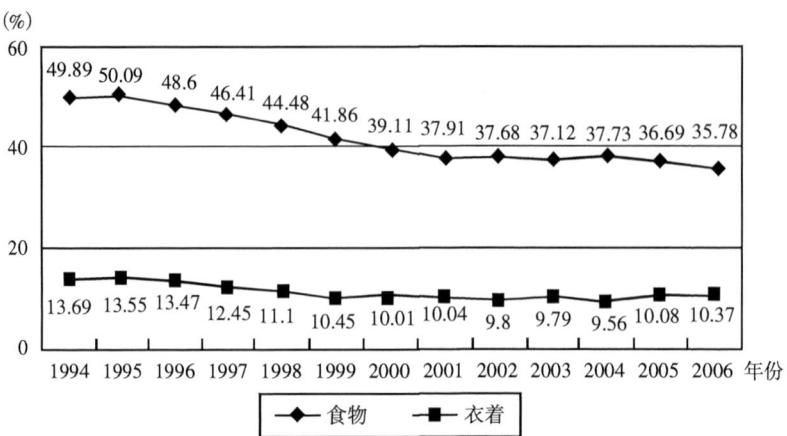

图 2-3 1990~2006 年中国居民食物与服装消费

比为 5.8%，1960 年占比为 5.5%，1970 年为 6.6%，1978 年为 6.7%，1992 年上升为 7.7%。2002 年，主要发达国家文化娱乐方面的支出进一步上升，日本为 11.92%，美国为 12.03%，德国为 10%，英国为 13.89%，加拿大为 12.13%，澳大利亚为 14.53%。

第四，交通通信的比重不断提高。随着经济社会的发展，发达国家在交通通信方面的支出增加更快，美国交通通信消费支出占比变化为：1947 年为 9.4%，1960 年为 13.1%，1970 年为 12.6%，1978 年为 14.2%；2002 年，美国交通费用占比为 14.01%，日本为 13.17%，英国为 17.64%，德国为 17.38%，加拿大为 17.29%，澳大利亚为 14.55%。①

恩格尔系数下降，住房、文化娱乐性消费的增加，是消费结构升级转变的标志性特征。

2. 生态表现

从生态可持续能力来说，过度消费模式与生态环境发展的矛盾在于：自身储备的资源能否自给，此外，环境能否承受过度消费对环境的破坏。美国过度消费模式之生态表现方式是：

（1）对资源的饥渴和过度的消耗。美国过度消费模式的生态基础是资源与能源大量消耗。

从能源消耗的总量上看，2011 年美国人口达到 3.11 亿，约占世界人口总量的 6%，平均能源消费约占世界能源消耗的 25%。其中，铝 42%，铁 28%，石油 32%，铅 25%，煤 22%，铜 33%，天然气 63%，金 26%，锡 24%，镍 38%，钼

---

① 陈承明.消费经济学概论 [M].上海：上海财经大学出版社，2012：60.

40%。从 1949 年至今，随着美国国民生产总值的不断上升，美国能源消费总量与人均能源消费量仍在不断增长。2000 年，美国的能源消费总量和人均能源消费量分别是 1949 年的 3.09 倍和 1.64 倍。

从土地面积减少来看，20 世纪 90 年代后，城市扩张所导致的农田面积减少的速度是城市人口增长速度的两倍。为满足私人汽车的出行，美国政府修建了 6300 万公里的公路，可以绕赤道 157 圈。

从水资源的消费来看，美国人每天饮料的消费量很大，据调查美国人均每天消费 1 到 2 瓶瓶装水（约 500 毫升一瓶）、2~5 听易拉罐饮料（335 毫升一听）。按美国 2.85 亿人口计算，仅此一项消费每年就将需生产与扔掉 1000 亿~2000 亿个塑料瓶和 2000 亿~5000 亿个金属易拉罐。

从动力能源消耗来看，美国采暖的能源消费量是日本的 3.5 倍，用于制冷的能源消费量是日本的 8.7 倍，人均私人汽车燃料消费是日本的 0.69 倍。据美国能源部预测，未来 20 年，美国家庭供暖的能源消耗量将增长 14%。到 2020 年，交通能源消耗量将上升 40%。美国人口不到世界人口的 5%，将消耗世界 1/3 的交通能源。

过度消费对全球环境带来不利的影响。美国能源过度消费现象较严重，使得美国成为全球最大的二氧化碳排放国家，美国二氧化碳排放对全球的贡献率始终在 20% 以上，无论是累计排放量、国家排放量还是人均排放量，美国均位居世界第一，是全球温室气体排放最多的国家。

（2）能源国际依存度较高。为支撑国内巨大的能源消费，美国不得不增加能源进口。在矿产资源方面，美国每年所需矿产原料的 20% 需要进口，许多矿产资源对外依赖程度在 70%~100%。在能源方面，美国能源消费量巨大，美国能源消费的 1/3 左右依靠进口，原油消费的 1/2 依赖进口。当然，美国大量进口矿产品与能源的原因不仅在于满足国内资源在品种与数量上短缺的需要，而且也是为满足对本国资源实施战略储备的需要。

（3）废弃物处理及外部循环。美国高消费的消费模式，不仅使其资源供给不得不面向国际市场，而且消费后产生的各种废弃物也以各种方式向世界其他国家，特别是发展中国家转移。高消费后的垃圾处理是过度消费模式对生态的拷问。美国居民大规模的物质消费产生大量的各种废弃物的处理成本较高，并且在一定程度上对环境构成二次污染。

为了消化高消费产生的废弃物，美国早已开始以向国外出口垃圾的方式来缓解因消费过度而可能对国内环境造成的压力。据 2003 年 4 月 16 日的国内《参考消息》报载：据美国商务部的资料显示，2002 年美国对中国出口的垃圾和废料达 12 亿美元，5 年前只有 1.94 亿美元。垃圾如今排在飞机和半导体之后成为美国销往中国的第三大出口商品，出口额超过大豆和电脑。中国已成为购买美国垃圾最大的顾客，美国价值52亿美元的废料出口中23%由中国购买。据华盛顿废品回收利用研究所的资料，2002年美国卖给中国23万吨的废金属，以及可以制造145亿个汽水瓶的45万吨废塑料，这些废料大部分经过处理后又以玩具、汽车零部件、涤纶衬衫等多种成品的方式重新出口到美国。

（三）过度消费模式的特殊性

美国的过度消费模式的形成与持续有其特殊性。特殊性在于只有美国能够凭借自身的综合实力在全球建立起"中心—外围"的国际分工格局，它使得美国能够坐享外围国家的物质供给；也只有美国能够借助美元的"国际货币"地位，从世界储蓄过剩的国家获得生产剩余资本的融资。

众所周知，"二战"后欧洲地区的一些国家奉行的全民福利制度也曾经被世界认同为过度消费的一种体现。但是，欧洲民主社会主义国家在战后世界中的地位和融资能力远远不能与美国相抗衡。从这个意义上说，美国模式具有其独特性质。美国模式特殊性具体表现在以下方面：

1. 美国拥有世界上其他国家无法比拟的大国国际地位和话语权

东欧剧变后，美国在世界格局中担当了霸主角色，成为国际规则的制定者。20世纪80年代后期，东欧剧变后，主导世界的两极格局变成美国主导的单极格局。美国在世界政治中的支配地位是任何一个超级大国所无法比拟的。也正是美国在国际政治中的霸主地位，使得美国成为全球经济规则的制定者，主导着世界经济运行规则的制定。

就世界贸易组织来说，它是国际贸易领域最重要的国际组织，它的存在推动了全球多边贸易自由化的发展。但是，就是在这个国际性的经济贸易组织中，美国运用自己的大国地位，推行有利于自己的政策规定。例如，美国要求经济落后的国家开放薄弱的产业，而美国自己则对其薄弱产业进行贸易保护。

其他国际性组织，如国际货币基金组织（IMF）、世界银行等国际金融组织和权力结构也受美国等大国势力操控。例如，国际货币基金组织的决策程序是按照成员国所持基金份额大小来确定其票数多少。而美国认缴的基金份额占到了17.69%，因此美国在该基金组织重大决策中具有独家否决权。2005年的IMF的总储备账户中，美国的黄金储备占到世界的29.7%，特别提款权（SDR）占到世界的28.6%。① 同样，美国是世界银行的最大股东（占16%以上）。在重要决策需要85%以上多数票通过的规定下，美国一家就可以否决任何一项决策的通过与实施。

---

① 黄梅波. 世界经济学 [M]. 上海：复旦大学出版社, 2007: 47.

2. 美元的国际地位帮助美国获得了赤字财政和过度消费的资本

战后布雷顿森林体系确立了美元在国际上的黄金地位，这个与黄金地位等同的国际储备货币的地位，虽然受到布雷顿森林体系的解体变故的影响，但美元在国际上仍然维持了国际计价、支付和储备货币的国际地位，美元实际上取代了黄金成为各国主要储备资产，世界进入了事实上的美元本位制。

目前，还没有一种货币可以取代美元在世界中的国际地位。从美元占各国外汇储备的比重看，2008年美元占发达国家外汇储备总量的65%，占发展中国家外汇储备总量的71%，欧元在官方储备中的地位从1999年的17.9%上升到2008年的25.8%，欧元对美元的取代效应仍不明显。从交易货币上看，在全球外汇交易和贸易结算中美元占到了70%，在国际债券发行额中占到50%。可见，美元在目前世界货币中的核心地位没有多少改变。

战后美国独特的国际地位，带给美国的益处有很多：

（1）铸币税的优势。美元的国际地位赋予了美元的国际支付权的地位，美国不仅可以获得发行纸币成本与纸币面值之间的差额，还获得了通过发行美元换取实物资源的特权。

（2）吸引大量国际资本进入美国市场和金融机构，弥补了国内的储蓄不足，保持了美国宏观意义上的储蓄、投资与消费平衡。

（3）美元的本位制下，客观上形成了一种新的"金融中心国家"和"贸易外围国家"的国际分工格局。美国经济结构逐渐向高科技部门和金融领域升级，亚洲国家经济资源则流向一般制造部门。对于美国和东亚来说，一方面通过产品市场交易（支付美元购买货物）实现实际产出转移（制造业由发达国家转移到亚洲）；另一方面通过资本市场交易（出卖债券借入储蓄）实现实际购买力转移（亚洲超额储蓄转化为美国现实消费能力）。

（4）全球资本流入提高了美国房地产、股票等资产收益率，助长金融投机，形成巨大的财富效应，促使美国家庭降低储蓄、扩大消费。据麦肯锡测算，从2003年到2008年第3季度，美国家庭从住宅资产中提取2.3万亿美元，其中8900亿美元用于个人消费。[①]

正是建立在美元这种特定的国际地位上，美国能够向世界借钱，并输入廉价的商品和储备国的外汇盈余，这些条件汇集在美国一身，才使得美国能够过度消费，其实质是花世界的钱，过度消费别国国民本该消费的商品和资源。这种过度地萃取别国资源来支撑美国的消费，只有位居美国这种特定的国际地位的国家才能凭借自己的特殊国际地位来实现。

---

① 刘日红. 中国生产—美国消费模式再思考［J］. 中国商贸，2010（6）：3.

二、过度性消费模式的终结

过度性消费需要物质资料和物质生产的支撑,它需要一国强大的财政金融做保障,也需要自然物质做基础。如果过度消费超过了生产增长,超过了自然承受力,那么,各种危机的发生则不可避免。过度消费造成美国居民、政府乃至国家的负债加剧,借贷以消费者为债务方主体而发生的信用消费行为,属于消费者信贷;借贷以政府为债务方的借贷可表现为对内和对外两部分。内部表现为财政赤字,外部表现为国际资本账户赤字。次贷危机的引发和全球能源危机的加深,宣告了过度消费模式的终结。

(一)内部债务加剧与次贷危机的发生

1. 政府财政赤字的增长

美国从 20 世纪 30 年代实行罗斯福新政开始,就拉开了财政赤字的序幕。1930~1945 年罗斯福政府时期,在凯恩斯主义的扩张性财政政策引导下,美国国内建立了庞大的社会保障体系、兴办公共工程、治理田纳西河流域的水患、国土绿化、连接各州的公路网络系统等。扩大政府预算增加了财政支出,到 1938 年,美国财政赤字达到了 29 亿美元。

战后到 70 年代,美国历届政府保持了凯恩斯主义的扩张性财政思想,财政赤字进一步扩大。20 世纪 70 年代滞胀局面使得美国政府在 80 年代里根政府时期被迫转向供给学派的政策主张。1981 年 8 月通过的《经济复兴税法》降低了个人所得税,增加了国防支出,使得在其任期内,联邦预算赤字超过了"二战"后历年净赤字之和。1985 年,财政赤字占 GDP 的 5.34%。90 年代初期,老布什当政时期,由于世界经济衰退影响到美国经济,美国出现了"二战"后第九次经济衰退,布什政府不得不采取减税措施扩大国民购买力刺激经济的恢复。结果使得财政赤字越发高企,1990 年,美国财政赤字超过了 2200 亿美元,1992 年更高达 2904 亿美元,国债也由 27000 亿美元猛增到 40000 亿美元。①

1993~2000 年克林顿入主白宫时期,由于吸收了新凯恩斯主义思想的精髓,又采纳了新保守主义的主张,充分发挥了财政政策的供应管理职能,通过政府的干预和扶持来优化产业结构,把实现经济增长的目标放在人力资本、物质资本的不断积累和全要素生产率的提高上,形成了内生性增加理论为指导的宏观经济政策。内生性增长理论为指导的财政政策经济实践中产生巨大的赤字逆转。政府的内债得到较好的控制。

2001 年小布什上台伊始,小布什从前任克林顿总统手中接受了 2000 多亿美

---

① 黄梅波. 国别与地区经济 [M]. 北京:高等教育出版社,2010:31.

元的资产,而不是像克林顿从老布什手中接受的 3000 亿美元的负债,这在 20 世纪的美国总统中是绝无仅有的。这表明克林顿政府时期的经济政策的成功。图 2-4 给我们展示了克林顿政府时期,年均财政状况从第一任期的财政赤字 1281 亿美元转到了第二任期内的财政年均盈余 1406 亿美元。而第一任小布什政府时期,年均财政赤字就达到了 2049 亿美元,到第二任小布什政府的前两年,年均财政赤字更是达到了 2431 亿美元。2006 年底财政赤字为 2200 亿美元。布什总统下台以后,美国引发了全球性的金融危机,美国政府不得不举债救市。

2009 年奥巴马任职以来,适值全球金融危机爆发,为了稳定金融市场和刺激实体经济,美国政府先后实施了多轮大规模的救市方案。大量政府支出加剧了财政收支缺口,美国联邦政府赤字大幅上升。2008 年,美国联邦财政赤字高达 4548 亿美元,财政赤字率从 2007 年的 1.2% 提高到 3.2%。2009 年财政赤字增至 1.42 万亿美元,是 2008 年的 3.1 倍之多,财政赤字率也从 2008 财年的 3.2% 猛增至 10.0%,创下"二战"后最高水平。2010 年、2011 年财政赤字分别为 1.29 万亿美元、1.30 万亿美元。美国联邦财政赤字从 2009 年到 2011 年连续三年居于 1 万亿美元高位。

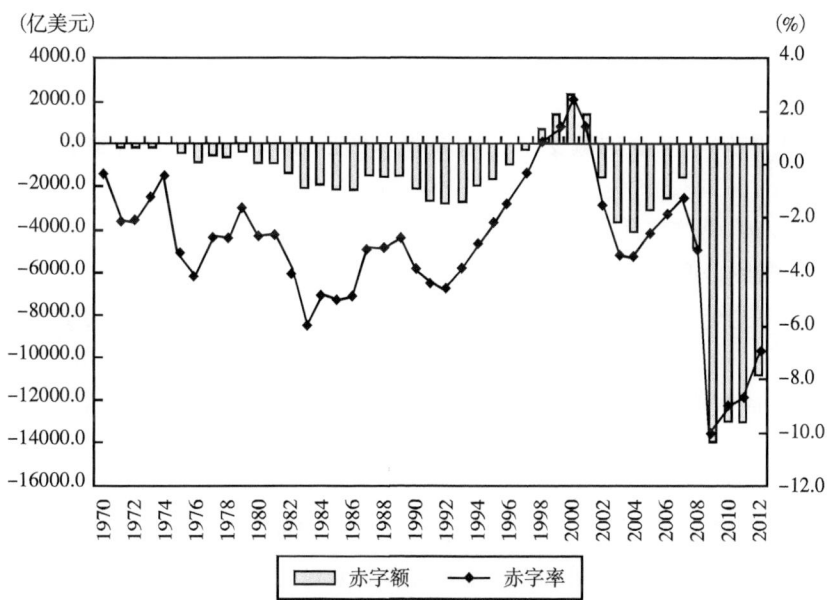

图 2-4　1970~2012 财年美国财政赤字额与赤字率

资料来源:吴信如等. 美国财政可持续性研究 [J]. 广东社会科学,2013 (2):6.

持续大规模的财政赤字导致美国政府债务超经济的增长。美国政府未偿还的债务余额从 1980 财年的 9090 亿美元上升为 2012 财年的 16 万亿美元以上,扩大了约 16 倍，而同期名义 GDP 仅扩大 5 倍，这使得美国联邦政府债务率从 1980 财年的 33%上升到 2012 财年的 102.6%。

一国经济正常发展需要主权债务处于合理的范围内。对此国际公认的风险标准是：一个国家的债务总额占 GDP 的比例超过 90%，就进入主权债务危机的风险范围以内。当前，美国尽管尚未出现主权债务危机，但目前的财政赤字率达到了 7%~10%，债务率超过 100%，远高于 90%的国际警戒线，更高于 1992 年签署的欧盟稳定与增长公约——马斯特里赫特条约中关于财政赤字率不超过 3%、债务率不超过 60%的标准。

鉴于美国债务风险的不断积累，国际评级机构标准普尔在 2011 年 4 月 18 日便给予美国的 AAA 评级以负面展望，并声称如不能妥善解决，将有可能下调其主权信用评级。2011 年 8 月 2 日，奥巴马签署提高债务上限和削减政府开支的两党妥协法案 3 天后，因为 2.1 万亿美元减赤方案没有达到避免降级的 4 万亿美元门槛，标准普尔将美国主权信用评级由 AAA 调降到 AA+，并继续给予负面展望。另一家评级机构大公国际也将美国信用等级下调至 A，并展望为负。2012 年 2 月 7 日国会听证会上，美联储主席伯南克以"财政悬崖"这一耸人听闻的字眼来形容美国财政和经济所可能面临的困难局面。

如果美国债务不加控制，美国政府债务为公众所持有的部分占 GDP 的比率在 2010 年为 74%，2025 年超过 100%，2040 年达到 200%，2080 年将达到 700%以上。除非采取削减支出、增加收入的措施，否则美国的赤字财政路径将不可持续。

2. 个人消费信贷危机

美国居民普遍化的过度借贷消费、透支消费，造成了美国金融机构违约率上升并泛化成为全社会的经济危机，乃至成为引发世界范围内连锁效应的国际债务危机。

2007 年，美国次贷危机从表象上看是银行次级客户违约率提高、泛化而成的信贷危机，此次信贷危机是由美国居民过度消费行为引发的。债务大大超过了自身经济条件承受能力而最终引发危机。据统计，截至 2007 年底，美国家庭部门负债率飞涨至可支配个人收入的 133%，比 10 年前上升了 40%。美国消费者人均拥有 6 张信用卡，2008 年 10 月底平均每个家庭欠银行 1.2 万美元。而 20 世纪 80 年代，美国居民过度消费，储蓄不足引发的消费信贷膨胀就曾经给银行带来沉重打击。银行倒闭的数量因信贷膨胀的增加而大幅度提高。

从国际经济循环的角度看，美国过度消费的财与物都是依靠向世界其他国家借贷而完成过度消费的。流入的生产过剩的资本要以生息债务形式存在于银行和美国的财政部中，生息债务的本息需要在美国内部形成。进入 21 世纪，美国新经济对经济的拉动作用削弱,未来经济新的增长点尚未出现。因此,流入国内的过剩资本在追逐利润最大化的去向上选择了流入股市和房地产领域。

为了鼓励居民消费,金融部门在政府的鼓励下做出了一些降低贷款标准的临时决定。这样使得原本不符合银行贷款要求的客户也成了银行的贷款对象。由于次贷客户、银行、股市等金融市场和房地产市场对中央政府的利率变动及其敏感,因此,利率的变化对次级贷客户的还款造成了惨重的影响。美联储的利率在21世纪初期经历了前松后紧的变化历程:2001~2006年初期,美国政府为了刺激经济,采取了低利率的政策。美联储在2003年将联邦基金利率降低至1%,为1958年以来的最低水平。低利率促使美国住房市场持续繁荣,但也使房贷市场鱼龙混杂。然而,2004年6月30日美联储开始进入"加息周期"。在两年内连续17次加息。此前,联邦基金利率(即隔夜拆借利率)仅为1%;在2006年6月29日第17次加息后,联邦基金利率已升至5.25%。直到美国联邦储备委员会2007年9月18日决定将联邦基金利率即商业银行间隔夜拆借利率由原来的5.25%降为4.75%。高利率使美国住房市场泡沫破裂,并进而冲击到房贷和金融市场,并最终导致次贷危机全面爆发。次贷危机打击了实体经济,挫伤了美国的信用和消费者信心,引起消费量的下降,产生了极为不利的恶性经济循环。

美国金融危机的爆发过程显示出过度消费的美国模式难以持久,美国政府已经意识到这一点,正在采取抑制消费的措施。同时,美国民众也不得不改变长期形成的消费观念和消费方式,表现为很多家庭从大房子搬出住进小房子,由乘坐大汽车改为乘坐小排量的汽车。2008年11月公布的数据显示,美国消费者10月的开销下降了0.5%,已是连续第五个月消费下滑,个人存款率上涨至2.4%,美国消费模式转型的态势开始出现。这正如美国价值观学会主席戴维·布兰肯霍恩所说:"在过去的几十年中,多数人对金钱的思维方式很相似,即以负债为导向,但是花得比挣得多……这种思维方式已渐渐终结。"[①]

(二) 储蓄不足与经常账户赤字危机

根据国际经济学有关理论,在一个封闭的经济体系中,一国的总储蓄必定等于总投资。而在开放经济条件下,一国的储蓄就不必总是等于该国国内所发生的投资。一国经济内部收入、储蓄、消费三者的比例关系失衡,将导致其外部贸易条件的恶化。因为一国的储蓄不足将意味着该国投资缺口,国内消费大于产出,以及对外经济关系上的经常账户逆差表现。该结论的分析证明过程如下:

从经济学国民收入账户的计量关系来看,一国GDP国民总收入包括四部分支出:消费(C)、投资(I)、政府购买(G)和净出口(NX)。用公式表达为:

---

① 胡雪萍. 消费模式转型:国际金融危机视角下的反思 [J]. 中南财经政法大学学报, 2009 (4): 10.

Y = C + I + G + NX

由于国民储蓄被看成是用于消费与政府购买后剩下的一个加剧中的总收入。因此可将上式中的 Y – C – G 替换成储蓄 S。则上式便成为：

S = I + NX

S – I = NX

如果把一个国家的经常项目（CA）定义为该国对其他国家的净金融资产头寸的变化，就可以得到等式 CA = S–I。如果把总储蓄分解为私人部门储蓄和政府部门储蓄，就可以进一步得到恒等式：

S = CA + I + DEF（CA 表示的是经常项目盈余，DEF 表示的是政府赤字），或者 S – I = CA + DEF。

根据该等式可知，如果一国的私人部门储蓄率不足，就会形成储蓄投资缺口。该缺口就必须通过借入外债（输入美元）或者政府储蓄来弥补。相反，如果一国的私人部门储蓄率过高，形成储蓄过剩，就必须把储蓄输出到国外或者通过政府赤字消耗过高的储蓄。

美国的情况是一方面私人部门储蓄不足，另一方面政府长期赤字，两方面共同作用必然造成经常项目的长期赤字。在美国浮动的汇率体制下，官方不进行外汇储备，经常项目的赤字就对应着资本与金融账户的顺差。

理论分析往往与现实相左。美国储蓄率下降造成的储蓄—投资缺口与经常账户逆差几乎是同步发生的。美国储蓄率下降始于 20 世纪 80 年代初期，此后持续下滑。美国个人储蓄从 1990 年的 7%一直跌落到 2007 年的 0.6%。其间，消费支出从占 GDP 的 89.6%跌落到 2007 年的 0.6%。储蓄下降而 1983 年以后的国内投资总量大大增加，储蓄与投资缺口逐渐增加，终将造成经常账户上的赤字局面。

美国的经常项目赤字首次出现于 1971 年，除 1973 年和 1975 年个别年度出现过小额顺差外，其余年份均呈现出逆差不断扩大的趋势。其中 1981~1987 年和 1991~1998 年是两个高速增长的时期，两个阶段分别增长了 582 % 和 15%，2000 年后增长速度继续加快，到 2004 年经常项目赤字已经高达 6660 亿美元，占美国 GDP 的 5.7 %。2007 年更是达到了 7312 亿美元之多，逆差占 GDP 的 5.29%，2008 年有所下降至 4.7%。

根据前文恒等式 S – I = CA + DEF 可知，等式左边储蓄投资的缺口，可以通过经常项目盈余或者政府的财政盈余来缓解。而美国国内长期运行赤字财政，除 1998~2000 年出现财政盈余外，其他年份均表现财政赤字。持续走低的储蓄率和持续增加的双赤字问题，为美国经济持续发展画上了阴影。

为了维系上述不正常的脆弱的美国经济平衡，美国经济发展就需要吸收全球 75%的经常项目顺差。以 2006 年第三季度的经常账户赤字来计算，平均每个交易日美国都要从海外引入大约为 34 亿美元的资本,才能弥补国内储蓄的巨大差额[1]。正是借助美元的强势地位和国际上的大国威望,美国实现了对贸易顺差国家过剩外汇与商品的吸引,为美国居民过度消费提供了金融帮助与物质支持,为银行肆意放贷创造了条件。这一切因素共同酝酿了 2008 年次贷危机的发生。可以说,次贷危机是过度消费模式的必然也是对这种模式的否定。对于上述现象,美国学者罗纳德·麦金农(Ronald Mckinnon)早有预言,他认为,以巨额经常项目赤字为赌注的狂欢会带来两个重大问题,其中之一就是过度借债和美国家庭及小公司信用等级的下降。[2]

(三)过度消费模式传导途径

基于上述分析,我们对过度消费的结果做一般的路径描述:

过度消费模式的发展可以沿着两种路径:一是经济路径。过度消费导致储蓄减少,生产性投资下降,造成经济增长的乏力。为了推动 GDP 的持续增加,政府不得不采用宽松的经济政策刺激经济增长,宽松的政策导致政府财政赤字增加,内部经济问题引发外部贸易形式,造成经常账户赤字,资本账户盈余。国外剩余资本内流的同时,推高了国内资产价格,造成资产泡沫,最终导致经济危机的发生。二是环境路径。过度消费,造成资源的枯竭,导致经济的负外部性,不断上升的经济负外部性成本超过了经济的正效益,终将导致经济增长受到影响(见图 2-5)。

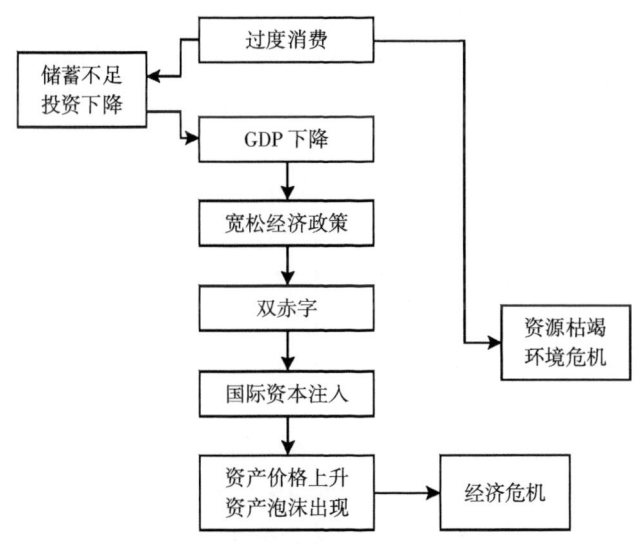

图 2-5 过度消费的发展路径

---

[1] 葛立全. 次贷危机根源探究:美国式消费模式批判 [J]. 消费经济, 2009 (4): 48.
[2] 蒋惠惠. 美国经常项目赤字的可持续性研究 [J]. 对外经济贸易大学学报, 2006 (1): 42.

可见，经济危机和能源危机是过度消费模式的两个必然结果。受到资源环境约束和经济可持续发展格局的限制，过度消费模式转型实属必然。

三、过度消费模式的辩证思考

（一）必然性

过度消费具有历史的必然性，它的出现是社会生产力发展的必然，是产业结构调整引起的消费结构调整的必然。

（1）工业革命以前的西方社会也曾经是一个崇尚节俭、储蓄率很高的社会。而工业革命的出现，提高了社会生产力，社会财富如泉涌般地增加。社会生产力的变革改变了传统农业社会中存在的生产矛盾——社会商品不足，供给短缺，不能充分满足消费需求。

工业社会中的新问题是强大的生产能力最终带来了相对过剩，以及由过剩导致的经济危机。处于这样的社会，如何拉动社会有效需求成为进入工业社会后的主要经济任务。因此，刺激消费是进入工业社会之后的国家发展经济之政策的必然。这正如美国当代最著名的马克思主义经济学家保罗·斯威齐指出的：现代西方文明为了克服生产过剩与消费不足的矛盾，而走上了无限扩张消费的道路。

（2）以消费作为经济发展的起点与终点是后工业社会产业结构变化的结果。农业社会和工业社会初期，从生产到生产的再生产过程的关注点在生产，一切源于生产、归于生产是社会再生产的主旋律。而工业社会后期，特别是后工业社会的到来，消费成为社会再生产进行的关键环节。如果消费不畅，再生产活动即将停止。因此，刺激消费成为社会生产正常运转的必然之举。生产活动焦点的转变原因很多，其中产业结构的变化是原因之一。

后工业社会带来的产业结构升级而引发的消费水平和消费形式的变化，在一些学者的文献中有所论证。美国社会学家丹尼尔·贝尔，在20世纪50年代预见了未来的美国社会将进入后工业社会阶段。1973年，他出版了《后工业社会的来临》一书，首次将社会发展阶段划分为前工业社会、工业社会和后工业社会。根据经济部门的分布特点和主导产业在社会中的地位，丹尼尔描述了处在不同社会阶段中的国家及其产业特征。

对后工业社会及其产业特征的描述是这样的，后工业社会建立在工业社会的基础上，是以信息为基础，以大学、学术研究所和研究公司为社会生产主要推动力量的社会。它是"智能技术"和机械技术并肩前进的社会。后工业社会产业结构变化特征是软化趋势。即有形产品和资源等硬生产要素的作用下降，而知识、技术、服务和信息等软生产要素作用的提高。若以三次产业的比重变化来描述产业结构软化的趋势就是以服务业为主的第三产业比重日趋上升，第一产业和第二产业的比重逐渐下降。

以美国为例,纵观战后美国历史,物质生产部门对经济增长的贡献作用在不断下降,非物质生产部门逐渐成为一国经济的推动力量。具体表现为:第一产业的比重大幅下降,第三产业的比重不断上升,美国的第一产业从1950年的23%下降为2000年的2.6%;第三产业从50年代的45%,上升到70年代的60%,再蹿升到2008年的79.9%(见表2-4)。

表2-4 战后以美国为例的产业结构的变化情况

产业	1974年	1984年	1994年	2004年	2008年
第一产业	3.3	2.0	1.5	1.2	1.1
第二产业	28.1	25.3	20.7	20.4	20.0
第三产业	68.6	72.7	77.8	80.5	79.9

总体而言,目前美国的产业结构大体分为四个层次:①高新技术产业。它以信息产业为龙头,以生物工程、新材料、新能源等为后续。新技术产业产值大,在整个国民经济中的比重上升,是美国的龙头产业。②资本密集、技术密集的传统制造业正在运用信息技术实现产业升级,产值继续增长,但速度较慢,就业呈下降趋势。③以劳动密集为特征的制造业。这些产业中的部分行业生产萎缩,产品供应转为依靠进口;另一些行业则运用高新技术进行脱胎换骨的改造,提高自己的技术水平和竞争力。但整体而言,这些产业正在全球化下进行外向型的生产转移。④新兴服务业和传统服务业蓬勃发展,与农业制造业相比,无论是产值还是就业比重都将继续上升。

从目前美国产业结构比重来看,美国经济增长已经蜕变成以服务性行业为主的第三产业为基础的国家。这里所谓的服务性行业,已超出一般所谓第三产业所包括的范围。包括交通运输、公用事业、商业、金融业、保险业和地产业、卫生保健、教育、科研、政府以及娱乐。其中,作为第三产业组成部分的交通运输业,是社会生产力的有机组成部分,是社会化大生产的动脉,被马克思称为"第四个物质生产领域"。① 作为第三产业中比重最大的商业,在战后商业形式发生着改变。超级市场、商业街、连锁商店、邮购商店、自动售货机等更加方便居民购物的新的商品销售方式,排挤了百货商店等传统的商业形式。科研、信息、咨询、设计等行业,已成为发达资本主义国家第三产业的发展方向,并成为重要的生产力。银行、保险业,在现代市场经济中的地位和作用日益重要,成为整个国民经济运行的枢纽和风险承担者。包括电力、自来水、邮政、医疗、保健等在内

---

① 马克思,恩格斯.马克思恩格斯全集(第26卷)[M].北京:人民出版社,1972:444.

的公共事业,作为政府组织和管理社会经济生活的部门,是第三产业的重要组成部分,也是保证和提高居民生活水平所必需的。文娱、体育、旅游、教育等,也是第三产业中发展较快的部门。

表2-5表明美国的产业结构变化并不是一个个案,而是生产力提高带来的产业结构变化的规律。

表2-5 主要工业化国家战后产业结构变化的情况

	1950年			1970年			2000年		
	一	二	三	一	二	三	一	二	三
美国	23.3	31.4	45.3	9.9	30.0	60.1	2.6	22.9	74.5
日本	48.3	21.9	29.8	19.4	33.9	46.7	5.1	31.2	63.7
德国	24.6	42.6	32.7	8.5	48.8	42.7	2.7	33.4	63.8
英国	5.6	50.6	43.8	2.1	46.6	51.3	1.5	25.4	72.7
法国	29.1	29.5	35.8	13.1	28.0	49.3	1.6	24.5	73.9

资料来源:联合国《劳工统计年鉴》各年数据;世界银行数据库。

战后产业结构变化带来劳动力就业结构的改变。第三产业产值在国内生产总值所占的比重逐步增加,吸纳的就业人数也不断激增。第三产业的产值在1950年为55.6%,到1991年已增为70.5%,2000年更增加为75%。美国第三产业就业人数占总就业人口的比重,1950年为46.2%,到1991年已增至71.3%。[①]另据2005年美国总统经济报告的数据,2004年美国非农业就业人数增加了22万人,是自1999年以来增长幅度最大的一年。在2004年的劳动力就业统计数据中,在服务行业的就业比率高达83%,占总就业增长的85%,在生产行业的就业比率为17%,占总就业增长的15%。可见,第三产业的从业人数已成为美国就业的主要部门,这样产业结构和就业结构,消费必然代替生产成为拉动经济增长的"火车头"。

由此可见,正是由于在后工业社会中,出现了比重过大的第三产业,以及第三产业的产值对GDP的贡献过高,使得以消费和过度消费来带动经济增长的发展路径成为了社会的可能与必需。一定意义上说,从工业社会进入后工业社会的国家,由于传统产业转移带来的产业结构升级,都面临着如何刺激消费来保持经济的增长问题。这好比一个代谢功能失常的人,代谢需要用各种药物,可能是商业营销的药物,也可能是政府的宏观经济政策等药物,难免药物过量,引起消费过度。但是,要认识到这种消费过度的病因实际上是后工业社会来临的产物。如

---

① 黄亚钧.知识经济论[M].太原:山西经济出版社,1998:161.

果工业社会向后工业社会发展是一种社会的必然的话,那么消费的异常和过度就是这种路径的必然。

(二) 批判与反思

当消费演变成经济增长的工具时,消费脱离了它自身的天然本性,变成经济主义的工具。这时会使社会群体的内心失去本真,带来迷茫。

1. 消费作为经济增长点的道德风险

无条件地追求经济增长,把一切价值还原成为经济价值,是经济主义的基本观点。经济主义是17~18世纪西方古典政治经济学派。它把人类的一切行为实质都看成经济行为,重视财富的积累和增加,认为经济是决定人和社会发展的唯一因素。

经济主义认为消费只是满足使财富增长的功能性的工具。为了推动社会再生产的扩大,消费被当做社会生产与再生产持续发展的刺激手段而不断被应用。大量消费—大量生产—大量废弃成为经济主义促进增长的循环机制。销售分析家维克特·勒博声称:"我们庞大而多产的经济……要求我们使消费成为生活方式,把购买和使用货物变成宗教仪式,并从中寻求精神和自我满足……需要消费东西,用前所未有的速度去烧掉、穿坏、更换或扔掉。"[1]

消费变成工具理性,社会道德风险加大。具体表现在:

(1) 过度消费使得消费与人的真实需要相脱离。正如舒尔曼所说:"一旦经济主义主宰了技术,利润取得了核心地位,商品的生产就不再受到消费者的当前需要的支配。相反,需要是为了商业性原因而通过广告创造出来的,技术的产品甚至不经人们的追求而强加于人们。"[2] 消费脱离自身的本性以后,对消费者的内心带来了冲击。消费变成人们证实自我价值的手段,消费成为生活的唯一内容和目的,成为人们回报自己付出的努力和艰辛、平衡内心尴尬与焦虑的唯一力量。没有消费生活就是空虚。

(2) 享乐主义和奢侈消费的观念对社会带来毁灭性后果。表现为对经济增长和生活水平提高的习惯性期待,社会面临着不断提高的"享乐革命";膨胀的欲望,给生态带来威胁,使生产连续性遭到破坏;引发了全球性的通货膨胀;经济和社会决策逐渐集中于政治中心,而不是通过多种聚合性市场进行调节。[3]

(3) 内心痛苦增加,消费带来的满足与幸福感递减。对物质消费的追求,诱使人们过度消费,无论消费多少都得不到满足,人们越来越无法从消费中获得幸福。斯坦福大学经济学家蒂博尔·斯克托夫斯基认为:消费是上瘾的,每一件奢

---

[1] 黄谦明. 论消费主义思潮、经济增长方式与国民幸福 [J]. 学术论丛, 2009 (1): 118.
[2] E. 舒尔曼. 技术闻名与人类未来 [M]. 北京: 东方出版社, 1995: 359.
[3] 丹尼尔·贝尔. 资本主义文化矛盾 [M]. 北京: 生活·读书·新知三联书店, 1989: 333.

侈品很快变成必需品,并且又要发现一个新奢侈品。因此,消费带来的幸福感随着奢侈品变成必需品而降低,幸福感的边际效益递减。

2. 当刺激消费演变成社会的一般价值取向时的危害

市场经济本质是以需求为导向的扩张性经济,为了保障市场经济的发展,就需要不断地刺激消费需求。摒弃早期资本主义社会中的价值观和价值体系。马克斯·韦伯推崇的新教伦理价值,例如,禁欲、节俭、勤劳、时间观念等推动资本主义社会进步的价值观逐渐被抛弃。1929~1933年的经济危机加剧了消费主义价值观的合法化。凯恩斯在《就业利息和货币通论》中直接将矛头指向了古典经济学的节俭论。他认为,亚当·斯密的资本由节俭而增的节俭论是引起"消费不成适当比例,以致资本停滞,随后又引起劳力之需求停滞","摧毁生产动机"的根本原因。[①] 在此,凯恩斯对节俭是国富之源的论断进行了反驳。他指出,在当代情形之下,财富之生长不仅不系乎富人之节约,反之,恐反遭此种节约之阻挠。故德行越美,节俭之决心越强,个人与国家之财政越坚守正统办法,则当利率相对——相对于资本之边际效率——增加时,所得之减少越大。这些结果是不可避免的……所以,只要能够增进社会需求从而推动财富增长,即使浪费也无不可。奢侈不是一种恶,而是善。

在凯恩斯理论的激励下,刺激消费逐渐演变成为社会的一般价值取向。为了扩大消费,相应的经济政策介入帮助刺激社会需求。例如,缩小贫富差距,提高低收入阶层收入,扩大就业范围等。此外,广告媒体的宣传也在不断地调动着消费者的欲望。对此,杰姆逊说,广告的终极目的就是要把"那些最深层的欲望通过形象引入到消费中"。[②]

然而,当消费主义变成一种价值观后,其精神的和社会的危害逐渐显露。这些危害包括:

第一,人与自然的关系破裂。当过度消费的物质达到了自然资源可承受的边界时,人与自然就将处于空前的对峙状态。人类对自然资源的过度掠夺和开发,导致了生态环境的破坏。过度消费对自然和人类本身发展的影响在英国著名历史学家阿诺尔德·汤因比与日本宗教和文化界著名人士、社会活动家池田大作,关于人类社会和当代世界问题的谈话《展望21世纪——汤因比与池田大作对话录》中有所描述:"人类的贪欲性受到宣传的刺激,由此产生了全面的污染,对现代人的健康,乃至于生命都构成了威胁。现代人的贪婪将会把珍贵的资源消耗殆

---

① 凯恩斯. 就业利息和货币通论 [M]. 北京:三联书店,1957:312.
② 杰姆逊. 后现代主义与文化理论 [M]. 唐小兵译. 西安:陕西师范大学出版社,1986:203-204.

尽,从而剥夺了后代的生存权。"①

第二,消费异化带来的人性异化严重地制约了人自身的全面发展。消费异化是指消费行为本身不是为了满足消费者真实的需求,而是为满足虚假需求而存在的消费行为和现象。消费异化在发达工业社会中的表现如下:一是消费成为人们生活存在的意义和目的。消费异化使得人只有在消费中才能找到自己作为人的价值,才感觉到存在的充实,似乎没有消费自己的价值就变成了虚空,消费成为生活的唯一内容和目的,成为人们回报自己付出的努力和艰辛、平衡内心尴尬与焦虑的唯一力量。在这种价值观的指导下,有的人以满足口欲、吃遍天下美食为消费追求;有的人以不断满足虚荣、穿戴摩登时髦为消费乐趣。消费离开对消费品的功能需要,变成了对消费者独特身份和成功外显的心理需要。二是消费者在消费中获得的自由是虚假的自由。当消费由满足真实的需要演变成虚假的需要后,看似获得自由途径的大众消费变成了一种强迫性的消费。人们变成了消费机器,顺着惯性不断地购买,不断地消费。人们对消费产生一种依赖。人们的内心世界和私人领域被无孔不入的消费侵占,导致自主意识丧失,分辨和批判能力减弱。

第三,个体演变成资本主义社会中的"单面人",随波逐流,浑浑噩噩地像动物一般生活。满足人的欲望的消费是非人性的,它能使人丧失同情心,以至于变得越来越不宽容,对世界的情感越来越麻木。这正如马克思所说:"仅仅供享乐的、不活动的和挥霍的财富的规定在于:享受这种财富的人,一方面,仅仅作为短暂的、恣意放纵的个人而行动,并且把别人的奴隶劳动、人的血汗看做自己的贪欲的房获物,因而把人本身——因而也把他本身——看做毫无价值的牺牲品……他把人的本质力量的实现,仅仅看做自己放纵的欲望、古怪的癖好和离奇的念头的实现。"②为了自己消费欲望得到满足,人变得越来越冷酷,对自然恣意掠夺,对人类未来的命运越来越不关注。

第二节 中国谨慎消费模式特征

对中国消费模式特征的描述,本人认同张晓宏对中国消费模式的概括,③并将中国传统消费模式的特质概括为:崇俭黜奢的谨慎消费观念;炫耀性的消费心

---

① 汤因比,池田大作.展望21世纪——汤因比与池田大作对话录 [M].荀春生译.北京:国际文化出版社,1985:54.

② 马克思,恩格斯.马克思恩格斯全集(第42卷)[M].北京:人民出版社,1979:141-142.

③ 张晓宏.再论我国传统消费模式的弊端 [J].经济科学,2001 (2):15-22.

理;从众性的消费行为。

在语义上,谨慎与过度都是形容词,表示消费分别位于消费水平的两个极端。对中国谨慎消费模式特质的归纳,既有纵向的一致性,也有横向的比较性。前者是指中国居民一贯表现出来的消费率与储蓄率失衡,以及消费总量占经济总量的相对比重较低来说的;后者是根据中国与世界其他发达国家、发展中国家的消费水平相比较而言的。

一、谨慎消费模式的经济表象

(一) 谨慎消费的相对性与绝对性

中国谨慎消费模式突出表现就是消费率一向偏低,具有历史性、持久性和相对性的特点。消费率,也称最终消费率,是表现社会整体消费能力高低和消费需求大小的基本数量指标,是社会的消费需求占 GDP 的比重。消费率包括居民消费率与政府消费率两种,作为重要的宏观经济指标,它反映了一国或地区 GDP 的最终使用格局中总消费与总储蓄的比例关系;还是反映一国、一个社会消费水平高低的相对指标。中国居民的消费率一贯偏低,表现如下:

1. 相对发达国家的消费率,中国消费对 GDP 的贡献率相对较低

就消费率的差异来说,美国 1998 年为 81.6%;英国 1999 年为 84.1%;印度 1999 年为 80.0%;阿根廷 1999 年为 80.7%。美国 2000 年为 83.4%,2001 年为 84.9%,2002 年为 86%;英国 2000 年为 84.6%,2001 年为 85.7%,2002 年为 86.5%,2003 年为 86.6%。我国居民消费率情况是 1999 年为 47.93%,2002 年为 46.15%,2008 年为 35.3%,2008 年我国最终消费率为 48.6%。与同年欧洲国家的 56.5%,亚洲国家日本的 55%,美国的 70.1% 消费率相去甚远(见表 2-6)。

表 2-6 中国居民消费率与世界主要发达国家对比

单位:%

	1990 年	1999 年	2000 年	2001 年	2002 年
中国	49.13	47.93	47.95	47.16	46.15
日本	52.98	56.67	55.92	55.89	57.48
美国	66.02	67.39	68.48	69.17	69.69
法国	55.31	54.81	54.48	55.01	54.69
德国	61.03	58.10	58.27	58.78	58.85
英国	62.02	65.40	65.04	65.73	20.03

资料来源:卢嘉瑞. 消费经济理论与实践研究 [M]. 石家庄:河北人民出版社,2007:56.

第二章　中美消费模式特征

根据 H.钱纳里等的一项实证研究表明：在人均 GDP 达到 1000 美元（1964 年美元）左右时，居民消费率大致应该达到 61.7%。2001 年，我国人均 GDP 就大体接近了 1000 美元，但居民消费率也只有 47.16%，且呈现不断下降趋势，与国际平均水平相比较低。

表 2-7 是 2008 年中国与 G20 国家消费率的比较。与 G20 国家相比，消费率相对较低依然是中国居民消费的特征。

表 2-7　2008 年中国与 G20 成员国消费率比较

	G20 合计	发达国家			中国
		小计	美国	欧元区	
GDP（亿美元）	514976	381916	144414	136464	45199
消费占 GDP（%）	59.0	62.3	70.1	56.5	36.1
投资占 GDP（%）	23.0	20.5	18.5	21.6	42.0

资料来源：IMF 数据库。

从 GDP 构成来看，经济学上将拉动 GDP 增长的三要素——消费、投资和出口，称为"三驾马车"。表 2-8 为历史上中国与若干发达国家之间消费、投资和出口三大要素的对比。对比表明：在国际上，中国自 20 世纪 90 年代起，国内消费对 GDP 的贡献率就低于发达资本主义国家，而投资始终是推动中国经济发展的重要因素，2001~2008 年，我国投资率年均增长 41.2%，与工业化的同一时期、人均 GDP 约 3000 美元的日本、韩国相比，我国的投资率还要高出 10 多个百分点。[①] 而西方国家内需是带动一国经济增长的绝对因素（见表 2-8）。

表 2-8　多国需求要素对 GDP 增长的贡献率

单位：%

国别	时期	总消费贡献率	总投资贡献率	净出口贡献率
中国	1990~1998 年	52.3	42.5	5.2
美国	1989~1996 年	84.4	13.8	1.8
日本	1987~1995 年	62.2	38.0	-0.16
英国	1985~1995 年	89.7	25.4	-15.1

资料来源：伊志宏.消费经济学 [M].北京：中国人民大学出版社，2004：183.

---

① 丁俊发.关于中国消费的几个问题 [J].中国市场，2010（29）.

可见，无论从 GDP 构成的国际比较来看，还是以某一时段的消费率数据举证来看，我国消费率的水平明显低于发达国家。西方发达国家的长期经验表明，最终消费总额的增长应大体上保持与 GDP 相近的增长率，但我国最终消费总额年均增长速度长期低于 GDP 的增长速度。这一差距长期累积下来，使得我国原本很低的消费水平与发达国家相比，差距越来越大了。可见，与西方发达国家的消费率相比，中国堪称谨慎消费国家。

2. 相对于发展中国家，消费率偏低的特征仍然突出

据国际货币基金组织和世界银行的估计，20 世纪 90 年代以来，世界平均消费率水平接近 60%。1990 年，低收入国家消费率为 77.8%，2000 年下降至 75.2%，2006 年为 60.7%；1990 年，中等收入国家为 60.3%，2000 年为 59.8%，2007 年为 54.6%。从表 2-9 的消费率水平与中国的消费率水平比较来看，中国消费率低于世界平均水平和发展中国家的平均数，消费率偏低特征明显。一些发展中国家的消费数据是：印度 2000 年为 78.1%，2001 年为 78.3%，2002 年为 77.5%，2003 年 77.7%；泰国 2000 年为 68.6%，2001 年为 69.4%，2002 年为 68.9%，2003 年为 68%（见表 2-9）。

表 2-9 世界各类型国家消费率

单位：%

	1990 年	1995 年	2000 年	2005 年	2006 年	2007 年	2008 年
国际平均	60.0	60.8	61.3	61.1	60.7		
低收入国家	77.8	75.3	75.2	74.8	73.4	74.1	
中等收入国家	60.3	59.7	59.8	56.1	54.7	54.6	
高收入国家	59.8	60.8	61.5	61.9	61.7		
中国	48.8	44.9	46.4	37.7	36.3	35.6	35.3
美国	66.7	67.8	69.0	70.4	70.2	70.3	70.1

资料来源：世界银行数据库。

可见，中国的消费率，无论是与发达国家相比，还是与发展中国家相比，中国可归属于谨慎型的消费国家。

3. 消费率偏低的绝对性

（1）从新中国成立到改革开放前，我国居民消费愿望被人为地抑制。中国消费率历史上长期偏低，且总体呈下降趋势。从新中国成立到改革开放，中国在计划经济体制和追赶发达国家经济的"超英赶美"的目标支配下，消费被人为地压缩了，储蓄意向明显。图 2-6 为 1952~1969 年，我国居民的消费与收入增长关系——居民收入始终高于居民消费。

第二章 中美消费模式特征

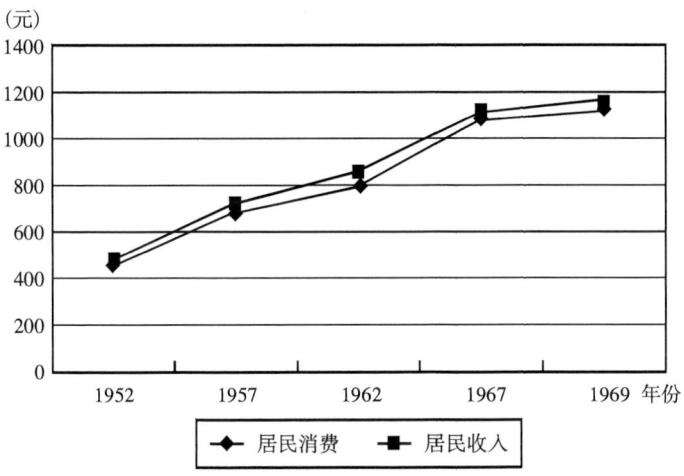

图2-6 中国居民消费与收入增长关系

（2）1978年实行改革开放政策以来，中国经济经过拨乱反正，消费的作用得到正确的认识，消费在经济中的作用逐步提高，但从中国改革开放以来居民消费历史发展进程上看，中国居民消费仍然具有谨慎性的历史惯性。以1992~2005年而言，我国居民消费率：1992年为48.18%，1993年为45.5%，1994年为45.1%，1995年为46.9%，1996年为47.8%，1997年为47.5%，1998年为46.73%，1999年为47.58%，2000年为48.15%，2001年为47.09%，2002年为45.2%，2003年为43.2%，2004年为39.8%，2005年为38.2%，而同期全世界平均水平大约为60%。

如果说改革开放前中国消费谨慎是客观条件限制下的不得不谨慎的客观选择，那么现今消费之谨慎性，似乎是过去的消费习惯和消费文化等多种因素作用下的产物。因为居民不是没有消费的能力（可支配收入在不断提高）和客观物质基础（经济在以8%左右的增速在逐年上升），而消费率在能力与条件具备的情况下还在不断下降，且这种下降的消费率对宏观政策的调整不敏感。也就是说，消费降低与储蓄增高具备了刚性的特点。下文对中国总体消费的历史数据变化的展示，说明了中国居民谨慎消费的绝对特质。

由于消费率包括居民消费与政府消费两方面，因此，表2-10展示了中国最终消费率的变化及其构成。政府消费在最终消费中的比重变化为："六五"时期为21.1%，"七五"时期为19.6%，"八五"时期为21.4%，"九五"时期为20.6%，"十五"时期2001年为22.3%，2004年为26.7%，2005年为26.7%。我国居民消费率比重变化情况为："六五"时期年均51.7%，"七五"时期年均50.2%，"八五"期间年均45.1%，"九五"期间年均45.8%，"十五"期间年均

差异、耦合及诠释：多维视角下中美消费模式的比较研究

41.1%，2006年降至36.4%，而全世界平均水平大约为60%。查考中国最终消费率变化的情况，我们得出这样的简单认识：

第一，政府消费率在提升，居民消费率在大幅下降。政府消费率从"六五"的21.1%升至"十五"的26.7%，上升幅度为5%。

第二，在不断下降的居民消费率中出现了城镇居民消费率上升和农村居民消费率不断下降的对比。从1978年至今，农村居民消费率由30.3%下降至2007年的9.1%，而城市居民的消费率与改革开放初期相对比，则处于不断上升时期，从最初的18.5%升至2007年的26.4%。城市居民的消费率上升了8%，农村居民的消费率下降了11%之多（见表2-10）。

表2-10 1978~2004年我国消费率、居民消费率与政府消费率变动

单位：%

年份	消费率	居民消费率			政府消费率
		合计	农村	城市	
1978	62.1	48.8	30.3	18.5	13.3
1979	64.4	49.2	30.7	18.5	15.2
1980	65.5	50.8	30.7	20.1	14.7
1981	67.1	52.5	32.0	20.5	14.6
1982	66.5	52.0	32.0	20.0	14.5
1983	66.4	52.0	32.3	19.7	14.4
1984	65.8	50.8	31.4	19.4	15.0
1985	66.0	51.6	31.0	20.7	14.3
1986	64.9	50.5	29.1	21.3	14.5
1987	63.6	49.9	27.9	22.0	13.7
1988	63.9	51.1	27.1	24.0	12.8
1989	64.5	50.9	26.3	24.6	13.6
1990	62.5	48.8	24.2	24.6	13.6
1991	62.4	47.5	22.5	25.0	14.9
1992	62.4	47.2	21.2	26.0	15.2
1993	59.3	44.4	18.6	25.9	14.9
1994	58.2	43.5	17.7	25.8	14.7
1995	58.1	44.9	17.8	27.0	13.3
1996	59.2	45.8	18.8	27.0	13.4
1997	59.0	45.2	17.8	27.4	13.7
1998	59.6	45.3	16.7	28.6	14.3
1999	61.1	46.0	16.0	30.0	15.1
2000	62.3	46.4	15.3	31.1	15.9
2001	61.4	45.2	14.5	30.7	16.2

续表

年份	消费率	居民消费率			政府消费率
		合计	农村	城市	
2002	59.6	43.7	13.5	30.2	15.9
2003	56.8	41.7	12.0	29.7	15.1
2004	54.3	39.8	10.9	28.9	14.5
2005	51.8	37.7	10.2	27.6	14.1
2006	49.9	36.3	9.5	26.8	13.6
2007	49.0	35.6	9.1	26.4	13.4
2008	48.6	35.3	9.0	26.3	13.3
2009	48.6				
2010					

资料来源：《中国统计年鉴》(1999~2009)。

(二) 消费倾向不断下降

消费占可支配收入的比重被称为平均消费倾向。在经济学分析中，居民收入的最终去向可分解为消费和储蓄两部分。消费率与储蓄率的数量关系是：消费率+储蓄率=1。因此，消费增加意味着储蓄降低。由于全部收入总是分为消费与储蓄，消费与储蓄便成为一种反方向运动关系。在其他条件不变的情况下。储蓄与收入之间的关系，可以用平均储蓄倾向来说明，即 APS=S/Y。式中 S 代表储蓄。而消费占可支配收入的比重，即 APC=C/Y，式中 C 代表消费。APC+APS=1。所以 APC=1-APS，APS=1-APC。这就是说，在收入一定的情况下，居民消费意愿越强烈，消费支出就越多，消费倾向就越高，储蓄倾向就越低。反之，则消费倾向下降，储蓄倾向上升。改革开放以来，我国城乡居民消费倾向不断下降。

1978 年，城镇居民消费倾向为 0.91，乡村为 0.87；1988 年城镇居民消费倾向攀升至 0.94，1989 年农村居民消费倾向为 0.89。之后，城镇居民消费倾向不断跌落，至 2008 年城镇消费倾向将至 0.71（见表 2-11）。消费倾向的降低对应着储蓄倾向的提高，且储蓄增长快于可支配收入的增加。

表 2-11 1978~2008 年中国城镇与农村居民消费倾向

年份	城镇居民			农村居民		
	人均生活支出（元）	可支配收入（元）	平均消费倾向	人均生活支出（元）	可支配收入（元）	平均消费倾向
1978	311.16	343.4	0.91	116.06	133.6	0.87
1979	—	405.0	—	134.51	160.2	0.84
1980	412.44	477.6	0.86	162.21	191.3	0.85
1981	456.84	500.4	0.91	190.81	223.4	0.85

（2）与亚洲国家的比较。亚洲国家被西方看做是受中国文化影响的东方文明，崇尚节俭储蓄是亚洲国家的共同特质。事实也证实如此，近年来同属于儒家文化圈的东亚、东南亚国家和地区一直是世界上居民储蓄率最高的地区。即使在亚洲国家，中国的储蓄水平依然表现良好。目前中国的国民储蓄率高于亚洲主要国家和地区近20%（见图2-8）。

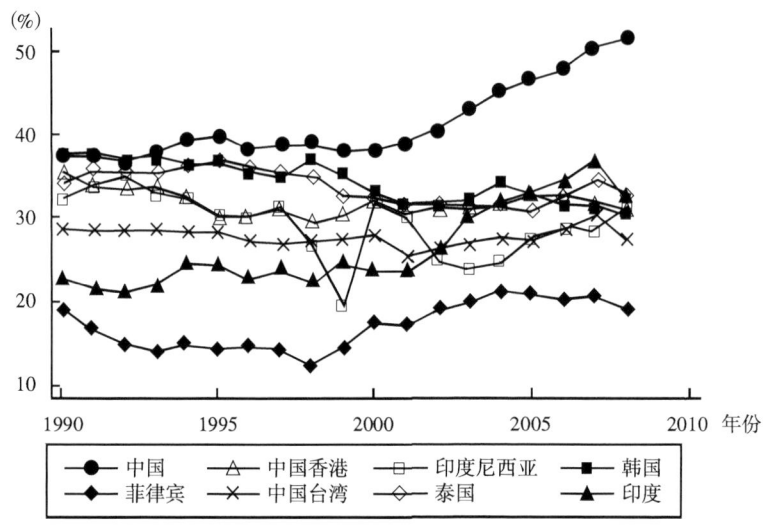

图2-8　1990~2008年中国内地与亚洲国家（地区）国民储蓄率比较

资料来源：Asian Development Bank。

在20世纪90年代初，中国内地的国民储蓄率和韩国、泰国、印度尼西亚以及中国香港等亚洲国家和地区基本相当，保持在35%左右。但此后的中国国民储蓄率呈现上升趋势，在2000年以后，上升的速度明显加快。近年来已经超过50%。而以上亚洲国家和地区的国民储蓄率却基本保持稳定，目前略高于30%。此外，中国台湾、印度和菲律宾等国家和地区的国民储蓄率虽然相对较低，但也大体保持稳定，其中印度的国民储蓄率近年来甚至表现出明显的上升趋势，目前比20世纪90年代中前期要高10个百分点左右。

2. 国民超储蓄意愿显著

在经济学中，将储蓄增速高于居民可支配收入增速的经济现象称为超储蓄现象。中国居民的强烈储蓄意愿表现在如下方面：

（1）从数量上看，人均储蓄率和储蓄存款额都不断增加。

第一，储蓄存款余额不断增加。改革开放前，全国居民储蓄存款余额从1952年的8.6亿元增加到1978年的210.6亿元，到1992年突破万亿元大关，达

续表

年份	消费率	居民消费率			政府消费率
		合计	农村	城市	
2002	59.6	43.7	13.5	30.2	15.9
2003	56.8	41.7	12.0	29.7	15.1
2004	54.3	39.8	10.9	28.9	14.5
2005	51.8	37.7	10.2	27.6	14.1
2006	49.9	36.3	9.5	26.8	13.6
2007	49.0	35.6	9.1	26.4	13.4
2008	48.6	35.3	9.0	26.3	13.3
2009	48.6				
2010					

资料来源：《中国统计年鉴》(1999~2009)。

(二) 消费倾向不断下降

消费占可支配收入的比重被称为平均消费倾向。在经济学分析中，居民收入的最终去向可分解为消费和储蓄两部分。消费率与储蓄率的数量关系是：消费率+储蓄率=1。因此，消费增加意味着储蓄降低。由于全部收入总是分为消费与储蓄，消费与储蓄便成为一种反方向运动关系。在其他条件不变的情况下。储蓄与收入之间的关系，可以用平均储蓄倾向来说明，即 $APS=S/Y$。式中 S 代表储蓄。而消费占可支配收入的比重，即 $APC=C/Y$，式中 C 代表消费。$APC+APS=1$。所以 $APC=1-APS$，$APS=1-APC$。这就是说，在收入一定的情况下，居民消费意愿越强烈，消费支出就越多，消费倾向就越高，储蓄倾向就越低。反之，则消费倾向下降，储蓄倾向上升。改革开放以来，我国城乡居民消费倾向不断下降。

1978 年，城镇居民消费倾向为 0.91，乡村为 0.87；1988 年城镇居民消费倾向攀升至 0.94，1989 年农村居民消费倾向为 0.89。之后，城镇居民消费倾向不断跌落，至 2008 年城镇消费倾向将至 0.71（见表 2-11）。消费倾向的降低对应着储蓄倾向的提高，且储蓄增长快于可支配收入的增加。

表 2-11　1978~2008 年中国城镇与农村居民消费倾向

年份	城镇居民			农村居民		
	人均生活支出（元）	可支配收入（元）	平均消费倾向	人均生活支出（元）	可支配收入（元）	平均消费倾向
1978	311.16	343.4	0.91	116.06	133.6	0.87
1979	—	405.0	—	134.51	160.2	0.84
1980	412.44	477.6	0.86	162.21	191.3	0.85
1981	456.84	500.4	0.91	190.81	223.4	0.85

续表

年份	城镇居民			农村居民		
	人均生活支出（元）	可支配收入（元）	平均消费倾向	人均生活支出（元）	可支配收入（元）	平均消费倾向
1982	471.00	535.3	0.88	220.23	270.1	0.82
1983	505.92	564.6	0.90	248.29	309.8	0.80
1984	559.44	652.1	0.86	273.80	355.3	0.77
1985	673.20	739.1	0.91	317.42	397.6	0.80
1986	798.96	900.9	0.89	356.95	423.8	0.84
1987	884.40	1002.1	0.88	398.29	462.6	0.86
1988	1103.98	1180.2	0.94	476.66	544.9	0.87
1989	1210.95	1373.9	0.88	535.37	601.5	0.89
1990	1278.89	1510.2	0.85	584.63	686.3	0.85
1991	1453.81	1700.6	0.85	619.79	708.6	0.87
1992	1671.73	2026.6	0.82	659.21	784.0	0.84
1993	2110.81	2577.4	0.82	769.65	921.6	0.84
1994	2851.34	3496.2	0.82	1016.81	1221.0	0.83
1995	3537.57	4283.0	0.83	1310.36	1577.7	0.83
1996	3919.47	4838.9	0.81	1572.08	1926.1	0.82
1997	4185.64	5160.3	0.81	1617.15	2090.1	0.77
1998	4331.61	5425.1	0.80	1590.33	2162.0	0.74
1999	4615.91	5854.0	0.79	1577.42	2210.3	0.71
2000	4998.00	6280.0	0.80	1670.13	2253.4	0.74
2001	5309.01	6859.6	0.77	1741.09	2366.4	0.74
2002	6029.88	7702.8	0.78	1834.31	2475.6	0.74
2003	6510.94	8472.2	0.77	1943.30	2622.2	0.74
2004	7182.10	9421.6	0.76	2184.65	2936.4	0.74
2005	7942.90	10493.0	0.76	2555.40	3254.9	0.79
2006	8696.55	11759.5	0.74	2829.02	3587.0	0.79
2007	9997.47	13785.8	0.73	3223.85	4140.4	0.78
2008	11241.85	15780.8	0.71	3660.68	4760.6	0.77

资料来源：根据国家统计局提供的数字计算得出（1999~2008年）。

（三）储蓄意愿不断提升

改革开放以前的中国居民收入水平较低，储蓄率也一直处于较低水平。在1978年之前的大多数年份中，中国的居民储蓄率均低于5%。[①]

[①] Modigliani, F. and Cao. L. The Chinese Saving Puzzle and the Life Cycle Hypothesis[J]. Journal of Economic Literature, 2004, Vol. 42, No.1: 145-170.

改革开放以后,随着中国经济发展,可支配收入逐步提高,居民储蓄率稳步上升。进入 21 世纪以后,中国居民的高储蓄行为日益明显,得到了世界的关注。

1. 储蓄率的国际比较

(1) 与发达国家的比较。虽然,西方发达国家在 20 世纪 70 年代出现过整体居民储蓄率在 10%左右的情形,但是随后即呈现出下降的趋势。图 2-7 显示了 1992~2008 年世界主要发达国家和中国居民储蓄率的变化情况。可以看出上述变化的趋势:

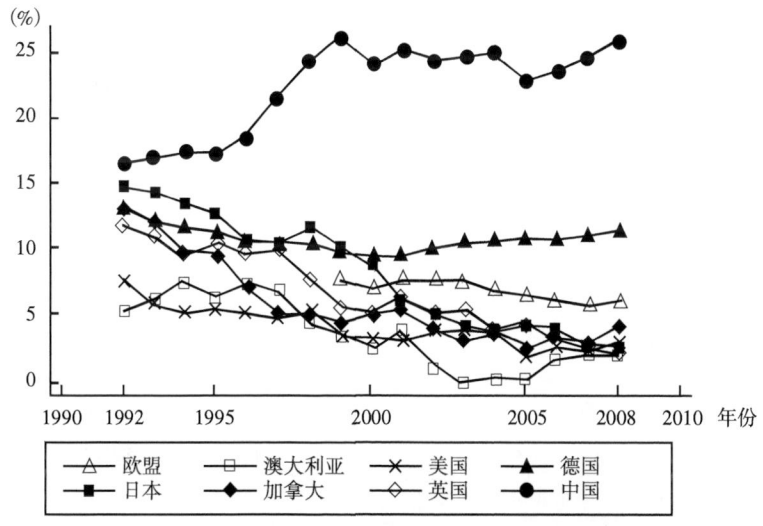

图 2-7　1992~2008 年中国与发达国家居民储蓄率的比较[①]

资料来源:OECD Factbook 2010;中国数据根据《新中国六十年统计资料汇编》计算。

从总体情况来看,近年来除了德国外的世界主要发达国家的居民储蓄率大多低于 5%。1992 年,日本、加拿大、德国、英国的居民储蓄率大多处于 12%~15%,此后除了德国总体保持稳定以外,其他国家均开始下降,到 2008 年普遍降至 2%左右。而美国和澳大利亚的居民储蓄率在 1992 年就处于 5%~7%,此后呈现出进一步下降的趋势。

同期,中国居民储蓄率变动情况却完全相反。1992 年,中国的居民储蓄率为 16.36%,仅略高于日本、加拿大等国的水平。但 20 世纪 90 年代中后期,中国的居民储蓄率却表现出明显的上升趋势,并在 2000 年以后基本保持在 24%左右。从近年的情况来看,中国的居民储蓄率比发达国家高出大约 20%。

---

① 谢勇. 中国居民消费率的影响因素研究 [D]. 南京大学硕士学位论文,2011:34.

(2) 与亚洲国家的比较。亚洲国家被西方看做是受中国文化影响的东方文明，崇尚节俭储蓄是亚洲国家的共同特质。事实也证实如此，近年来同属于儒家文化圈的东亚、东南亚国家和地区一直是世界上居民储蓄率最高的地区。即使在亚洲国家，中国的储蓄水平依然表现良好。目前中国的国民储蓄率高于亚洲主要国家和地区近20%（见图2-8）。

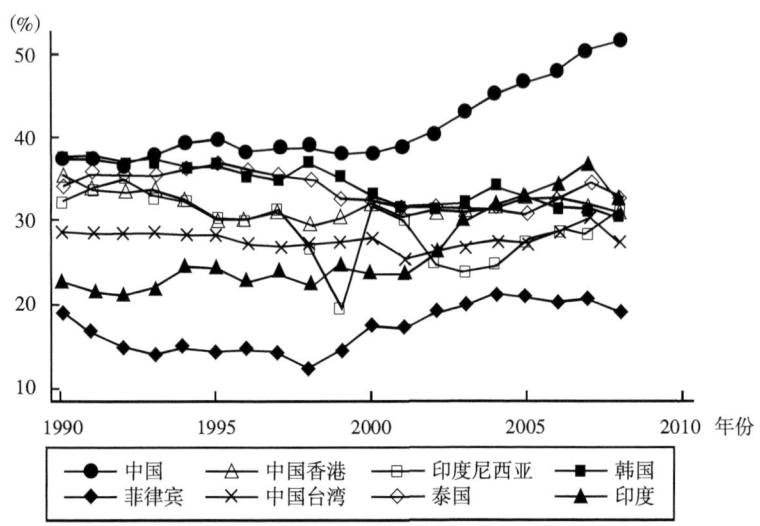

图 2-8　1990~2008年中国内地与亚洲国家（地区）国民储蓄率比较

资料来源：Asian Development Bank。

在20世纪90年代初，中国内地的国民储蓄率和韩国、泰国、印度尼西亚以及中国香港等亚洲国家和地区基本相当，保持在35%左右。但此后的中国国民储蓄率呈现上升趋势，在2000年以后，上升的速度明显加快。近年来已经超过50%。而以上亚洲国家和地区的国民储蓄率却基本保持稳定，目前略高于30%。此外，中国台湾、印度和菲律宾等国家和地区的国民储蓄率虽然相对较低，但也大体保持稳定，其中印度的国民储蓄率近年来甚至表现出明显的上升趋势，目前比20世纪90年代中前期要高10个百分点左右。

2. 国民超储蓄意愿显著

在经济学中，将储蓄增速高于居民可支配收入增速的经济现象称为超储蓄现象。中国居民的强烈储蓄意愿表现在如下方面：

（1）从数量上看，人均储蓄率和储蓄存款额都不断增加。

第一，储蓄存款余额不断增加。改革开放前，全国居民储蓄存款余额从1952年的8.6亿元增加到1978年的210.6亿元，到1992年突破万亿元大关，达到了 11759.4 万亿元，1999 年突破 5 万亿元大关，2005 年更是达到 141051 万亿元，2008 年储蓄存款余额更是达到了 21.7 万亿元，截至 2009 年底，城乡居民储蓄存款余额达 26.1 万亿元，年均增长 26.0%，年均增长速度是改革开放前的 2 倍。

第二，人均储蓄率不断增加。从城镇居民的人均储蓄率看，1990 年为 15.2%，2000 年达 20.4%，2007 年和 2008 年分别为 27.5% 和 28.7%，表明近年来城镇居民有 1/4 多的收入存入银行。从农村居民人均储蓄看，1990 年为 8.8%，2000 年达 15.7%，2007 年和 2008 年分别为 11.3% 和 11.7%。2010 年，我国人均储蓄额近 2 万元人民币，与美国人均欠银行 1.5 万美元形成了鲜明的对比。可见，从改革开放以来，城乡居民储蓄存量年平均以 27.75% 的速度增长，高的年份增长率甚至达到了 40 多个百分点，如 1980 年的 42.17% 和 1994 年的 41.54%。增长的速度和规模都可以称得上是触目惊心。中国居民在过去几十年中表现出较强的储蓄意愿。

（2）从资本要素比的增加来看，储蓄率、可支配收入增加比例，储蓄存款与 GDP 增长速度之间比例的失调。

第一，储蓄率高于可支配收入增长水平。改革开放后，自 1978 年至 2002 年，城乡居民储蓄率年均增长 14.08%，高于城镇居民人均可支配收入年均增长率 6.94 个百分点，高于农村居民人均纯收入年均增长率 6.35 个百分点。据《经济日报》披露："在过去近 20 年时间里，我国居民储蓄存款扩张速度一直远远高于同期经济增长速度和居民收入增长水平。据统计，从 1978 年到 2002 年，城乡居民储蓄存款增长 412.7 倍，年均名义增长 28.5%，实际增长 23.2%；而同期 GDP 增长 28.3 倍，扣除价格因素平均每年增长 9.4%，比储蓄增长速度低 13.8 个百分点。"①

第二，居民储蓄存款增速快于经济增长速度。理论上说，一国居民储蓄存款增长速度应该与本国经济增长率大体一致，围绕着经济增长率上下变动。但是，从我国的情况来看，我国居民储蓄存款的增长速度明显快于 GDP 的增长速度。我国的 GDP 由 1978 年的 3624.1 亿元增长到 2005 年的 182321 亿元，仅增加了 50 倍，1990 年，我国居民储蓄占 GDP 的比重为 38.28%，到 2004 年占 GDP 的 87.35%。而我国居民储蓄存款余额却增加了 670 倍；从 1978 年至 2005 年间，我国 GDP 的平均增长速度为 13.9%，而我国居民储蓄存款的平均增长速度为 27.75%，是 GDP 增长速度的 2 倍（见表 2-12）。

第三，劳动收入与经济增长占比关系呈不断下降的趋势。根据弗里德曼

---

① 王智，赵晓强. 储蓄增幅为何减慢 [N]. 经济日报，2004（4）：16.

（1957）的持久收入理论，居民消费的提高取决于收入的持久增加。从居民收入的绝对量的增加来看，我国城镇居民收入随着经济的增长在绝对量上有所提高。特别是1998年以来，我国城镇居民人均可支配收入有了绝对性的提高，2007年，居民人均收支绝对数比1998年分别增长254.1%和230.8%。但是，从收入增加的相对量来看，我国劳动收入与经济增长关系比为：1995年劳动收入占比为51.4%，2009年为46.62%。而国际社会劳动收入占比的平均水平为50%~55%。日本和韩国在工业化时期，劳动报酬曾出现过低于40%的年份，但从未发生过持续下降的问题。

表2-12 居民储蓄占GDP的比重

单位：亿元

年份	GDP总量	储蓄余额	储蓄/GDP (%)	居民消费/GDP (%)
1990	18598	7119.8	38.28	49.00
1991	21622	9241.6	42.66	47.62
1992	26651	11759.4	44.12	46.75
1993	34560	15203.5	43.99	45.38
1994	46670	21518.8	46.11	44.59
1995	57494	29662.3	51.59	46.86
1996	66850	38520.8	57.62	48.10
1997	73142	46279.8	63.27	47.65
1998	76967	53407.5	69.39	47.97
1999	80579	59621.8	73.99	48.81
2000	88189	64332.4	72.95	48.64
2001	97315	73762.4	75.80	47.16
2002	105172	86910.6	82.64	46.48
2003	117252	103617.7	88.37	44.93
2004	136876	119555.4	87.35	43.10
2005	182321			

第四，我国居民储蓄中定期存款比例较大，居民储蓄存款的刚性较强。我国居民储蓄存款中另一引人瞩目的现象是：居民储蓄存款中相当大的比重由定期存款占据，活期储蓄存款比重较少。有的年份定期存款的比例高达80%多，虽然近年其比例有缓慢降低之势，但仍然占到了60%以上，居民储蓄的稳定性很大，表明短期内我国居民储蓄存款不会显著减少。

在居民消费率相对和绝对下降的同时，居民储蓄率在不断攀升，表现出超强的储蓄愿望。高储蓄作为一国资本形成的重要来源，高储蓄支持了高水平的投资率和资本积累率，对于一国经济发展的意义十分重要。但是，长期的储蓄提高的现象,最终将影响经济的持续性的发展,影响投资转化的正常进行,中国居民消费率持续偏低和储蓄持续走高的问题,在 2008 年后的金融危机带来的全球性经济发展减缓,西方发达国家限制进口的外贸政策出台后,我国的谨慎消费模式面临重大的转型和考验。

二、谨慎消费模式的发展困境

(一) 理论分析:消费不足与宏观经济发展失衡

消费对于社会再生产的作用,马克思主义政治经济学的有关理论剖析清楚明确。马克思社会生产两大部类的理论分析了社会再生产连续进行的条件,间接地为我们提供了分析消费对经济增长的意义。

马克思认为社会生产是连续的再生产过程,在这个过程中社会生产的两大部类之间需要保持平衡关系。其中第一部类(Ⅰ)是指提供生产资料的物质部门和企业,第二部类(Ⅱ)是向社会提供消费资料的物质部门和企业。社会总生产得以连续进行的条件是两大部类之间能够保持社会总产品在部门之间的物质交换和实现价值的补偿。社会总生产连续进行的过程就是社会总供给与总需求实现平衡的过程。从消费视角来看这一过程,由于第二部类是提供消费资料的部类,因此第二部类提供的消费资料物质形式(c+v+m)要满足两大部类(全社会)对消费资料的需求的实物总量。从需求角度来说,全社会的消费需求必须等于第二部类的全部产品价值。如果没有消费资料生产的增长,两大部类不会实现可变资本的增长。如果没有消费需求的增长,第二部类生产出来的产品在市场上不能全部出清,第二部类的扩大生产就不能实现,导致第二部类不能形成对生产资料追加的需求,第二部类消费资料如果不能在市场上实现正常的价值补偿,那么两大部类之间的物质交换就不能正常进行,最终会影响第一部类生产的增长。

(二) 现实困境:消费不足的经济发展困境

1. 谨慎消费模式面临现实的困境之一在于次贷危机引起的出口形势逆转,改变了过去以出口来拉动中国经济增长的惯性

过去推动我国国民经济增长的"三驾马车",投资和出口一直是国民经济增长的主导因素,而消费不足是我国经济发展中长期存在的现象。次贷危机的发生,带来了全球贸易的严冬,导致我国外贸出口环境恶化。

2008 年以来,受到次贷危机的影响,全球贸易环境恶化,我国出口企业利润大幅度减少。2009 年,全球货物贸易下降了 12%,为第二次世界大战以来最低的降幅,国际贸易保护主义思想抬头。受海外需求萎缩影响,我国的出口幅度急剧下滑。2009 年到 2010 年 5 月除了个别月份外,月出口额没有超过 1200 亿美元,处于低位运行,2010 年 5 月以后才缓慢上升。这说明出口贸易受到了极

大的阻碍。

受全球贸易保护主义的影响,中国遭遇的贸易摩擦明显增多,成为各国采取限制措施的主要对象。2009年共有22个国家和地区对我国发起了116起贸易救济调查,总案值约127亿美元,创历史峰值。按照世界贸易组织统计,2009年中国出口占全球总量的9.6%,但仅中国就遭受了全球40%的反倾销案和75%的反补贴案。2010年,中国遭受贸易救济调查66起,涉案金额77亿美元。在对华贸易保护主义案中,美国扮演了主要角色,截至2009年11月底,美国2009年各类贸易救济案多达50宗,其中超过一半针对中国。在西方国家的主导下,2009年9月的匹兹堡峰会已经开始责成国际货币基金组织担当起促进全球经济平衡的重任,而中国却成为国际货币基金组织的促进经济再平衡的主要监测对象。西方国家提出要想实现全球经济贸易再平衡,中、美两国要分别实现:中国要多消费、少储蓄,减少贸易顺差;美国要多储蓄、少消费,增加贸易顺差。

面对巨大的外部压力,我国必须改变依赖出口的经济增长方式,将今后经济发展的重点转到依靠内需的拉动上来。党的十七届三中全会明确提出:"当前,国际金融市场动荡加剧,全球经济增长明显放缓,国际经济环境中不确定、不稳定因素明显增多,国内经济运行中也存在一些突出矛盾和问题。我们必须增强忧患意识、积极应对挑战,采取灵活审慎的宏观经济政策,着力扩大国内需求特别是消费需求,保持经济稳定、金融稳定、资本市场稳定,保持社会大局稳定,做好保障和改善民生工作,继续推动经济社会又好又快发展。"① 因此,可以这样说,国际金融危机使得我国外需市场的严重萎缩,30年高速经济增长所掩盖的内需不足问题被凸显出来,未来我国经济增长必须转到靠内需来带动经济的发展上来,并迫使我国政府采取措施解决这些问题。党的十七大报告指出:我国"促进经济增长由主要依靠投资、出口拉动向依靠消费、投资、出口协同拉动转变",将"居民消费率稳步提高"作为全面建设小康社会的努力方向。2009年政府工作报告又指出"要采取灵活审慎的宏观经济政策,着力扩大国内需求特别是消费需求",要采取更强有力的措施扩大消费需求,以拉动经济增长。② 转变增长方式,是国际形势对中国谨慎消费模式转型提出的现实问题。在过去的观念中,我们也意识到内需扩大对中国经济发展的作用。但是,形势从未像次贷危机发生后那样紧迫。如果说1998年政府部门就已经意识到扩大内需是未来经济工作的重心是基于对反经济周期而提出的应对策略,那么这次对扩大内需的政策认识却是基于对中国经济过度依赖投资和出口的问题而提出的转变经济发展方式的战略方针。

---

① 中国共产党十七届三中全会公报 [N]. 南方日报,2008-10-13.
② 邹加怡. 扩大内需是战略的调整 [J]. 国际经济评论,2009(1):5-8.

2. 消费需求不足，导致投资需求得不到实现，影响经济的长期发展

由经济学中的乘数—加速数原理我们得出，消费的增加可以直接或间接地推动产品生产数量和销售数量的增加，销售量的增加则可以促进投资的增长。反之亦然。因此，如果消费需求不足，那么投资需求的扩大就受到影响。因此，只有投资和消费两者相互配合、相互影响，形成强劲的内需，才能更好地促使经济增长。

从马克思政治经济学理论的观点来看，投资与消费之间的关系本身也是生产与消费之间的关系。消费作为社会再生产的四个环节（生产、交换、分配、消费）之一，是最后的环节也是制约生产连续进行的至关重要的环节。如果消费发生障碍，交换就没有必要，分配也就难以实现。所以，没有消费就没有生产和交换，自然就没有收入可供分配。故此，马克思指出，生产直接也是消费。双重的消费，主体的和客体的……生产行为本身就它的一切要素来说也是消费行为。

如果把生产当做投资来看，投资如果长期得不到消费的导向和支持，投资结构和投资规模就难以优化，经济效益就得不到保障和提高，资源配置就谈不上有效率。从中长期来看，只有把投资建立在消费市场的有效需求之上，才能有效拉动内需的扩大。

3. 消费需求不足，导致商品的供给过剩，供需矛盾突出，引发经济危机的风险加大

从经济发展要素增长水平来看，由于消费在经济增长中的作用相对下降。导致有效需求不足，带来产能过剩，产品积压问题日渐严重。我国最终消费率从1952年的78.9%下降为2007年的48.8%，资本形成率从1952年的22.2%上升至2007年的42.3%，净出口率从1952年的-1.1%上升至2007年的8.9%。①

由于经济发展长期依赖投资和净出口，消费比重逐渐降低，使得20世纪90年代以来我国资本的边际生产率逐渐下降，资本投资效率降低，生产要素价格扭曲，资源使用粗放式，导致产能过剩，产品积压严重。据第三次全国工业普查对900多种主要工业产品的统计表明，生产能力利用率不足60%的达到半数以上；另据商务部最新调查显示，国内纳入国家监控的650余种商品类别，产能长期过剩的就有620种之多，导致大量企业必须长期依赖国外市场才能保持正常的生产。供给过剩是生产过剩的初级形态，很容易转化为产能过剩，事实上，产能过剩的现象在我国已经非常普遍。如今，除了传统过剩的产业，如钢铁、水泥等外，新近还有一些高技术行业出现了产能过剩的苗头，如风力发电和多晶硅等，这些行业的过剩苗头值得格外注意。传统上过剩的这些行业由于能与美国等发达

---

① 邹红. 扩大消费需求的微观基础研究 [M]. 成都：西南财经大学出版社，2010：2.

国家的消费市场形成互补，海外市场的需求替代了国内消费需求的不足，消化了我国部分过剩产能，降低了我国发生产能过剩危机的可能性。但是，随着金融危机的发生，西方国家居民长期依靠透支、提前消费、过度消费的生活方式遭到了惩罚，使得我国海外需求市场严重萎缩。如若发达国家为保护本国经济实行严格的贸易保护主义，限制我国相关商品出口，或国家之间发生政治纠纷与摩擦，出现经济制裁问题，就有可能使我国的产品出口更加不足而发生严重过剩，进而引发生产过剩危机甚至经济危机。

三、谨慎消费模式现象背后的异化问题

异化是古典哲学的术语，是指主体在社会实践活动中产生了统治乃至凌驾于主体之上的客体，主体最终被受造之物所控制的现象。异化理论在当代西方被广泛地运用于对消费现象的分析研究中。当代资本主义社会是一个交换价值脱离了使用价值的商业社会，为生产而生产而不是为简单的日常生活而生产是现代社会的特征之一，商品消费变成符号消费和语意的象征是现代商品社会的消费特点。消费中的异化问题也由此而生。

现代中国社会仍处于经济转型的过渡时期，传统的计划经济烙印在中年以上的消费群体之间依然残存，这部分人群保持着谨慎消费的心理和消费习惯；而年轻的"80后"和"90后"消费群体受到西方社会价值观念的影响，追求时尚，炫耀性消费、面子消费、从众消费心理皆有体现。有人把当代中国社会出现的谨慎消费与奢侈性和炫耀性消费并存之矛盾性的消费现象称作两栖消费行为。① 中国两栖消费现象体现在如下方面：

在长期消费和即期消费方面，中国居民有为了远期消费而牺牲即期消费的心理；在显性消费和隐形消费方面，为了面子消费而进行从众式的类同消费。在隐形商品的消费方面，消费者常常按照节俭的原则选择消费物品；在交际性消费和私人消费方面，前者消费支出上，消费者采取慷慨和好客的大气消费，后者消费上，则比较克扣自己。在前言部分中，有大量的数据事实说明了这一矛盾性的现象，在此不再赘述。下面仅就其发生的可能性原因加以揭示。

（一）消费结构的转型：由生存型消费向发展型消费演变

人们的消费归纳起来不外乎两大方面：一是用于吃、穿、用等实物消费，属于硬性消费范畴；二是用于文化教育、休闲度假、旅游观光、体育健身等精神文化的消费，属于软性消费范畴。两栖消费现象的出现是中国社会转型造成的消费转型之必然。20世纪90年代以后，我国的消费逐渐由"生存型"向"享受型"

---

① 王宁. 两栖消费行为的社会学分析[J]. 中山大学学报，2005（4）：71.

及发展型消费结构转变。其结构性的变化就是：硬性消费比重下降，软性消费比重上升，据 2000 年底的统计，反映城镇居民生活水平的恩格尔系数已降至 39.2%，与此同时，发展型消费支出的比重却明显上升。有资料表明，城镇居民人均支出增长最快的项目是交通、通信、娱乐、教育文化和居住。多年来吃、穿、住、行的单一生存型消费结构逐步为享受与发展并重的消费结构所替代。

（二）炫耀性消费的心理与行为

从心理学角度来看，炫耀性消费心理是来自人的社会认同感的心理需要。对物的需求不是出自对物品使用价值的生理需要，而是出自心理满足感。首次使用"炫耀性消费"一词的是加拿大经济学家约翰·雷（1796~1872），他认为虚荣心是一种超越他人的欲望，是为了占有他人不曾占有的东西的心理导致了炫耀性消费行为的出现。制度经济学家凡伯伦在《有闲阶级论》中首次提出了炫耀性消费理论。他认为，处于每个社会阶层的人都有追求和模仿比他更高阶层人士的消费方式，以至于穷人们也面临着炫耀性的消费压力。20 世纪 80 年代，炫耀性消费的行为引起了营销学界的注意。1981 年，Mason 认为炫耀性消费是一种追求社会地位的消费行为。[1]

中国学者吴琪等根据炫耀性消费在动机上的不同，将其分成进攻型和防御性两种不同类型的炫耀性消费。[2] 如表 2-13 所示。

表 2-13　炫耀性消费的两种类型

分　类	表　现	目　的	结　果
进攻型	追求优于他人，提升个人身份、声望，表达积极形象	获取更大的权力、更多的资源	优越感
防御型	不落后于他人，以炫耀性消费应对他人炫耀，减少负面评价	保护自尊	认同感

基于上述两种动机，我们可以较好地解释中国不同阶层、不同职业的人群炫耀性消费行为与消费现象，也能够较好地揭示在中国出现矛盾性消费行为的心理因素。中国是一个等级化的社会，中国的商业群体和行政人员，大多是通过消费外在商品的品质及其品牌来使自己与其他阶层相区别，这部分群体的消费导向偏重于进攻型的炫耀性消费。而大众群体的消费，则大多归属于防御性的消费行为，为了获得所属群体的认同以及自尊心的驱使，致使这部分人群在消费选择上

---

[1] Mason R.S. Conspicious consumption: a study of expectional consumer behavior [M]. New York: Martins Press, 1981: 156.
[2] 吴琪. 奢侈与炫耀——基于炫耀性消费的奢侈品传播机制研究 [J]. 现代传播, 2013, 35 (6): 111.

出现省吃俭用也要实现内心消费的愿望的心理与行动。后者在西方人看来是难以理解的行为和心理。

(三) 面子与攀比、炫耀消费关系

面子（Face）消费是中国文化的产物，已经成为中国恒久普遍的消费行为了。面子是复杂的社会心理现象，涉及个人的主观判断，又牵扯到来自他人的社会客观评价。对于面子的理解，因为面子的抽象而无法琢磨和界定，但是保全面子却是中国人的第一性格。[①]

从学者们对面子的内涵的揣摩，可以看出中国居民心理的倾向（见表2-14）。

表2-14　面子的解读

学　者	面子定义的关键词
胡先晋（1944）	尊敬、声望
Goffman（1955）	自我心像、社会正价值
Stover（1962）	社会位置、社会意识
Brown&Levinson（1944）	公众自我心像
何友晖（1944）	尊重、恭敬、服从
陈之昭（1944）	自我心像、自我公众心像
成中英（1944）	尊敬、价值、重要性
Toomey（1944）	心像、身份

资料来源：周美伶.从跨文化的观点分析面子的内涵及其在社会交往中的运作.中国社会心理学评论（第二辑）[C].北京：社会科学出版社，2006：196.

上述关于面子理解的关键词虽有不同，但是面子的诸多关键词里包含了面子主体在社会群体中获得地位、印象、尊敬、认同等心理满足的获取。有学者甚至认为这种心理是耻感文化的表现。例如，美国学者艾克逊、希特生和中国台湾学者许焕光就认为，面子消费源于中国人的耻感文化，在耻感取向下，中国人特别注重面子。面子大于一切，为了保住面子，不丢脸而进行攀比消费、炫耀消费。

在中国，甚至消费也已成为挽救面子、维持面子和提升面子的工具，中国人不得不遵守其所持社会群体默认的行为规范，选择自己所在社会群体的认同品牌，按照关系的远近及重要性出不同礼金数额等都体现了面子消费规范性的特点。如果没有按照统一规范的标准进行消费，导致其群体的面子得不到维护，自己不被群体成员认同，那么自己面子得不到维持，也会让别人感觉丢面子，而且所在群体的面子和利益比个人的面子和利益更重要。耻感文化致使中国人愿意花费更多钱来获得面子（见图2-9）。

[①] 丁奕峰.中国面子文化对炫耀性消费的影响分析[J].中南财经政法大学研究生学报，2010（4）：119.

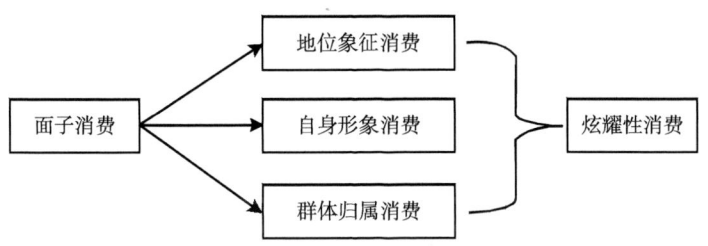

图 2-9　面子意识对炫耀消费的作用路径

社会心理学家费斯廷格（Leon Festinger，1954）运用社会比较理论分析了中国消费者的为面子而消费的从众行为。他认为，个体将自己与他人比较后进行自我评价的现象，在东亚如日本、韩国、中国这类崇尚集体主义文化的国家中，表现得尤为明显。人们通过消费行为建构对个体社会身份的认同。消费什么和怎样消费，实际上体现了自我在社会比较过程中对自己的社会定位和评价，以及对自我社会角色和地位的接受程度。

第三章 中美消费模式的文化解读

第一节 文化原始词义及其内涵表述

文化是社会影响个人行为的重要方式之一。文化一词历史久远,内涵模糊而抽象,词义演变复杂且多变。美国文化人类学家洛威尔所说:"在这个世界上,没有别的东西比文化更难捉摸。我们不能分析它,因为它的成分无穷无尽;我们不能叙述它,因为它没有固定形状……正像要把空气抓在手里似的,当我们去寻找文化的时候,除了不在我们手里以外,它无所不在。"[①] 从词源上看,文化的词义起源于拉丁文"Colere"一词。该词的词义包括:居住(Inhabit)、栽种(Cultivate)、保护(Protect)、朝拜(Worship)。[②] 英文中"Culture"一词的词义是耕作(Husbandry),或者对自然生长实施管理。德语中与文化近义的"Kultur"一词的词义等同于文明;19世纪的法国人 Emile Littre 编撰的字典中,文化被定义为与农业相联系的耕作与栽培活动。可见,早期的文化在英、德、法国家中该词的词义等同于农业生产技术与技能。

一、西方的界定

文化作为学术用语,西方学术界尚没有求同解。根据克罗伯(Kroeber)和克拉克洪(Kluckhohn)两人合著的《文化:概念和定义的批评考察》一书中的考证,从1871年到1951年,有关文化的定义达到164种。[③] 在该文献中,两人将文化定义为:"文化是一些经由学习及传播而有的反应、习惯、技术、思想、价值,以及所引致的行为。由外显的和内隐的思维和行为模式构成,这种行为模式

---

① 殷海光.中国的文化展望 [M].北京:中国和平出版社,1998:26.
② [英] 雷蒙·威廉斯.关键词 [M].刘建基译.北京:生活·读书·新知三联书店,2005:101.
③ Jean-Claude Usunier. Marketing Across Culture (4th edition) [M]. Pearson Education, 2005:4.

通过象征符号而获致和传递；文化代表了人类群体的显著成就，包括它们在人造器物中的体现，文化体系一方面可看做是活动的产物，另一方面则是进一步活动的决定因素。"

英国学者泰勒（Taylor）认为，文化是一个复合体，包括知识、信仰、艺术、道德、法规、习俗以及社会成员获得的习惯和能力的复合体。

克利福德·格尔茨则认为，"文化是一幅地图、一张滤网和一个矩阵"。他同意马克斯·韦伯的观点："人是悬挂在由他自己编织的意义之网中的动物。"因此，他说："文化乃是一些由人自己编织的意义之网。"① 这里，文化是人为的创造物。

威廉斯认为，文化具有三层意义：思想、精神与美学发展的一般过程；一种特殊的生活方式（关于一个民族、一个时期、一个群体或全体人类）；关于知性的作品与活动，尤其是艺术方面的。后者通常是现在最普遍的用法："Culture"是指音乐、文学、绘画与雕刻、戏剧与电影。②

1955年苏联哲学界编写的《简明哲学词典》第四版中，对文化概念进行如下界定：人类在社会历史实践过程中所创造的物质财富和精神财富的总和。它同时肯定，文化具有广义和狭义两个定义。从广义上讲："文化是一种社会现象，它反映在社会发展的一定历史阶段技术进步、生产经验和人们的劳动技能方面，教育、科学、文化、艺术以及与之相适应的机构方面所达到的水平。"从狭义上讲："文化就是在一定的物质资料生产方式的基础上发生和发展的社会精神生活形式的总和。因此，社会在教育、科学、文学、艺术、哲学、道德以及与之相适应的机构的发展中所达到的水平都属于文化。"③

Otts（1989）：人们可以分享并传递到下一代的技术、信仰、知识和成果。

Hofestede（1980）："在一定环境中人们的集体心理程序，文化不是个体的特性，它包含着有特定指向的人群所受到的共同教育和生活经历。"他的文化内涵的界定有两点：①文化是特定社会中人们精神所呈现的全部东西；②文化是区分不同地域的群体与人群的思维程序集合。

Adler（1983）：作为思想的集合体，文化的功能是区分不同人群。

Chang Pao-hua（1987）：从社会学的视角来看，文化是一种社会传承，包括所有的知识、生活技能、语言、社会体制、道德、信仰、习俗、价值等。大英百科全书中这样界定：人类社会由野蛮到文明，其努力所得之成绩，表现于各个方面，如科学、艺术、宗教、道德、法律、学术、思想、风俗、习惯、器用、制度

---

① [美]克利福德·格尔茨. 文化的解释 [M]. 韩莉译. 南京：译林出版社，1999：5.
② 孟昭毅. 外国文化史 [M]. 北京：北京大学出版社，2009：2.
③ 罗森塔尔，尤金. 简明哲学辞典 [M]. 中共中央马克思恩格斯列宁斯大林著作编译局译. 北京：人民出版社，1955：54.

第三章　中美消费模式的文化解读

等，其综合体，则谓之文化。

人类学家希伯（1978）：文化是一个经由学习，且反映社会特质的行为、思维以及产品的综合体系。

文化历史学家家道森（1950）：文化是人类为了适应自然环境和经济需求而有的共同生活方式。文化是代表着生活及思想的复合物，包括行为方式、信仰形式、价值标准、技术、符号及机构。

Chen Chi-Lu（1994）：文化是一个群体在适应外部环境时所衍生的一整套固定的生活方式。[①]

现代人类学家 Clifford Geertz 把文化看做是犹如计算机程序一样的用以控制行为的一套控制机制。在他看来，人们正是依赖这样的文化控制机制来对行为发布命令。

虽然表述的形式多样，归纳起来，西方学者观念中的文化是人为的产物，是人类社会实践的产物，文化承载于人类的活动中，承载于器物、制度规范乃至文学艺术作品中，也是人类思维的产物。

二、东方的解读

在中国，"文化"一词，古已有之。"文"的本义，是指各色交错的纹理，有文饰、文章之义。《说文解字》称："文，错画也，象交文。"其引申为包括语言文字在内的各种象征符号，以及文物典章、礼仪制度等。"化"本义为变易、生成、造化，所谓万物化生，其引申义则为改造、教化、培育等。文与化并联使用，则最早见于《周易·贲卦》之"观乎天文，以察时变；观乎人文，以化成天下"。最先将"文化"合为一词而用的是西汉的刘向，他在《说苑·指武》中写道："圣人之治天下也，先文德而后武力。凡武之兴，为不服也，文化不改，然后加诛。"晋束晳《补亡诗·由仪》称："文化内辑，武功外悠。"南齐王融《三月三日曲水诗·序》中云："设神理以景俗，敷文化以柔远。" 中国古代的这些"文化"概念，基本上属于精神文明范畴，主要指封建王朝的"文治教化"，往往与"武力"、"武功"、"野蛮"相对应，它本身包含着一种正面的理想主义色彩，体现了治国方略中"阴"和"柔"的一面，既有政治内容，又有伦理意义。[②]另外，古代很大程度上是将该词作为一个动词在使用，是一种治理社会的方法和主张，它既与武力征服相对立，但又与之相联系，相辅相成，所谓"先礼后兵"、"文治武功"。

中国学者韦卓民认为，文化是指个人拥有的社会传统，及经由个人一股心智

---

① Chen Chi-Lu. The Study of Subculture and Consumer Behavior: An Example of Taiwanese University Students' Consumption Culture [J]. Journal of American Academy of Business, Cambridge, 2005 (17): 258.

② 刘守华. 文化学通论 [M]. 北京：高等教育出版社，1992.

精神将其表现于外的社会传统……它（文化）是将社会结合在一起的关联，是使人能与同胞交流的共同语言，是全体经验及社会价值储存、保全及传递的方法。①

在《中国文化要义》开篇，梁漱溟就对"文化"进行了这样的界定：文化是吾人生活所依靠之一切……文化是极其实在的东西，文化之本义，应在经济、政治，乃至一切无所不包。②

三、不同文化界定的认识

（一）对文化研究视角的归纳

中西方关于文化内涵的界定多样，内容丰富，角度繁多。归纳总结如下：

1. 从文化的共享性和一般性特征来界定文化，文化可等同于人类的物质文明与精神文明

把文化看成是人类创造的总和，是取得多数人认同的一种界定。文化包括人类积累下来的有形的和无形的成果，人类共享的文化具有共享性和传承性。它的演进过程，犹如缓慢的、持续的、像冰河流动一样的、经过冰川时期的文化发展过程，以在其进化过程中发挥主要的指导性作用的方式改变了进化中的人类所承受的选择性压力的均衡。

2. 从文化特殊性意义上看文化

文化具有群体性、控制性和反映性的特点。群体性是指它是由个体组成的群体所呈现的共同思维或者行为模式，是一个社会与另一个社会区分开来的人们思维的集体化程序或思维软件。控制性是指文化借着对思维的影响来控制人们的生活方式和行为方式。反映性是指它是对特定的地域、制度、国别、制度、历史等特定的地理、制度、历史等因素的集中反映。

可见，文化是集广义性与特殊性于一体的具有精神属性和物质载体的范畴，可分为广义、狭义和专义三个层次。

（二）文化内涵的层次性

1. 广义的文化

广义的文化又称大文化，即主张文化是涵盖人类的所有文明成果。大文化具有共享性与传承性。大文化把人类在改造与适应自然界的历史实践中形成的人类共同的物质与精神财富看做文化。它包括一切历史上与现实中以各种方式呈现的与人类社会历史实践有关的知识与文化，它包括人类历史文化遗产、历史古迹等古代的历史文明和现代的科技。当我们站在全球化的视野下，我们认为这是人类

---

① 韦卓民. 韦卓民博士教育文化宗教论文集[C]. 台北：台北华中大学韦卓民纪念馆编印，1980：53.
② 梁漱溟. 中国文化要义[M]. 上海：上海世纪出版集团，2005：6.

共同的文化财富。它具有代际间的传承性和同代人间的共享性。这是文化的普遍性的特征。这是文化的广义方面。

《苏联大百科全书》（1973）中，广义的文化是"社会和人在历史上一定的发展水平，它表现为人们进行生活和活动的种种类型和形式，以及人们所创造的物质和精神财富"。

《大英百科全书》（1973）认为文化的概念分为两类，一类是"一般性"的，即文化是"总体的人类社会遗产"。另一类是"多元的、相对的"文化概念，即文化是一种源于历史的生活结构的体系，这种体系往往为集团成员所共有。包括这一集团的语言、传统、习惯和制度，以及有激励作用的思想，信仰和价值，以及他们在物质工具和创造物中的体现。① 美国人类学家维斯拉认为："在历史以及社会科学中，把所有人们的种种生活方式称作文化。"中国学者梁启超在《什么是文化》中指出："文化者，人类心能所开释出来之有价值的共业也"，它包括：认识（语言、科学、哲学、教育）、规范（道德、法律、信仰）、艺术、文学、美术、音乐、舞蹈、戏剧）、器用（生产工具、日用器皿和制造它们的技术）、社会（制度、组织、风俗习惯）等。梁漱溟在《中国文化要义》中认为：文化"就是吾人生活所依靠之一切……文化之本义，应在经济、政治，乃至一切无所不包"。著名学者钱穆在《文化与生活》中，也主张"文化即是人类生活的大整体，汇集起人类生活之全体即是'文化'"。

2. 狭义的文化

狭义的文化又称小文化，主要是指人类精神文化方面的创造性成果，不包括物质生产及其器物性、实体性成果。如泰勒对文化的定义"中国传统语言系统中文化的本义"，毛泽东所说的"一定的文化是一定社会的政治和经济在观念形态上的反映"等，都属于狭义文化。

3. 专义的文化

专义的文化是沿袭传统和现实生活中人们对文化的直观理解，即将文化理解为以文学、艺术、音乐、戏剧、舞蹈等为主的艺术文化。如人们熟知的我国文化部门所管辖的范围。可见，文化的概念是多层次的。一般来说，学术界在赞同多层次文化的基础上，主要指人类的精神形态、观念形态方面的内涵。

狭义的文化与专义的文化包含文化的特殊性与地域性的一面。通常我们所指的民族文化或地域文化。通常这种文化的形成往往与种族、民族或地域乃至不同的社会制度的独特性相联系。这一点认识似乎与上述列举观点中的 Hofestede 和 Chen Chi-Lu 的观点相近。它是区分不同民族与种族的符号与象征。

---

① http://www.chinavalue.net/General/Blog/2014-1-4/1006959.aspx.

第二节 文化的维度及其模型

文化的维度是跨文化研究的基本概念。文化有很多维度，维度是衡量文化的视角。时空维度是常用的比较文化研究的工具。

一、跨文化研究中的时空维度

从对文化内涵的不同认识中，我们发现文化有时空的维度。时间的维度是指历史的动态性赋予文化的历史内容，空间的维度是指不同的地域性的特点对文化内涵的补充。文化的时空线索通过作用于社会主体——人的自我意识，形成了基于文化构想上的行为模型。这个模型中的一些变量是我们进行文化差异比对的重要参考内容。

（一）时间维度

不同文化下的人群对时间的观念不同。跨文化研究中关于时间问题的对比包括以下方面：

第一，如何看待时间的属性。时间是线性的还是轮回的，是有经济价值的，还是无限可获得的自然之物？这是区别不同文化界面下群体意识的节点之一。欧洲国家、美国、澳大利亚等西方国家把时间看做是线性的、一去不复返的，且有价值性的商品。东方文化视野下的时间是循环往复的自然的一部分。时间是充分的、大量可获得的事物。

第二，时间利用上的多元（Monochronism）利用和单一（Polychronism）使用。单一时间观念的人群，遵守时间约定，视时间有经济价值，习惯对时间进行规划、分配和预先设置，在一个时间单元内只做一件事情；多元时间观念的人群，对时间的使用缺少规划，时间使用上随意性很大，在同一时间往往做多个事情，多元时间观念的人群把时间当做达到目的的工具，对时间的经济价值意识模糊。

第三，时间导向中对过去、现在、未来的不同关注。过去时间导向的文化行动者看重过去事物之于现在的意义。以过去的来解读现在的。过去时间导向的人群喜欢翻修古建筑，建设博物馆，在学校注重历史课内容的教育。现在时间导向观念的人群，注重现在的一切，这种价值观念认为未来不确定，过去已然结束，只有现在是最信实的存在。未来时间观念导向的文化价值取向人类能够控制自然，未来是可以预知的。

（二）空间维度

文化的空间维度是指文化的地理空间维度。通常意义上的空间是指三维空间，在三维空间内任何物体都是可以被准确定位的。空间的描述可以是具体的，如用国家、城镇等行政区划来对一群人进行空间定位；空间也可以是抽象的描述，它可以用一组人群的共同的特质，如教育、宗教和专业关联性来描述和描写。

文化空间性研究始见于 20 世纪 50 年代的人文地理学研究。当时，人文地理学将文化作为问题的核心，将每个人文地理现象从空间、文化生态、文化整合、文化景观的角度进行了系统论述。20 世纪 70~80 年代，文化地理学转向空间层面的研究。"文化是现实生活实际情景中可定位的具体现象"是文化地理学在 20 世纪七八十年代研究的浓缩。[①] 文化地理学不仅研究文化在不同地域空间分布的情况，而且也研究文化是如何赋予空间以意义的。基于上述宗旨，文化的空间维度研究以下问题：

一是文化布局的空间性。文化布局有空间的特征，布局的差异因空间所处位置的不同而相应地变化。地理学家将文化的区域性分为三类：形式文化区；功能文化区；乡土文化区。分别解释了文化因所处地域、政治和经济强弱因素的变化对文化布局的影响。

二是文化变迁的空间性。文化变迁因空间场景内容的变化而出现历史性的改变。影响文化空间场景变化的主要因素是社会生产方式的改变。例如，资本主义文化的特征之一就是生产力进步带来的生产方式的改变，新的生产方式逐渐突破空间的障碍而获得更大的利润。而福特制生产方式的危机，以及由此导致社会从现代主义到后现代主义的变迁，本质上是一种时间和空间形式的危机。在这种危机中，各种空间范畴处于支配时间的范畴。

三是文化差异的空间性。文化的空间差异包括地理差异和空间差异两个方面。前者指不同的地域、区域文化的差异；后者是说文化有种内在的空间差异，不同的文化载体和主体，在创造传播和沿袭文化的过程中，在文化的消费和享用中，在文化的使用中，在文化发挥作用的过程中，形成了一种内在的精神性的空间差异，这种差异更多的是社会发展条件和背景导致的发展差异。

二、文化维度模型：霍夫施泰德的文化维度论

霍夫施泰德是荷兰籍学者，在跨文化问题研究上颇有建树。20 世纪 70 年代末，他就职于 IBM 公司的人力资源部，在对分布于 40 个国家和地区的 11.6 万名 IBM 员工进行文化价值观调查和分析的基础上出版了 *Culture's consequence*:

---

① [英] 麦克·克朗.文化地理学 [M]. 杨淑华译. 南京：南京大学出版社，2003.

international differences in work-related values 一书。该书归纳了描述文化差异的四个指标如下：

(一) 权力距离

权力距离是指对权威的服从关系上，所存在的社会不均衡与差异程度。它是衡量社会各阶层之间不平等体现的指标之一，具体表现为社会或组织中缺乏权力的成员对不公平的权力分配所接受的程度。在强调公平与平等的社会中，其社会与组织成员之间的权力距离就小，而在强调等级的社会中，其社会组织成员之间的权力距离就大。

以儒家文化为主导的东方文明崇尚等级社会，上下级之间的权力距离高于以美国为首的西方文化。下级与上级之间等级差别较清晰，下级对上级表现为服从和下级对上级喜好的揣测、复制上级的消费观念。西方国家因权力距离小，以人为本的观念深入人心，容易激发个性化的消费行为。此外，还导致淡化阶层和年龄界限的潮流，在消费品的使用上，崇尚时尚概念和年轻化。

(二) 个人主义与集体主义

个人主义是这样一种社会价值取向，在这种社会中，个体之间的联系是不稳固的，人们只关心自己及自己的家人；集体主义则是一种相反的社会价值取向，在集体主义社会中，人们从出生之日起就被整合到具有强烈凝聚力的小群体中，通过对小群体的忠诚来交换以获得群体对个体的保护。西方文化提倡个人主义，关注个人利益，个体行为往往体现独立的人格和意志自由，在消费行为上不以奇为怪，却以奇为美。

在集体主义社会中，人们把集体而非个体看成最基本的社会细胞。他们会努力追求社会和谐和相互依赖，会比西方文化更坚持互惠的原则。

这就是为什么个体主义者（如美国）倾向于把事件（如服务失误）的原因更多地归咎于个人。而在集体主义社会中（如中国），社会地位比个人能力更为重要。在集体主义很重的中国人中，"面子"对社会交往和资源获得是非常重要的。集体主义的另一个影响是中国的顾客倾向于不愿意向卖方或其他机构抱怨他们不满意的消费经历。所以，当中国顾客决定向企业表达他们的不满意而又没有合适的渠道时，他们将会感觉到更大程度的挫折和尴尬。一个不可否认的事实是消费至上的思想在中国的发展要远落后于在西方工业国家，抱怨和要求赔偿作为消费者权利的一部分在中国还不够普遍。抱怨后是否能得到赔偿对中国的消费者可能不像加拿大消费者那么重要。个体主义对改进顾客对服务补救行为的满意度有积极影响。

(三) 男性化与女性化

男性化是指这样的社会，在这种社会中，性别角色具有明显的差异性，男人被认为应当果断、顽强，关注事业成功，而女人被认为应当庄重、温顺，考虑生活质量。女性化则是指这样的社会，在这种社会中，性别角色是重叠的，男性与女性都被认为要谦虚、温顺与关心生活质量。男性化社会追求的是事业成功的价值取向，女性化社会追求的是生活质量的价值取向。在男性化的文化中，人们对服务有更高的预期并且对良好的服务赋予了更高的价值。更高的服务预期就意味着与服务提供者的服务的差距扩大了，出现服务失误的概率也增加了。

（四）不确定性回避

不确定性回避是指一种文化中的成员对不确定或不了解的情境感觉到的威胁程度以及所采取的避免措施程度。在不确定性回避程度高的国家中，人们对非结构性情境感到不舒服，重视雇佣安全，强烈地信任专家意见与知识，组织程序化规则与规范被非常严格地遵守。在不确定性回避程度低的国家中，人们喜欢接受与不确定性相联系的风险，冒险被认为是生活的一部分，组织的结构化程度低，缺乏严格的规章制度。

高不确定性回避可能会对顾客的重购意愿有最重要的影响。这是因为在高不确定性回避的文化中，顾客不愿意接受因变更服务提供者而带来的不确定性风险，因此，不论服务补救的成功与否，顾客都会尽力降低不确定性风险，重购的意愿自然高于低不确定性文化中的顾客。研究还发现，在解决服务问题时，赔偿对北美人比对东亚人有更积极的满意效果，因为前人的研究表明有高度独立性的人群倾向于更关注个人得到了什么。相反，有高不确定性回避的东亚国家的人倾向于更关注避免失去什么，在出现服务失误时更愿意接受其他形式的弥补；东亚人对不确定性和模棱两可之事有较低的容忍度。所以，在纠正错误时，要不断地告诉顾客正在做什么来解决问题，让抱怨的顾客有问题可以控制的认同感，这一点是非常重要的。

第三节　比较文化与消费模式

现代社会中国家矛盾和阶级矛盾，意识形态领域中的分歧多是出于文明间的彼此不接纳。美国哈佛大学学者撒密尔·亨廷顿（Samuel Huntington）提出了"文明的冲突"的观点。按照亨廷顿的说法，现今我们的世界已经进入了一个文明冲突的时代。冲突发生在以倡导民主为核心的西方文明与其他价值观为核心的文明传统之间，后者主要包括儒家文明和伊斯兰文明。

文化差异与消费模式间的差异密切相连。人类社会发展规律告诉我们：人类的一切实践活动都是在特定的社会历史环境、文化模式、时代背景下形成的。消费模式作为人类经济行为的一种表现形式，受到特定的社会历史环境、时代背景以及民族文化差异的影响。由于不同国家的历史、文化、经济水平不同，消费模式也有所差别。儒道佛家文化是影响中华民族国民特质的传统文化，特别是儒家文明源远流长。西方文明深受基督教文化的影响。儒家文化与基督教文明在哲学观、世界观、本体论、价值观、时间观等方面存在着很大的差别。

一、儒家文化与基督教文化的对比

基督教发源于公元1世纪巴勒斯坦（旧称：迦南地）的耶路撒冷地区犹太人社会。基督教信仰人类有原罪，相信耶稣为神子并被钉十字架，从而洗清人类原罪、拯救人类的一神论宗教。基督教发源于犹太教，与佛教、伊斯兰教并称为世界三大宗教。基督教的基本经典是《圣经》，它由《旧约全书》和《新约全书》两大部分构成。基督教是西方社会的一种"普世性的宗教文化"，基督教在西方世界的发展过程中对西方民族性格的形成起了关键作用，至今仍是西方人生活中不可替代的重要组成部分。它已经渗透到西方人生活的方方面面，对政治、经济及文化都产生了深远的影响。美国学者纽豪斯认为，关于美国的一个最基本的事实是：在美国人自己的概念中，他们大多数都是基督徒，他们和许多非基督徒都认为，美国社会的道德基础是犹太——基督教道德。①

儒家文化起源于中国古代，以孔子的思想为核心形成了一系列儒家价值理念："仁"、"义"、"理"、"智"、"信"等。儒家的价值观、世界观、人文观、自然观与西方以基督教为核心的西方文化不同，成为中西方文化的分水岭。因此，对比分析这两种影响中西方主流社会的文化，对于帮助我们理解中美之间形成的不同消费模式将会大有裨益。梁漱溟在《东西文化及其哲学》中，将中西方文化之不同的根源归结为以"意欲"为根本而产生的人生态度的不同。在他的另一部著作《中国文化要义》中，从社会学的角度揭示了人生态度不同根源于社会构造的不同。社会构造这一概念相较于意欲而言更为客观，是文化不同的决定性因素，是全部文化的发生及其表征。而中西方社会构造不同，乃是由于人生态度不同，而宗教对于人生态度的影响至关重要。

故此，本部分内容将以儒家文明和基督教文明为线索。从哲学观、世界观、社会价值观等多元视角来阐述不同文化对消费模式特征形成的作用。

（一）世界观：对世界本原的认识

"世界是从何而来"，这个关于世界本源的问题，是所有宗教派别必须且力图

---

① 刘澎. 当代美国宗教 [M]. 北京：社会科学文献出版社，2001：3.

第三章 中美消费模式的文化解读

回答的问题。基督教本身是犹太教的一个小宗派。在形成的过程中,不仅继承了犹太教的经典,构成基督教经典文献《圣经》的前半部分——旧约;而且形成了自己的教义,编写在圣经的后半部分——新约。旧约的开篇回答了"世界从何而来"这一哲学命题,成为人们对基督教世界本源认识的源头。而俯瞰中国哲学史,儒家思想中鲜有论述世界本源的问题,儒家哲学不探讨世界的本源问题。他们把本源问题的探讨看做是对怪力乱神的分析。在儒家思想中,世界本来就存在,而不是被创造的。《易经》认为道即太极,太极分阴阳两仪,两仪生四象,四象生八卦,由此演绎出生生不息的万事万物。人就是要观天地天象,识阴阳五行之变,而知社会人伦之道并遵循之。道家对世界的起源问题的看法是:道生一,一生二,三生万物;人法地,地法天,天法道,道法自然,人生就是要回归自然,返璞归真。具体来说:

1. 基督教的"神"造说

基督教信奉独一的真神上帝,上帝是万事万物的创造者和宇宙的统治者。除了创世之神之外没有其他的真神。这与古希腊文明中多神论的观点并不相同,在古希腊的神谱中,宙斯是最高的统治者,但他只是众神之一,也没有从无到有创造世界。

基督教以《圣经》作为教义经典。在《圣经》中,记载了神在一个星期内创造了天地万物和人。开篇《创世纪》中描述了神创造天地的经过。起初天地一片混沌:地是空虚混沌,渊面黑暗。在这个混沌未开的世界里,神用语言向自然界发出了建造的命令,一个星期内分别创造了天、地、海洋、植物、动物和昼夜。万物是借着他造的,凡被造的,没有一样不是借着他造的。而对人的创造,《圣经》描述神造人的取材是泥土,对人的创造模本是按照神自己的形象和样式创造了人。最初造出来的是男人,叫亚当。之后造出女人夏娃成为男人的帮助。可见,宇宙万物与人类都是上帝的杰作,上帝是主宰宇宙一切事物的源头。

2. 道家文化的"道"生论

在中国古代哲学中,道是一个很重要的范畴,用以说明世界的本源、本体、规律或原理。在中国哲学中,道的原始含义指道路、坦途,以后逐渐发展为道理,用以表达事物的规律性。春秋后期,老子最先把道看做是宇宙的本源和普遍规律,成为道家的创始人。以后,在不同的哲学体系中其含义虽有不同,但基本上成为世界本源、本体、规律或原理的代名词。

道家所主张的"道",是指天地万物的本质及其自然循环的规律。老子认为,天地万物都由道而生。《老子》中有:"有物混成,先天地生。寂兮寥兮,独立而不改,周行而不殆,可以为天下母。吾不知其名,字之曰'道',强为之名曰'大'。大曰逝,逝曰远,远曰反。"关于道生万物的过程,他说:"道生一、一生

· 91 ·

二，二生三，三生万物。万物负阴而抱阳，冲气以为和。"可见，在老子那里，道所代表的是自然，是天、地、人这些自然之物的混成和总称。庄子继承了老子的思想，把天地称为形之大者，而道是什么，道家未做解释，可以理解为道路、规律、系统……

儒家文化的天是万物的本源。论语中子曰："天何言哉？四时行焉，百物行焉，天何言哉！"① 四时行、百物生乃天之为也；从这段描述我们可以将"天"理解为自然，这里天就是自然。天的作为是"动无不动，静无不静，神也。动无不动，静无不静，非不动不静也。物则不通，神妙万物"。可见神的行动是妙不可言的，或者说是不能描述的。儒家的天与西方的神是等同的，都是宇宙的源头和主宰。

（二）本体论：人与自然的主体与客体关系

人与天地万物的关系是有机的整体关系，还是机械分离的主次关系？人与自然谁是主宰？人与自然的关系是对立的紧张，还是终极的融合？这些都是关乎人与自然关系的基本命题，对这一问题的不同回应，反映了东西方文化之间的差别。

1. 主宰与被主宰的分离关系

人是自然的主宰，人的存在是要驾驭和征服自然。按照基督教教义《圣经》的观点，人与自然都是上帝创造出来的，自然被创造出来接受人的管理，人与自然是主宰和被主宰的关系。《圣经》中记载，神使人管理海里的鱼和空中的鸟，地上的牲畜和全地，并地上所爬的一切昆虫。也就是说，人是自然的主人，人的存在就是管理自然和征服自然，而不是畏惧自然。

征服自然的主张盛行于中世纪之后的 17 世纪。地理大发现证明了人类对自然界规律认识的正确性，激励了人类认识和征服自然的信心。此时基督教的新教学说，将宗教信仰和现实经济生活相结合，提出征服自然本身就是上帝的意志之体现。近代英国经验论学者弗兰西斯·培根说，知识就是力量。他的科学方法强调客观认识能使人类"驾驭自然万物——包括人体、医药、机械力量等一切。17世纪，英国主教兼英国皇家学会创始人之一约翰·威尔金斯把模仿自然的技艺、帮助自然的技艺与征服自然和超越自然的技艺加以区别，并认为征服、超越自然的技艺最为卓越，因为这些技艺具有最崇高的目标，即驱除劳动中的痛苦，恢复人类对于自然的支配。② 洛克甚至宣称：对自然的否定，就是通往幸福之路。

另外，人与社会是分离的。耶稣提出把属于凯撒（世俗或此世的）归给凯

---

① http://www.chinacath.org/article/teo/cul/2008-01-04/1289.html.
② [荷] R.霍伊卡. 宗教与现代科学的兴起 [M]. 丘仲辉等译. 成都：四川人民出版社，1991：173.

撒，把属于神的归给神。《圣经》要求基督徒要"在这个世界中但不属于这个世界"。基督教信教的"此世苦行主义"（This Worldly Asceticism）是这种态度的表现。持此态度的人要努力寻求此世的成功，但又不贪图此世的成功所带来的世俗奖赏，而是看重彼世的永生奖赏。

2. 天人合一和道法自然的有机关系

传统文化将天看做神和自然来加以敬畏。在中国古代的文献中，罕见关于神的描述。甲骨文、金文以及《书经》、《诗经》中都找不到一个"神明"在地与天之上。儒家的天是"动无不动，静无不静，神也。动无不动，静无不静，非不动不静也。物则不通，神妙万物"。天是动静自如、自有规律的，不可以主宰，只能顺应并认识自然。传统道家以自然为主体，把顺应自然、符合自然、遵循自然看做是至高的人生目标，把天人合一看做至高境界。在道家的经典文献《道德经》中指出："人法地，地法天，天法道，道法自然"。对天的敬畏造成了对人行为的一种约束。自然是人的主宰，人要努力与天道相符合，而不是主宰自然。具体来说，包括以下方面：

（1）敬天、畏天。敬畏天实际上是敬畏自然。孔子说：君子有三畏，畏天命，畏大人，畏圣人。更主张顺天、信天、则天。因为顺天，故曰：不怨天，不尤人，下学向上达，知我者其天乎？

（2）祭天。祭天是敬天的行为表达。敬天最隆重的表现就是郊祀，在我国古代皇帝所举行的大典中，除了封禅以外，郊祀是最为隆重的祭天大典。封禅也是祭天大典，是皇帝以平治之功，奉于上天，在泰山上祭天。祭天大典，由皇帝亲自主祭，也只有皇帝才可以郊祀。

（3）法天。皇帝要祭天，万民要法天。法天就是法自然。法天的最高境界就是法自然。在《易传·文言》中有"与天地合其德"的天人合一的思想。庄子在《齐物论》中指出，"天地与我并生，而万物与我合一"的精神。张载提出"为天地立心，为生民立命，为往圣继绝学，为万世开太平"的天道与人道的合一思想。儒、道共同的特性就是追求天人合一。儒家把这种合一理解为入世、顺世并治世，这种态度最终表现为很强的进取心和进取精神。道家则把这种法天的合一理解为退出机制，退出社会。道家思想有"小隐隐于野，大隐隐于市"的两种不同的退出境界。与自然合一，返璞归真是至高的合一境界。

可见，在人与自然的关系上，西方强调物我二分，天人二分的二元对立的本体论观念。这种观念导致人与自然常常处于对立的紧张关系中。而中国传统文化中，天人合一的和合本体论思想是儒家文明带给国人的意识形态：天是与人相对的自在之物，天就是自然的体现，人要畏天，人可以法天，通过顺天而认识自然规律，进而实现天人合一和天人感应。

(三) 时间观

时间是人类在社会实践中自然而然形成的计量工具，是人类社会共有的认知概念和交际手段。不同文化背景下的群体，因群体所处的地理、历史、社会环境不同，思维方式不同，形成的时间观和安排使用时间的方法也各不相同。在对待时间观念上的差别，反映了儒家文化与基督教文化的分歧。

着眼于事物的长远和未来，未雨绸缪，始终为将来打算，被西方学者彭迈克称为是"儒家精神动力"的特质之一。它是儒家思想内涵的外化形式。具有长期导向性的文化倾向于面对未来，注重对未来的考虑，对待事物以动态的观点去考察；注重节约和储蓄，做任何事都留有余地。而基督教文化认为未来有很多的不确定性，着眼于短期和眼前的利益才是真实不虚的。短期导向性的社会和文化，立足于现在，只着眼于目前的利益，注重承担社会责任，最重要的是此时此地。

1. 基督教的现时观与儒家文化的未来观

基督教在时间维度上的偏重是注重当下的事物。《圣经·马太福音》中有这样的文字："不要为明天忧虑，因为明天自有明天的忧虑；一天的难处一天当就够了。"基督徒活在当下，他们既要忘记过去的荣辱记忆，又不对未来的某些事物而忧虑。因此，他们的日历上只有一个日子，就是活好今天。

此外，在储蓄观念上，基督教认为：不要在地上为未来存钱，要积财在天。《马太福音》第7章第19节写道："不要为自己积攒财宝在地上，地上有虫子咬，能锈坏，也有贼挖窟窿来偷；只要积攒财宝在天上，天上没有虫子咬，不能锈坏，也没有贼挖窟窿来偷。"这种得过且过的思想认识，现世现报的观念是导致过度消费行为的内在心理因素。

儒家文化注重远期的效果。未雨绸缪是注重未来事物的思想体现。着重对未来事物以及结果的期待，使得儒家文化充满浓厚的忧患意识。孔子说："人无远虑，必有近忧。"是这种未来观思想的体现。《易传》也有居安思危的表述："安而不忘危，存而不忘亡，治而不忘乱。"《左传》襄公十一年："《书》曰：居安思危。思则有备，有备无患。"居安思危，未雨绸缪的内在意识，是东方国家储蓄率持续偏高和消费率持续走低，内需不足的文化归因之一。

2. 线性与循环的时间观的分别

（1）西方人的时间观是线性的。以犹太基督教为传统的西方文化通常把时间看成一条直线，是一种线性的单向持续运动。他们把时间看成是通向未来的通道，可以被分成很多小段、小节，如小时、天、周等。时间在西方社会里几乎是一种商品，是有价值的，可以买卖，可以节省，可以浪费，可以度量。

（2）亚洲人的时间观是连续的、循环的。东方以农耕为主的农业文化把人和自然界看成是相互联系、相互作用的有机联系的整体。由此产生东方社会天人合一的循环圆周式的时间观念。这种时间观中的时间变化与自然节律相协调，是始终沿着自身做永恒周期性圆弧式或螺旋式运动的时间计量方式。如昼夜交替，季节的往复，月份的轮流，年龄的更迭，植物周期生长，农时劳作更替，都有圆周式周而复始的自身复归的周期性循环运动。① 总之，农耕文明下的东方人受到天时和四季循环的影响，认为时间与四季循环相对应是循环不息的、连续的。遵循时间的自然节律。

3. 单项时间观与多项时间观的分别

单项与多项时间观是指在时间的利用上的差别。美国学者 Hall 根据自己的观察把不同文化对时间的使用分为两类，即一元时间制（Monochronic Time System）和多元时间制（Polychronic Time System）②。一元时间制对线性的时间进行了科学的分割与计划，在一段时间里只安排一件事，做事讲究效率。多元时间制则是传统农业社会的遗产，习惯于在同一时间内做不同的几件事情。持单向时间观的人与持多项时间观的人在思想和行为上有很多差异（见表 3-1）。

表 3-1　单项与多项时间观对比

单向时间观	多向时间观
特定时间只做一件事情	同时做多件事情
集中精力于手头的工作	易分心和受到干扰
对待截止日期和计划十分认真	将计划和截止日期置于次要地位
专心于工作和任务	专心于人和关系
严格遵循计划	经常改变计划
准时观念	准时性取决于关系、条件
习惯短期关系	偏爱长期关系

（四）社会成员关系上的民主观与等级观

1. 西方的民主观及其基督教文化基础

民主一词有多个内涵。加拿大著名政治家麦克伏森（C.B.Macpherson）曾说："民主这个词对不同的人有不同的意义，已经变得很不清楚。它甚至有看起来彼此相反的意义。"约瑟夫·舒比特（Joseph Schumpeter）在其著名的《资本主义、社会主义和民主》一书中提出：民主是为做政治决定而设置的组织安排。在这种安排中个人有权利通过争取民众选票来做有关决定。著名日裔美国学者弗朗西

---

① 贾玉新. 跨文化交际学 [M]. 上海：上海外语教育出版社，1997：71.
② Hall Edward T.Monochronic and Polychronic Time. Larry A Samovar, Richard E, Porter A.Reader [C]. Wadsworth Publishing Company，1982：16.

斯·福山认为民主包括四个层次：一是意识形态，即"对于民主体制以及它们所支持的市场体系的是对或者是错的规范性的信念"。二是社会体制，包括"宪法，法律体系，政党系统，市场机制，等等"。三是市民社会，即"与政府机构分离开的，作为民主的政治体制的基础的，自发形成的社会结构方面"。四是文化，包括"家庭结构，宗教、道德观念、民族意识、文明礼貌和特殊的历史传统，等等"。①

德国学者卓根·豆姆斯（Jurgen Domes）把民主定义为包括价值观念的政治体系。他认为，除了民主形式的一面，还有内容的一面；或者说，既有"硬件"又有"软件"。他认为民主包括三条原则：一是自由。这包括保证国家内所有居民的人权，并使其制度化；保证国家内所有公民的公民权利，并使其制度化。二是平等。这包括要以实现国家内所有公民有同样的生活机会为目标，并且不断为尽可能地实现这个目标而努力。三是多元化。它包括保证那些代表并为各种政治、经济、社会和文化利益而竞争的组织之存在和正常运转，承认它们的合法性。②在本论文中，对民主的认识是以德国学者卓根·豆姆斯的解释为标准，即自由、平等、多元化为前提。

（1）基督教的民主观的来源：神与人之间的等级关系和人与人之间的平等关系。在基督教的文献《圣经》中：

第一，上帝是父。上帝一词在希腊文的《新约圣经》里共用了720次，指代圣父耶和华。而人是按照神的样式创造出来的。《圣经》创世纪中描述了神创造人的过程。第六日神就照着自己的形象，用地上的泥土造人，并将生命之气吹入。神与人的关系是：父亲与神的儿女的关系。在《新约圣经》中，神变成圣子耶稣，成为人的主。他是道成肉身的人格化表现。

第二，神的儿女（教徒）之间是平等关系。一是基督徒之间的关系是平等的，没有辈分的差别，没有长幼尊卑的等级存在。一旦信教，就是自己的母亲和父亲，也以弟兄、姊妹相称。表现了较强的民主思想。在《圣经·马可福音》第3章第35节中，"凡遵行神旨意的人，就是我的弟兄姐妹了。"二是地位高的，倒要谦卑。越是为领袖的，越是要谦卑地服侍他人。在路加福音中有一段记载是这样的。门徒中就谁位置高起了争议，耶稣回答说："外邦人有君主为主治理他们，那掌权管他们的称为恩主。但你们不可这样，你们里头为大的，倒要像年幼的；为首领的，倒要像服侍人的。"东方的等级观念在这里被突破。身为领袖，不仅不能高高在上，凌驾于众生之上，反而要取奴仆的心态。还为官、为上者以

---

① Fukuyama Francis. The Primacy of Culture [J]. Journal of Democracy, 1995 (6): 7–14.
② Domes, Jürgen. China's Modernization and the Doctrine of Democracy, in Chu-yuan Cheng, 1989.

职位本身赋予他的社会责任和义务。这一点和东方等级观念很不相同,是西方民主思想的依据。

(2) 神人关系最高境界是神人合一。与上帝合一是信者精神追求的终极归宿。即通过与上帝会通、相融而达到人的升华和超越。《新约圣经》主张人人均可以与上帝沟通。基督教的神人感应有着人与上帝交通、人与圣灵交感,圣灵在人心里工作等内容。神人之间的沟通既表现为神对人的指引和启示,也表现为人对神的交托、依赖的双向路径关系。这种神人关系,被当代神学家概括为"我"、"你"关系,即作为人的"我"与永恒的"你"—神的关系。我—你关系成为对话、认同、相遇、相关的关系,超越了我—他关系所表现的疏远与隔膜。

2. 儒家文化的等级观

中国古代社会中奴隶制度与封建制度的历史时期很长,与两种制度相适应的社会体制特征就是等级制度。从等级制度形成的政治体制与经济体制基础来看,周朝时期确立的宗法制和分封制确立了等级社会的制度基础。宗法制度与分封制度的主要思想在于"纳上下于道德,而后天子、诸侯、卿大夫、士、庶民以成一道德之团体"。① 它构成了奴隶主贵族的等级阶梯,确定了贵族的亲疏、等级、分封和世袭的关系。中国的宗法制是一种层层相属的血缘等级关系。根据宗法制度的嫡庶、长幼等项亲属关系,确定奴隶主贵族的贵贱、大小、上下各种等级区别,形成奴隶制的名分。

等级制度确立的思想基础就是在中国有千百年历史的儒家思想。儒家倡导"礼"。礼的本质是一种基于身份基础上的社会秩序,是约束人们日常行为的规范。礼所包含的内容广泛,涉及人们的各种行为。

礼的特征之一就是差别性和等级性。正如中国著名学者瞿同祖所讲:"礼即是赋予差别性、因人而异的行为规范,所以'名位不同,礼亦异数'。每个人必须按照他自己的社会、政治地位去选择相当于其身份的礼,符合这一条件的为有礼,否则就是非礼。"中国传统社会的礼制规范对每个人的社会身份等级及其相应的消费生活方式都有严格规定。可以说,儒家鼓吹的理性封建秩序是贵贱、尊卑、长幼、亲疏有别,要求人们的生活方式和行为符合他们在家族内的身份和社会、政治地位,不同的身份有不同的行为规范,这就是礼。礼具有鲜明的阶级性和差别性。②

(五) 集体主义 (Collectivism) 与个人主义 (Individualism) 的价值观

陈独秀认为,西洋民族以个人为本位,东洋民族以家族为本位。现代中国学

---

① 姚建平. 消费认同. 殷周制度论 [M]. 北京:社会科学文献出版社,2006:52.
② 瞿同祖. 瞿同祖法学论著集 [M]. 北京:中国政法大学出版社,1998:383-384.

者大多赞同这一说法,认为儒家文化是一种以家族为本位的文化;而西方文化,包括美国文化,是一种以个人为本位的文化。个人本位主义文化的外在表现就是在处理一切事物时,包括家庭关系、个人与社会其他成员的关系的基本准则都纳入个人的范畴,都从个人的认识出发。

1. 西方的个人主义

西方个人主义世界观的核心是个体性观念,有西方学者认为个体性的观念起源于基督教。哈耶克在《通往奴役之路》中认为,由基督教与古典哲学提供基本原则的个人主义,在文艺复兴时代第一次得到充分的发展,此后逐渐成长和发展为西方文明的核心价值之一。

作为词汇,个人主义是由法国政治学家、思想家托克维尔最先使用的。19世纪40年代,托克维尔在考察美国9个多月后出版《论美国的民主》一书。在书中,个人主义被当做是美国价值观的外化形式而倍加推崇。书中写道:美国人不是把个人主义看做缺点,而是看做一个近乎完美的品德,它代表创造性、开拓性、积极进取精神以及不向权威屈服的自豪。美国人认为个人主义是美国文明独特的、最吸引人的地方,并因此而自豪和骄傲。[①] 美国学者萨姆瓦认为:个人主义就是个人利益至高无上,一切价值、权利和义务都来源于个人。强调个人价值和个人利益,追求个人感受和私欲至上是个人主义的题中之义。

个人主义在西方文化中的核心地位是源远流长的。从西方文明的源头来看,古希腊文化的历史就是个人主义取代专制主义并占据社会思想主导地位的历史。古希腊智者学派代表普罗塔戈拉的"人是万物的尺度"的命题打开了个性解放的先河。此后,个人主义在西方的发展经历了中世纪的压抑期、文艺复兴时期的准备期、17~18世纪的迅速发展期和19世纪的定型期四个阶段。由此看来,西方个人主义的溯源是古希腊文明,而个人主义的兴起与启蒙运动是同步的,或者说是与资本主义的兴起相呼应的。无论是文艺复兴与宗教改革时代的以人性反对神权的人文主义运动,抑或是启蒙时代和革命时代以人权反对专制的自由主义运动,其一贯的价值核心诉求都是个人主义。[②]

西方个人主义文化背景衍生出的个体是自然状态中的个人。所有的社会和社会关系都要从个人独立存在的价值基础上产生出来。集体的价值在于它能为个人所提供的服务。因此,个人自主与自由、个性解放及对自身利益最大化的追求被看成一种自然权利。

---

① 托克维尔. 论美国的民主 [M]. 张晓明编译. 北京:北京出版社,2007:369.
② 哈耶克. 通往奴役之路 [M]. 王明毅译. 北京:中国社会科学出版社,1997.

2. 东方的集体主义

中国文化对世界的感知角度、伦理道德与社会价值观念的倾向性，是整体与共性，是一种集体主义文化。

在以儒家学说为主干的中国传统文化中，几乎没有西方社会着眼于自我、个体的概念和思想。中国传统文化中强调的诚意正心修身、克己复礼为仁、内圣外王等理念，虽然其中也讲"己"、"身"，但并非西方自我、主体意义上的个体性存在。言"己"是为了"克己"，其在内是为了成仁，在外是为了适应和服从社会伦理、规范之"礼"；言"身"则是为了"修身"，修身并非为了个人价值、权利、自由的获得和实现，而是个人接受和服从社会伦理规范的过程，终极目的在于"齐家治国平天下"，服从与服务于群体及社会的要求。可以看出，这种在礼治秩序下凝聚于个人价值自觉过程中的"无我"意识，深含着的是"自我克制"、"自我抑制"、"自我舍弃"、"自我消解"和"自我牺牲"的精神性，驱使人们总是愿意将其自身的利益或他所属的某个小群体（如一个家族或村庄）的利益服从于更大的社会群体的利益。或者说，儒家精神的价值本位是群体的、"无我"的，而不是个体或个己。在这种文化的取向浸染下，个性或独特性自然不会受到重视。或是其中有一点"自我"意识，也会被群体所吞噬或融化。正如新儒学代表人物之一杜维明所言："儒家的自我必须有他人的参与"，"不是孤立的和封闭的个体，而是人类共同体的每个成员都可达到的一种可分享的共同性"，"正是这种对尘世的共同性的意识，使得三教（儒、道、释）一致致力于铲除所谓'个人主义'的悖谬"，终而使"儒家的自我在诸种社会角色所构成的等级结构背景中不可避免地淹没于集体之中了"。文化价值观中的"无我倾向"，使得个人没有任何基于自身特质与成就的地位，结果也只能屈从于或融入家族等集体之中。

因此，中国文化就其品格而言，是一种以群体特性去解释个人特性的整体主义（Holism）文化，蕴涵在其中的多是一种团体或集体重于个人的运作方式和行为原则。不论集体与个人是否发生利益冲突——个人都应该压抑、放弃乃至牺牲自我利益，以便更大地增进、保全集体利益。所以说，在集体主义文化中，个体作为具有独立性的利益实体是不存在的。因此，国外许多汉学家一再强调说："就东亚文化来说，儒学是一种确证集体主义的道德哲学与政治哲学"，"集体主义信奉儒家的基本思想：公共利益与社会协调高于个人利益。"① 戴逸先生认为中国传统文化将人放在伦理规范中来考虑，不是肯定个人价值，而是肯定个人对他人的意义。这种价值倾向在消费决策权上的体现就是，总是在考虑别人如何评价自己，如何迎合他人的审美情趣，而不是以自我需求、自我爱好为中心选取适合

---

① 中国经济思想史学会. 中国经济思想史研究 [M]. 上海：上海财经大学出版社，2008：400-402.

自己的消费品。家庭和消费者所属的社会团体,作为外部的参照群体,影响着国人的消费行为。

从比较文化的角度来说,西方基督教特殊的独尊地位,以及超越家庭、家族的团体——教会的建立,使得人们具有高度的团体意识,以及强烈的组织纪律观念、国家观念。而中国在孔子之后,文化重心转移到非宗教的周孔教化上,从前的祭天祭祖活动不再是宗教迷信活动,而是周孔教化的条件。由此,梁漱溟得出结论:中国的家庭生活是由周孔教化而来;而西方的集体生活,则由基督教而来。中国因周孔伦理教化而成为以伦理为本位的社会,而西方因集团生活则成为以个人为本位的社会。

因此,得出简要结论如下:

第一,在神、人、自然三者的关系上,东西方文化下的对比如图3-1所示。西方在神、人、自然三者关系上是层层主宰和控制的三层结构;而东方由于对自然力的敬畏,自然界与神天被提升到同一的高度,所以,三个变量之间的关系被简化成两个层级间的关系(见图3-2)。

```
神 ──创造──> 人与自然 ──主宰──> 自然
```

图3-1 西方三层结构

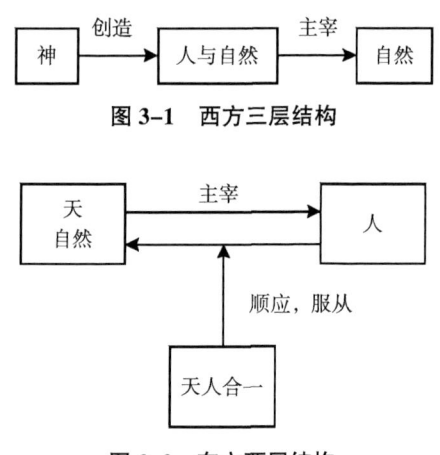

图3-2 东方两层结构

按照西方中国问题专家李约瑟(Joseph Needham)的观点,中国人信奉一种有机自然观。这种有机性表现在:中国思想着重在关系分析上,而不在物质(实体)本身;重整体与和谐,忽略个体与对立。在自然观上,这种有机性的最高表现就是天人合一,即人与自然的合一。

无论是道家、儒家还是墨家,在自然观上都强调整体分析,有一条机体平衡的思想原则。这可以归结到天人合一的基本思路上,包括以天人之分立论的荀子。这种自然观不承认有脱离开整体的个体存在,整个世界由各个部分的有机联系而成为一个系统。李约瑟认为中医理论可以作为整体性自然观的一个典型说明。这是李约瑟先生研究中国古代哲学时发现的规律。①

第二，西方的二元对立观念与中国天人合一、顺其自然或听天命的人生态度的比较。西方思想以二元对立观念来认识和处理宇宙人生事务，如宗教方面人和神的对立，生活方面个体与集体的对立，以及人自身理性主义与非理性主义的对立。二元论对立导致了西方价值观中对自然的征服与主宰，最终破坏了自然界的生态平衡。

东方人的天人关系包括两个层次的认识。一是有意志的天神、天命、天道；二是自然界本身。前者形成了畏天、敬天的思想，后者形成了顺天、顺应自然的主张。不论哪种对天的认识，都不能成为人类对自然进行破坏的指导思想。而正是从天人合一的思想中衍生出了人对自然规律的尊重以及人与自然的和谐统一的思想。

第三，基督教的"兼爱与博爱"与孔子的"爱有等差"。基督教宣讲的爱有两个方向：一是爱神，二是爱人。对于爱神，《圣经》中说，你当全心全意爱主，你的神。对于爱人是爱神在现实世界中的表现，其内涵如下：一是博爱。正是神对众生的爱，才会将神的儿子耶稣道成肉身变成人完成了对世人的救赎。神对人的众生的爱是无差别的爱。二是超越自我利益的大爱。《圣经》中大力宣扬兼爱思想。《罗马书》中写道：要爱人，要爱邻舍，彼此相爱。更进一步的是，爱要超越自我界限。例如，爱仇敌的主张，对逼迫你们的，要给他们祝福，不可咒诅。"你的仇敌若饿了，就给他吃，若渴了，就给他喝。"② 三是爱要不流于表面，要真实。例如，爱人不可虚假，爱不可加害于人，爱弟兄，要彼此亲热。可见，基督教宣扬的爱是超越自我利益的博爱。

孔子的"爱"是有等差级别的，是以"自我"为核心的差序格局。孔子的爱是建立在伦理思想上的。这个伦理是有级差的伦理。社会将因着伦理级差来建立统治的秩序。这个伦理级差是在《礼记·祭统》里所讲的十伦：鬼神、君臣、父子、贵贱、亲疏、爵赏、夫妇、政事、长幼、上下的差别。《礼记·大传》中记载：亲亲也、尊尊也、长长也、男女有别，此其不可得与民变革者也。这是社会建构的格局，这个格局是不能变更的。建于等级差序格局之上的爱也是有等级的。爱是由"己"为核心推向社会的，以血缘宗亲的远近为线索的社会关系蛛网系统。在这个蛛网系统中，爱的释放力由核心向外递减。与西方基督教宣扬的不增不减的爱和平等的爱是不同的。

---

① 李约瑟. Science and Civilisation in China [M]. 南昌：江西人民出版社，1990（卷2）：368.
② 圣经 [M]. 中国基督教协会，2007：282.

差异、耦合及诠释：多维视角下中美消费模式的比较研究

第四，西方的"个人平等"之上的社会团体契约关系与"自我"基础之上的社会差序格局。西方建立在平等基础之上的个人主义文化精神的出发点是自然人，是个体，是处于自然状态中的个人，而社会和社会关系都要从个人独立存在的价值的基础上推导和构造出来，集体的价值取决于它能为个人所提供的服务。因此，个人自主与自由、个性解放及对自身利益最大化的追求被视为一种"自然权利"，同时这也是被人们普遍接受的一种"文化信念"。正是这种文化氛围对个人利益追求的认可与鼓励，才使得现实中各个经济人的各自利益追求得到了相互牵制，并且也正是在这种人与人之间追求个人利益的互动和牵制过程中，型构出了人际间的正式契约关系。这一"契约"的内涵包括：契约单位构成是个人而非家庭；财产与平等相连；契约以独立人格的存在为前提；契约具有法律性质；契约中包含着理性的因子。契约意识和各种契约的形式，一方面，是对由已经个体化且富有各自独立性的"人格"所构成的"抽象社会"中的经济活动和其成员的行为进行规约，以确保经济活动和社会活动的有序态和理性化（合约的实施主要通过一些专业化的社会组织包括法院来进行，因此，社会结构从整体上看往往是"有机的"、"整合的"）；另一方面，又促进了哈耶克所说的"人之合作的扩展秩序"的自发型构与扩展。也就是说，社会成员经济活动的独立自主性以及相互间的平等关系是契约化的基础，其致使个人无论是出于谋生需要而进入企业或公司，还是追求个人的效用、利益而与他人结社组成组织（如各种类型的合作社），都不受外界干涉，拥有完全选择的自由，只受契约规则约束。同样，作为个人自愿结社的集合体，与其他自愿性社团的关系也是平等的，相互间的往来也是靠契约维持。这种立足于契约理念上的"自主性"或说是"非强制性"，构成了市民社会的最本质特征，并在此基础上形成了一种"契约型信任"，即对契约以及维护契约的规则的信任。总之，社会关系的契约化是个人主义文化精神的弘扬与实现，也是经济行为理性化和社会行为秩序化的保证。①

著名社会学家费孝通在《乡土中国，生育制度》一书中指出，西方社会基础的单位是社团（团体），团体将个人按照不同兴趣爱好组织成社会团体。人之于团体就像束在一扎、一捆、一挑里面的一根稻草。每个柴草与其他柴草都是相区别的。此之于团体中的个体。个体对于团体来说，是分子对全体。同一团体下的各分子地位等同，个人不能侵犯大家的权利；同时，团体不能抹杀个人的自由、平等的特性，只能在个人所愿交出的一份权利上控制个人。这是个体与团体之间的契约关系。

中国的儒家思想通过等级制度，将个体在家庭与社会中的角色、地位进行准

---

① 中国经济思想史学会. 中国经济思想史研究 [M]. 上海：上海财经大学出版社，2008：403.

第三章 中美消费模式的文化解读

确的定位，各个人的角色与地位不可以僭越。正如学者王玉波所指出的那样，中国的"传统社会是一个由等级结构编织的网络系统。每个人都处于这个庞大、错综复杂但又非常明确的等级网络之中，属于一定的社会等级"。处于上层等级的人和社会集团拥有政治、经济和文化上的特权。"拥有特权的等级，一方面极力利用特权使他们的等级成为不允许其他等级成员渗入的封闭式社会集团，另一方面又极力通过社会文化心理机制（如宣传封建礼教）和行政机制、法律手段，规范不同等级的生活方式，并力图使其固定化。"①

二、中国文化特征与谨慎消费模式

文化、制度对消费模式的影响是重大的，刘遵义教授指出，储蓄行为在很大程度上依赖于以前的历史和文化因素。贺菊煌运用计量经济模型研究得出，中美居民储蓄率差异的形成"约42%来源于两国居民收入增长率的差异，剩余的58%来源于两国文化传统和有关制度的差异"。②

文化作为社会成员共有的价值观，作为民族历史的沉淀，对社会人群消费行为的心理和行为产生重大的影响。世界各民族都在自己特殊的自然环境和社会历史条件下创造了风格各异的民族文化。中国文化是中华民族在这片土地上创造的独特的文化，必然深刻地影响着中国人的消费模式和消费习惯。因此，要了解中国消费者的行为，必须了解中国文化的特点。

学术界对于中国传统文化的特征的概括不尽相同。例如，张岱年先生将中国文化的特征归纳为四点：天人合一；以人为本；刚健自强；以和为贵。近些年学术界对中国文化的特征的研究增加了新的概括：中国文化注重人文主义精神，不像西方文化那样依附于神学独断；中国文化注重和谐和中庸，不像西方文化那样追求分别与对抗；中国文化富于安土乐天的情趣等。对于中国文化特征进行系统性研究并论述的知名学者梁漱溟的著述是最具有代表性的文献作品。

（一）中国文化的特征

梁漱溟是中国现代著名的思想家、哲学家、教育家、社会活动家，也是中国现代新儒家早期的主要代表人物，有中国最后一位新儒家之称。梁漱溟研究中国问题的著作有很多，其中《东西文化及其哲学》和《中国文化要义》是梁漱溟中西文化观的集中表述，分别从哲学和社会学角度比较了不同文化的特征。在《中国文化要义》中，他总结了中国文化的特点是：

（1）自私自利。指身家念重、不讲公德、一盘散沙、不能合作、缺乏组织能

---

① 王玉波.大樊笼·小樊笼——传统生活方式 [M].北京：中国新闻出版社，1989：178-179.
② 孙里.中国储蓄率高增长的理性分析 [J].长春理工大学学报，2007（5）：27.

力，对国家及公共团体缺乏责任感，徇私废公及贪私等。

（2）勤俭。此指习性勤俭、刻苦耐劳、孜孜不倦、好节省以至于吝啬、极有实利主义、实用主义之精神等。

（3）爱讲礼貌。此一方面指繁文缛节、虚情客套、重形式、爱面子以至于欺伪；另一方面亦指宁牺牲实利而要面子，为争一口气而倾家荡产等。

（4）和平文弱。此指温顺和平、耻于用暴、重文轻武、文雅而不免纤弱、特喜调和妥协；中庸及均衡、不为已甚、适合而止等。

（5）知足自得。此指知足安命，有自得之趣、贫而乐、贫而无怨、安分守己、尽人事听天命、恬淡而爱好自然风景、不矜尚权力、少以人力胜天之想等。

（6）守旧。此指厚古薄今、因袭苟安、极少进取冒险精神、安土重迁、一动不如一静等。

（7）马虎（模糊）。此指马虎笼统、不求精确、不重视时间、不讲数字、敷衍因循、不彻底、不大分彼此、没有一定规律等。

（8）坚忍及残忍。残忍指对人或对物缺乏同情，此最为西洋人所指斥谴责者。坚忍则谓自己能忍耐至其高之程度。克己、自勉、忍辱、吃亏等皆属于此。对外对内两面实亦相连之事。

（9）韧性及弹性。韧性止于牢韧，弹性则并有弹力。此不独于其个人生命见之，全民族全历史恰亦证明如此。此不独其心理精神方面为然，于其体质及生理现象亦证明如此。因有"温炖汤"、"牛皮糖"等称喻。

（10）圆熟老到。此为中国民族品性之总括的特征，故列以为殿。其含义有：悠悠然不慌不忙，稳健、老成持重、心眼多、有分寸、近情近理、不偏不倚、不露圭角而具有最大之适应性及潜力。

结合中国地理人文特征，梁漱溟将中国文化概括为以下 14 种特征：广土众民，民族融合，历史长久，不产生科学，历久不变的社会，停滞不前的文化，几乎没有宗教的人生，重家庭，学术不向着科学前进，没有民主、自由、平等、法制的观念，道德气氛重，国家类型特别，孝的文化，隐士文化。

对中国消费者行为影响最大的社会和文化价值观，有学者认为是以下四个因素：生命的延续、人际关系、社会地位和（群体）同化。一般来说，从文化的深层面看，对中国消费行为影响最大的文化价值观有：

（1）人道主义。仁爱孝悌、尊长慈幼，对人尊重和关切。

（2）先义后利。重义轻利的义利观。反对"见利忘义"、"取之不义"、"为富不仁"。

（3）以"根"为本的文化。重家、族、国；生命血统延续；望子成龙、光宗耀祖、投资子孙。

(4) 中庸文化。阴阳平衡的行为导向；不过为好，福祸相依。
(5) 关系文化。礼尚往来、来而不往非礼也。
(6) 和文化。和谐、和气、和睦、和平、和满、和贵；天时地利人和。
(7) 面子与从众。有脸有面；群体舆论。
(8) 地位与礼仪。孔子强调举止行为与地位要一致。①

从梁先生对中国文化特征的详细描述中，我们发现了很多与节俭、谨慎相联系的文化细节，找到了中国文化中体现生态和谐的绿色经济发展的元素，甚至也看到了一些盲目攀比消费的文化心理节点。中国的节俭消费和绿色消费主要受传统儒家思想的影响，儒家思想下的中国文化的形成是多种条件作用下的产物。

（二）节俭主义与谨慎消费理念

纵观中国两千多年来的经济思想，可概括为三句话：重义轻利，崇本抑末，崇俭黜奢。重义轻利是国民的道德思想基础，崇本抑末是中国经济管理思想的基础，崇俭黜奢是中国经济传统的消费思想。反对奢侈，崇尚节俭，是中国传统经济思想之主导。在中国传统文化中，可以找到很多关于主张节俭的论述。例如，孔子说："奢则不孙（逊，顺），俭则固（陋）。与其不孙也，宁固。"就是说，不顺和鄙陋都不好，两者权重取其轻，则宁可取俭去奢。北宋时期思想家司马光也提倡节俭，他说："言有德者，皆由俭来也，夫俭则寡欲。君子寡欲，则不役于物，可以直道而行；小人寡欲，则能谨身节用、远罪丰家。"②

1. 节俭的解读

什么是节俭主义？目前，学术界没有界定什么是节俭主义，但节俭主义的内涵还是很清楚的，就消费层面上讲：有纵欲主义，有禁欲主义，介于两者之间，即节俭主义。节俭主义是一种相对意义上的观念。在中国传统文化中，对节俭是异常重视的。这是因为节俭不是可以简单地理解为对消费品的省吃俭用的消费行为，它是消费行为背后的一种文化现象。节俭行为是中华民族的内在操守，与中国人的价值取向密切关联。

第一，从节俭的经济内涵来说，古代的节用思想包括国家财政开支的节省和个人消费的节用。例如，战国时期墨家思想的代表墨子主张"节用"。他认为节用可以增加社会财富的数量。他说，圣人为政一国，一国可倍也，大之为政天下，天下可倍也。这里的"倍"是指因节用而使财富成倍地增加。他还认为，政府官员应当在粮食歉收的年份自觉减少俸禄，节约国家的财政支出。他认为，在一谷不收俸禄当减 1/5，二谷不收减 2/5……五谷不收谓之饥，官员的俸禄当只发

---
① 朱姝. 消费者行为学 [M]. 上海：华东理工大学出版社，2009：37-38.
② 赵玲. 消费合宜性的伦理意蕴 [M]. 北京：社会科学文献出版社，2011：283.

口粮而取消俸禄。

墨子在个人消费的衣、食、住、行方面也都提出了严格的标准,饮食"足以充虚继气,强股肱,耳目聪明则止","冬服绀(天青色)緅(红青色)之衣,轻且暖,夏服絺(细葛布)绤(粗葛布)之衣,轻且清,则止";居室"其旁可圉风寒,上可以圉雪霜雨露,其中蠲洁,可以祭祀,宫墙足以为男女之别,则止"。"行":"车为,重致远,乘之安,引之则利",舟楫"足以将(行)则止"。墨子的消费观,从整体上说是节俭主义。

第二,从文化层面上说,节俭是与勤、廉密切相连的优秀道德品质。勤(勤劳)是创造财富,俭(节俭)是珍惜财富。如果人类只创造财富,而不珍惜财富,总是"吃完,分光",那么财富永远也积累不起来,因而就没有财富的再生产,社会就难以存在和发展。在中国人的心目中,勤俭是相克的,用形象的语言来说,两者是一枚硬币的两面。俭又是与廉密切相连的。俭是节俭,廉是廉洁,不为物欲所迷,不为私欲而动,清清白白,谓之廉洁。廉是由俭而来,中国人常说:"以洁养廉"。勤、俭、廉是塑造健康的高尚的人格所不可缺的基本要素。这就是消费行为内在的文化意义。

节俭思想是与义利相联系的道德评判标准。义和利是人类与生俱有的两种内心的追求。荀子认为,义利为人之所两有。根据人性对利义追求之不同,孔子将人分成君子和小人两类。孔子认为,君子喻于义,小人喻于利。追逐利,是人之欲望之体现。如果欲望不加以约束,就会造成社会秩序的混乱。因此,义利是矛盾对立物。正如荀子所说,故义胜利者为治世,利克义者为乱世。因此,社会治理者重义则义克利,重利则利克义。为了抑制追逐利,只有伸张义。而义之伸张,需要克己,灭人之欲望。节俭行为是节欲内核的外在体现。北宋时期的文学家思想家司马光认为,君子多欲,则贪慕富贵,枉道速祸;小人多欲,则多求妄用,丧身败家,是以居官必贿,居乡必盗。而程朱理学,则进一步提出了"存天理,灭人欲"的理念。曾有弟子问朱熹:"饮食之间,孰为天理,孰为人欲?"他回答说:"饮食者,天理也,要求美味,人欲也。"[①] 俭者,君子之德,世俗以俭为鄙,非远识也。俭则以足用,俭则寡求,俭则可以成家,俭则可以立身,俭则可以传子孙。奢则用不给,奢则贪求,奢则掩身,奢则破家,奢不可以训子孙。厉害相反,如此不可念哉!富家有富家计,贫家有贫家计,量入为出,则不至乏用矣。用常有余,则可以为意外横用之惜矣。又如,《朱伯庐治家格言》:"一粥一饭当思来之不易,半丝半缕恒念物力维艰。宜未雨而绸缪,毋临渴而掘井。自奉必须俭约,宴客切勿流连。器皿质而洁,瓦缶胜金玉。饮食约而精,园蔬愈珍

---

① 朱子语类[M].北京:中华书局,1986(13卷):224.

第三章　中美消费模式的文化解读

馐。勿营华实，勿谋良田。"可见，节俭乃德行之彰显，节俭使人寡欲，奢侈之心，促使人多欲，一切恶行发端于奢侈。

2. 节俭主义的文化生成说

纵观中国历史，节俭主义已经成为中国人的消费观。这并不是偶然的，这种消费观是与几千年来的封建社会的社会制度和农业社会经济制度相联系的。只是个别的年代里有过禁欲主义的消费观（例如，1966~1976年文化大革命时期），消费主义的消费观，无论从社会制度、经济制度、文化制度等方面是不具有客观条件的。

（1）地理环境及其中国文化特质。地理环境是指一定社会所处的地理位置以及与此相联系的各种自然条件的总和，环境包括自然地理环境和人文地理环境。自然地理环境多指气候、地形、地貌、水文、植被、海陆分布等；人文地理环境一般指疆域、政区、民族、人口、文化、城市、交通、农业、牧业等方面。地理环境是人类赖以生存和发展的物质基础，也是文化赖以产生的基石，对文化的发生、发展具有一定的物质上的制约力。

地理环境与文化间的生成关系很早就为中外学者所关注。中国早在先秦时代就出现了环境决定论的观点。《礼记·王制》中有"广谷大川异制，民生其间者异俗"之说。《管子·水地》中有："齐之水，道躁而复，故其民贪粗而好勇；楚之水，淖弱而肖，故其民轻果而贼；越之水，浊重而洎，故其民愚疾而垢；秦之水，泔最而稽，淤滞而杂，故其民贪戾罔而好事；齐晋之水，枯旱而运，淤滞而杂，故其民谄谀葆诈，巧佞而好利……"①可见，环境对地域性的民众行为特征以及民族习惯的形成关系较大。对于民族性格与环境之间的关系，近代思想家李大钊有相关论述，在《东西文明根本之异点》中他将东方文明与西方文明之间的差别归结为南道文明与北道文明之分。他认为："南道得太阳之恩惠多，受自然赐予厚，故其文明为与自然和解与同类和解之文明。北道得太阳之恩惠少，受自然赐予啬，故其文明为与自然奋斗与同类奋斗之文明。"②在这里，李大钊分析了东西方民族在对待自然态度上的差异以及这种差异与环境之间的联系。

法国启蒙思想家孟德斯鸠在《论法的精神》第3卷中提出了地理环境决定论的有关主张。他认为地理环境决定了民族气质和性格，并进一步影响政治法律制度。他说："土地贫瘠，使人勤奋、俭朴、耐劳、勇敢和适宜于战争。土地丰裕使人因生活宽裕而柔弱、怠惰、贪生怕死。"孟德斯鸠还把气候与一个民族或一个国家的面貌和命运联系起来，他认为"由于中国的气候，人们自然地倾向于奴

---

① 彭鲜红. 地理环境与中国传统文化特征研究[J]. 河北北方学院学报，2007（1）：43.
② 张岱年等. 中国文化与文化论争[M]. 北京：中国人民大学出版社，1990：24.

隶性的服从"①。

德国大思想家黑格尔在其著作《历史哲学》中提出了"历史的地理基础"的概念，他指出"地理的基础"影响着人民的生产、生活形式和性格的类型，从而影响着各个民族在历史上发生、发展及其所处的地位。他认为，人类历史的地理基础条件有三种：一是"干燥的高地，同广阔的草地和平原"，它是产生畜牧业文明的基础；二是"平原流域，是巨川大江流过的地方"，这是孕育农业文明的地方；三是"和海相连的海岸区域"，是工商业文明的发祥地。由此可见，地理环境与国民性格形成之间的关系密切。

中国地理环境的特殊性，导致中国国民谨慎、保守、不思进取、小富即安的民族特质。中国幅员辽阔，从地理环境看，三面陆地，一面临海，北面多沙漠，西面从北到南由帕米尔高原和青藏高原把中国和西亚隔开，东面和南面是大海，形成一种与外部世界半隔绝的状态，与外界很难进行信息交流。基于这样的地理环境，中国文化呈现大陆型文化的特征。② 也就是说，文化在外在环境比较稳定的条件下，文化特质偏重安土重迁、保守、缺少创意、创新意识，易于产生"中华帝国，无求于人"的自我陶醉、自我封闭观念。在中国历史上，虽有张骞出使西域，开辟丝绸之路，明朝郑和七下西洋的壮举，但大多数朝代都是奉行了闭关自守的对外政策，与外部世界交往较少。

（2）农耕文明与中国文化特性。农耕文化是一个相对于工业文明的概念，农耕文化是中国文化诞生的土壤，以农业经济为主的小农经济生产方式是锻造中国式思维模式和消费模式的根本。节俭本身是农耕文明的产物，节俭主义成为中国人的消费观并不是偶然的，这种消费观同几千年来的封建社会制度和农业社会经济制度相联系，与物质文明的发展水平和地理环境有直接和间接的关系。

农业经济和基于农业文明之上的国民意识，是中国与西方工业文明相区别的文化要素之一。农业经济是我国古代基本的生产经济形态，是炎黄子孙华夏民族得以繁衍发展的物质基础。中国传统文化的最深厚的经济基础在农业。中国传统人格是农业文明的产物。研究中国人的特征和心理构建内容，必须分析其赖以生长发育的农业文明。对农业文明的研究可以从经济制度、政治制度及意识形态三个方面来分析。

第一，农耕文明形成了乡土社会中的以地缘为依托的血缘宗亲的社会关系和社会等级制度。农业社会中的劳动者是以土地为依托、以家族为纽带的群体聚居的村落制的生产性质。社会结构是以家庭为单位的团粒式的。家庭成为社会基本

---

① 孟德斯鸠. 论法的精神 [M]. 北京：商务印书馆，1961：279-283.
② 冯天瑜. 中国古文化的土壤分析 [N]. 光明日报，1986（2）：17.

第三章 中美消费模式的文化解读

的生产、消费乃至社会保障的基本单位。家族内部按照血缘关系的亲疏,形成了由近及远的社会关系组织的群体,并成为宗法制社会结构的基础。宗法制是我国古代用于确立家族财产、权力和地位继承权的等级制度。宗法制的核心是嫡长子继承权。宗法制度内部运行以礼为核心的等级规范体制。

第二,传统的农业经济是自然经济与小农经济相结合的生产方式。传统农业经济的特点是靠天吃饭的自然经济形式。且土地的生产能力在一定技术的前提下,其单位产出的总量变化不大,这和机械化大农业的生产性质不太一样。传统农业生产产出的不稳定性,风险性以及小农经济生产的分散性叠加共同塑造了农业生产者的保守、节俭、谨小慎微的思想意识。

第三,农耕文明的发展与中国重义轻利的价值观的形成。在传统的农业社会里,农业是社会生产的主要部门,其他产业都是次生性的和辅助性的产业。畜牧业和工商业不像农业一样是国家的支柱产业,关系到国计民生、社会安定的大事。所以,生活在农耕文明中的种群,把农耕看做是财富的最可靠来源。《吕氏春秋·贵当》中有"不耕获,未富也"的记载;《汉书·文帝纪》中有这样的说法:"农,天下之大本也。" 在宣扬和统治者的教化中,中华民族历史上形成了固化的"农本商末"意识。

第四,农耕文明简单重复的、稳固的而又闲适的生活方式容易产生循环的和恒久不变的保守意识。在传统中国文化中,充斥着对自然、人事循环的或恒久的诠释,例如,我们谓政治生活中周期性兴衰更迭、治乱合分为"天下大势,分久必合,合久必分",我们谓自然元素金、木、水、火、土,相生相克,永不停息。年复一年简单的再生产很容易产生恒久不变的意识,对此我们也不难理解,因为这种生产方式所体现的总体就是静止的。所以在中原精英文化中,"天不变,道亦不变"(《汉书·董仲舒传》)成了定律。而微弱的变易观念也被笼罩在恒久的不变当中,所以,我们最后的原则是:"万变不离其宗"。

第五,农耕文明养成了中原人强烈的家族本位意识。农耕文明的典型特征是以家庭为单位的小生产,家庭或由家庭扩大化的家族是社会的本体,社会是无数个家庭或者家族的集合,国是家的放大。在人的确立和走向社会的过程中,家既是个人生命的来源,又是个人经济的依靠和政治生活的起点。作为个人,他(她)的社会角色首先是家庭成员,其次才是社会公民。因此,在传统社会中,国人往往把家庭看得比个人更重要,特别重视家庭的伦理关系和个人在家庭中的责任和义务,说到底,这就是家族本位意识。这种意识在传统社会中抑制了人的个性,但却给家庭和社会带来了和谐与秩序,造成了传统中国"家国同构"的社会结构。

三、西方文化与美国消费模式

过度消费是工业文明的产物,是农业社会进入消费社会的必然,是消费社会价值理念的必然结果。

(一) 消费社会特质与消费文化转型

进入消费社会之前的资本主义社会,受到新教伦理思想的影响,节俭与勤勉一度是社会风尚。清教主义宣扬原罪论,反对过分享受,要求信徒克己劳作洗刷原罪,强调通过个人的勤俭致富来拯救灵魂,接近上帝。韦伯在《新教伦理与资本主义精神》中,将传统的资本主义精神概括为勤勉、精心谋划及按照节省原则去获取利润的节俭积累观念和诚实谨慎观念。正是在这种精神的培育下,新兴资产阶级节制有度、坚韧耐劳、严于律己。正是在清教伦理思想的影响下,18~19世纪的美国,消费文化以节俭、量入为出、理性为特征,将浪费看做是罪恶,将过度享乐视为可耻。

1. 消费社会的到来

19世纪末期,第二次工业革命的爆发力在西方多个国家显现出来,推动了社会生产方式的变革,消费方式的转变进程。

第二次工业革命是以电工技术的广泛应用为基础的,在资本主义国家的普及,带来了福特式生产方式的变革。福特式生产方式改变了第一次工业革命时期松散的、分散的、低效率的资本主义初期的生产方式,将其变成建立在流水线上的机器化大生产的,全社会参与的集约的、高效率的现代化大企业式的生产样式。

福特制生产方式产生在20世纪初的美国,以福特汽车公司的生产方式加以命名。福特主义标志着大规模、大批量的工业生产方式的出现。1913年,福特开始大规模使用装配流水线进行生产,在生产流水线上工人只进行简单的机械操作。

生产方式的变革带来了管理方式革命,与福特生产方式相适应的泰勒制科学管理方式出现。为了提高流水线上的劳动者的工作效率,科学管理之父泰勒发现了适应机器化大生产的新的劳动管理制度——泰勒制。通过将生产过程分解为不同的工序,分析每道工序上工人与机器运行配合上的契合与最优效果,形成了标准化的劳动生产技术标准,并将这种标准加以普及推广,以提高现代企业整体的生产效率。

企业的生产效率因生产方式和管理方式的变革而大大提高,以福特公司当时的生产为例,装配一个汽车底盘的劳动量从14人/小时降到2人/小时以下,福特公司的工人和机器的专门化程度远远地超过了其他企业。

生产效率的提高降低了汽车价格,工人工资随之增加。1909 年,T 型游览车售价为 950 美元,1924 年价格降到 290 美元,1926 年一辆 T 型车的售价还不到一个普通工人 3 个月的工资。1927 年全世界 5 辆汽车中有 4 辆在美国,平均每 5.3 人就拥有一辆汽车。1914 年福特宣布其工人的每日薪资为 5 美元。这一切标志着汽车时代的来临,大众消费时代的到来。

2. 民主化与大众化、规模化消费倾向

福特制生产方式在提高生产效率、降低商品价格、提高劳动者收入、增加社会总财富上的贡献是明显的。福特制生产方式变革的趋势需要新的消费方式与这种生产方式相适应。消费大众化、规模化、民主化是福特制到来后的新消费方式的外在表现形式。以往汽车这样的商品是贵族和身份消费的体现,现在因为商品数目的增加变成大众消费品,消费向民主化和大众化转变。

以 20 世纪 20 年代的美国为例。美国劳动者的收入在 20 年代有了较大的增加,社会商品销售的总额也显著增加。美国的国民生产总值从 1920 年的 862 亿美元增至 1929 年的 1044 亿美元。劳动者的收入不断提高:1921 年美国雇员的总收入约为 3553.6 亿美元,而 1929 年则达到 5221.4 亿美元,增长幅度高达 46.93%。收入提高,商品数量的增加,推动消费总量的增加。

1920~1929 年,美国人的消费总量从 522.4 亿美元增加到 763.9 亿美元,增长了近 46.23%,其中服务消费增长 40.4%,耐用品消费增长 78.05%,半耐用品消费增长 81.44%,非耐用品消费增长 33.33%。消费占 GNP 的比例也从 71.27% 上升到 73.17%。这些都说明了消费日益成为市场的中心,成为拉动经济发展的引擎。①

3. 20 世纪 20 年代的美国消费社会镜像

消费社会的特点是消费,消费,再消费,刺激消费,使消费不断扩大和增加。如何激发和调动人欲,刺激消费是消费社会同以往社会相比的最大不同之处。

20 世纪初期美国就已经迈进了消费社会的大门,消费社会的到来是社会生产力进步带来的社会生活水平提高的在消费方面的缩影。1920 年美国的国民生产总值高达 862 亿美元,国民总收入从世纪之交的 365.57 亿美元增加到 1920 年的 604.11 亿美元,人均收入也从 480 美元增加到 567 美元。农业的稳定和繁荣,农业技术应用使美国的农业人口不断减少,农业收入从 74.77 亿美元提高到 159.07 亿美元。新兴的制造、印刷、化学和石油等产业,在世纪之初还属于幼小工业,到 1919 年已经成长为巨型工业,汽车工业业已成为仅次于钢铁业的支柱产业。

---

① 吕维克. 20 世纪 20 年代美国消费社会研究 [D]. 山东大学硕士学位论文,2007:10.

经济的稳定增长促进了收入以及社会财富数量的增加。与过去相比市场上的商品数量繁多，种类齐全，人们摆脱过去经济匮乏的物质条件日益成熟，消费膨胀初见端倪，消费结构逐步提高。汽车、洗衣机、家电产品逐步变成普及性平常消费。以汽车消费为例，在20年代的美国，汽车对于美国人来说已经不再是身份地位的象征。当时的美国123户中等城镇的工人家庭中，有60户拥有汽车，占比一半，汽车不再是一种奢侈品。

消费社会的重点在于消费，鼓励消费、刺激消费成为生产者、经营者、管理者所关注的基本经济事务。刺激消费成为经济生活中的常态，营销活动在这一时期开始萌芽。包装业、广告业以及新型的零售业态连锁店、便利店相继出现，出现了对消费行为进行研究的部门和社会组织。不仅如此，借贷消费方式业已出现。1915年俄亥俄州的商人建立了美国第一个汽车金融公司，负责为缺少资金的买车者提供借贷，启动了信贷公司大量兴起的历程。1919年通用汽车公司设立通用汽车票据承兑公司，成立了专门的汽车金融服务机构，推出了分期付款售车的方式，买主只要暂付汽车售价的1/10~1/5就可以了。低廉的价格和更加灵活的分期付款法，不仅引起了汽车销售的激增，也将消费信贷公司的发展推向了高潮，具有一定规模的汽车消费信贷公司数量从1917年的40家增加到了1922年的1000家，再到1925年的1700家。到1927年时，已经有75%的美国汽车都是通过分期付款方式购买的。到1928年，福特汽车公司也最终改变了对信贷消费制度的不屑，成立了环球信贷公司，并开始把分期付款信贷开支计算在生产成本之内，使之成为商业运行中的组成部分。

消费社会的来临不仅带来了消费方式的诸多转变，还体现在社会价值观的转换上。消费主义是消费社会主流的价值观和价值体系，消费主义的文化思想成为以美国为代表的西方国家过度消费的思想基础。

（二）消费主义与过度消费理念

1. 消费主义的界定及特性

关于什么是消费主义，目前学术界对此看法不一。有学者认为，消费主义是一种生活方式：消费的目的不是为了传统意义上实际生存的需要（Needs），而是为了被现代文化刺激起来的欲望（Want）的满足；还有学者认为消费主义是"一种过度追求和崇拜物质占有或将消费作为美好生活和人生目标的价值观念，以及在各种观念支配下的行为实践"。美国学者丹尼尔·贝尔认为，消费主义的表现是将大量消费、高水准的生活视为经济制度的合法目的、社会发展的主要手段和个人生活的根本追求。总之，消费主义是将大量物质占有和高消费作为人生根本追求的价值观念和生活方式。

消费主义是一种近乎非理性的消费文化观念，也是一种生活方式。消费主的一般特征是：个人主义、物质主义、享乐主义。① 消费主义思想的现实结果就是过度消费。

(1) 享乐主义。西方享乐主义的思想源头可追溯到古希腊的爱利亚学派以及稍后的伊壁鸠鲁学派，在18~19世纪的功利主义伦理学中得到了最完备的表述。享乐主义消费的目的是追求享乐，消费的目的不再考虑消费品的实用性能，而是看它是否符合"合潮流"、"时尚"、"我是否快乐"的宗旨。

享乐主义是利己主义和个人主义人生观的外在表现形式。美国社会学家丹尼尔·贝尔在20世纪60年代出版的题为《资本主义文化矛盾》一书中认为，个人主义的极端发展将导致"不受束缚的自我"理念和"享乐主义"消费行为的盛行。美国是奉行个人主义价值观的国家。享乐是建立在个人的自我感受上的，享乐主义者认为享乐就是目的。为了享受，为了自己感官的快乐，享乐主义者只关心自己，绝不会顾及他人，因为他人的幸福和快乐与自己无关。

(2) 拜金主义。消费主义是建立在金钱拜物主义之上的消费理念，消费是为了显示金钱力量。凡伯伦将这种拜金式的消费特质归纳为金钱三原则：一是金钱歧视原则。消费中的奢侈挥霍是为了与他人进行歧视性对比，以显示自己的金钱力量。二是金钱浪费原则。以金钱为基础，浪费越多，表明金钱的力量越强，越能获胜。三是金钱荣誉原则。得到金钱可以给自己带来荣誉，以满足自尊、自足、自满的心理；金钱竞争原则。所有的原则最终以金钱竞争为轴心而展开，成为炫耀性消费的根本动机。②

(3) 物质主义。它重视物质占有和消费，倡导通过对物质的占有和消费使人们得到心理上的满足，主张消费至上，把物欲的满足和感官享受作为人生追求的目标和最高价值。物质主义带来了过度的消费，表现在以下方面：一是为消费而消费。消费成为人生唯一的目的，换句话说，人活着就是为了消费，为消费而活着，人变成了消费机器。二是消费就是一切，消费是人生的支撑点，人生只有消费，且要消费一切。尽情消费、尽量消费、尽力消费是消费一切的具体表现。三是一切为了消费。以消费为人生的目的，活着就要想方设法满足自己的消费需要。

(4) 符号消费。消费主义观念支配下的消费，追求的不再是物的使用价值，而是物的符号象征意义。商品不仅是一种商品，更多的是被看做一种符号，一种代表身份、地位或能力的符号，看做是取得社会认同、彰显社会等级的主要手段之一。消费主义控制下的人们，消费是一种不自主的消费，强迫性的消费，各种

---

① 卢嘉瑞. 消费主义在中国的表现、危害及治理 [J]. 湖北经济学报，2005：7.
② 李金蓉. 消费主义与资本主义文明 [J]. 当代思潮，2003 (1)：60.

炫耀性消费，超前消费更为体现自身的地位，给商品赋予了更多的表现社会功能和符号的意义，消费成了商品的符号意义，并将其看做是自身表达和社会认同的主要形式，看做是较高生活质量的标志和幸福生活的象征。

2. 非可持续性的消费结果

消费主义所倡导的消费是享受性的消费、象征性的消费，不节制的欲望使消费超出了生存和发展需要的基本界限。过度消费是消费主义的产物，过度消费带来了挥霍浪费，它使人们陷于不健康的生活方式之中，使越来越多的社会财富和社会资源被浪费。近年来全球气候异常，生态失衡，濒危物种几近灭绝，也与人类挥霍性的消费方式不无关系。根据里夫金和霍华德1981年出版的著作《熵——一种新的世界观》提供的消费数据，当时美国人在夏天3个月内为空调做消费的电力，就比中国一年内所消费的电力还多。而中国的人口是美国的4倍。① 美国在用过即扔的思想指导下，工业品更新换代迅速，每年要扔掉1100万吨钢铁，6000万吨纸张，760万台电视，700万辆旧汽车。消费过度可见一斑。

（三）征服自然的机械自然观与过度消费

西方文化从物质与意识相分离的哲学视角，确立了人与自然的疏离与对立关系。在人与自然的关系中，人变成了超自然的客观存在。西方哲学家康德的"人为自然立法"的提法是这种思想外化形式。这种自然观崇尚外向地、积极地干预自然，根据具体的历史条件和功利目的理解了自然界的个别属性和规律性。这种人与自然对立的机械自然观，把自然界看做是具有均质形态的事物构成，是一个取之不尽、用之不竭的无限性物质能量库。

这种自然观背后的经济观是唯经济增长为目标的终极增长理念，对自然资源采取掠夺性的开发和利用。西方工业革命的初期，人们就曾认为自然界的资源是取之不尽、用之不竭的。至今，科学技术乐观主义者仍然持有这种观念，认为科技发展带来的社会问题总是可以由科技进步自身来解决。

对自然的奴役，对自然资源存储的乐观态度，为过度消费提供了理论支持。美国学者里夫金和霍华德指出，导致资源和能源过度消费思想的根源是机械论的世界观，是人与自然对立的二元论观点。他们从资源和能源消耗导致熵的增加的角度，深刻地揭示了没有节制的征服自然的结果是自然与生态环境的恶化。

征服自然的机械自然观念在19世纪遭到了挑战。工业革命带来的社会问题和环境问题此时初见端倪。恩格斯最早认识并指出了征服自然理念的负面影响。他指出："我们不要过分陶醉于我们人类对自然界的胜利。对于每一次这样的胜

---

① [美] 杰里米·里夫金等. 熵——一种新的世界观 [M]. 吕明译. 上海：上海译文出版社，1987：21-24.

利，自然界都对我们进行报复。每一次胜利，在第一线都确实取得了我们预期的结果，但是在第二线和第三线却有了完全不同的、出乎预料的影响，它常常把第一个结果重新消除。"①

---

① 恩格斯. 自然辩证法 [M]. 北京：人民出版社，1984：304-305.

第四章 经济要素与消费模式

第一节 经济基础与消费模式

一、自然资源禀赋与美国过度消费模式

美国消费者高消费的消费模式与生活方式,既依靠本国自然资源的支撑,也广泛地依靠世界其他国家的资源作为其生产与消费增长的物质基础。美国依靠其在国际政治、军事和经济贸易地位中的强势,构建了其相对稳定的资源与能源供应体系。

(一) 自然资源禀赋与发达农业

美国在世界版图上位于美洲大陆的中部和北部,东临大西洋,西濒太平洋,北接加拿大,南邻墨西哥。美国的幅员辽阔,国土总面积为937.26万平方公里,占世界土地面积的6.3%,从东到西是4.4万公里,由北向南为2575公里,海岸线长达2.2万公里,主要领土位于北美洲北纬25°和49°之间。美国气候条件多样,土地富饶,为农业发展创造了良好的天然环境。

1. 自然资源禀赋

美国自然资源丰富。煤、石油、天然气等储量均居世界前列,美国现已探明的原油储量超过30亿桶,天然气储量近70000亿立方米,煤储量有2000多亿吨。土地、森林、沙漠、高原、平原、盆地、湖泊、河流和草原应有尽有。矿产资源种类多、储量大,铁、铜、铅、锌、钼、镁、煤、石油、天然气、硫黄、磷酸盐和钾盐等资源的储量位居世界前列,并出产金、银、铝矾土、镍、锡、钨、铀、汞和钛等。多样且丰富的矿产资源,为美国的工业发展及规模巨大的消费品生产提供了相对坚实的资源基础。

美国的油田主要位于加利福尼亚州、密苏里州、得克萨斯州、路易斯安那州等地。早在1949年,美国的石油产量在所有金属和非金属矿产量中就独占鳌头,

差异、耦合及诠释：多维视角下中美消费模式的比较研究

所创造的价值是 46.73 亿元。就燃料而言，美国的原油产量在 1970 年占全世界原油产量的 21%，1980 年为 14%，1985 年为 17%，1986 年为 16%，1987 年为 15%。与煤、液化天然气和原油相比，天然气所占的比重更高。1970 年全世界天然气生产量为 37.7 兆立方米，其中美国占 24%。对于精炼金属，美国所占世界产量比重最高的是镁。1970 年，全世界生产的镁为 24.2 万短吨，美国所占比重为 46%；1980 年，世界生产的镁为 34.8 万短吨，美国占其中的 49%；1987 年，全世界生产的镁为 35.5 万短吨，美国占其中的 39%。①

美国的煤矿区主要集中在宾夕法尼亚州和密西西比河流域等地。1919 年，美国的煤矿区的总面积约为 50 万平方英里，占全国土地面积的 13%。1980 年，全世界煤炭的生产量为 4197 百万短吨，美国为 830 百万短吨，占 5%。②

在 20 世纪 50 年代，美国的铁矿资源相当于世界各国已知的铁矿资源的总和。在美国的各个州几乎都可以找到铁矿，但真正重要的铁矿矿源则位于苏必利尔湖周边地区，那里的铁矿产量占全国总产量的 3/4。美国在 80 年代初每年生产 8000 万吨生铁，并供于炼钢。这些钢材可以制造出 20 万种不同类型的产品。美国除有富铁矿外，还有含铁成分低的铁矿。这些铁矿储藏量丰富，再开采百余年也不会采完。

美国的森林资源也非常丰富，生产的木材种类有：白杉、云杉、胡桃、橡树、槭树、绿柏、黄松、落叶松、柏树以及道格拉斯枞树等。与任何大陆国家相比，它的森林所占国土面积都是可观的。全国陆地的 1/3 是森林。虽然每年木材使用量很大，但各州政府和联邦政府重视植树造林，因而每年树木的生长超过树木的砍伐和消耗量。美国全国的森林所有权有三种形式：一种是归联邦政府所有；另一种是归州、县或市所有；最后一种是归私人所有。美国的林地总面积有 72792 万英亩，每年每英亩可产 200 立方英尺以上木材的用材林总面积共 48307 万英亩；由州、县或市所有的同类林有 3372 万英亩；由私人所有的同类林有 34706 万英亩。木材的总蓄积量为 7549.16 亿立方英尺。

美国的水利资源丰富，密西西比河全长 2348 英里，俄亥俄河全长 981 英里，科罗拉多河全长 1440 英里，这些河流不但为美国提供了丰富的水利资源，为发展内河运输创造了有利条件，而且使美国具有比其他国家更多的肥沃的土地。美国的 5 大湖——密歇根湖、休伦湖、伊利湖、安大略湖和苏必利尔湖，是世界上少有的内陆湖泊群。其中苏必利尔湖是美国最大的湖。这些河流、湖泊在水力发电方面起到了非同小可的作用。早在 1935 年，世界发电量的一半出自美国。当

---

① [美] 福克纳. 美国经济史（上卷）[M]. 北京：商务印书馆，1989：31-32.
② 宿景祥. 美国经济统计手册 [M]. 北京：时事出版社，1992：124-125，106-107.

第四章　经济要素与消费模式

时美国的总发电量是 2500 万匹马力左右，其中主要部分是由上述这些河流、湖泊提供的。

世界上没有一个国家的自然资源像美国那样丰富。如此丰富的自然资源，优越的地缘地理环境，为美国的工业化和现代化提供了非常有利的条件，并孕育了美国消费模式上的特征——过度性。

2. 发达的农业

农业是一国经济发展的基础。对于农业在经济发展中的作用，经济发展理论通常将其归纳为以下四点：①农业为其他产业的发展提供了劳动力；②农业为其他产业的发展提供了资金；③农业为其他产业的发展提供了外汇收入；④农业为其他部门，主要是为工业部门的产品提供了市场。对于农业对经济增长的作用，日本著名发展经济学家速水佑次郎指出："如果没有在发展初期占据绝对支配地位的农业部门的健康发展，工业化和现代经济增长几乎是不可能成功的。"

美国农业发展的条件好，基础雄厚。表现在以下方面：

首先，美国国土辽阔，地势平坦。美国国土总面积为 9.63 亿公顷，其中耕地面积达 1.98 亿公顷，占世界耕地总面积（15.02 亿公顷）的 13.18%，是世界上耕地面积最大的国家。美国人均耕地面积 0.66 公顷，是世界人均耕地面积（0.23 公顷）的近 3 倍，是中国的 9 倍。广袤的土地，意味着农业发展潜力很大。

其次，美国的气候条件优越，气候类型多样，农业生产条件好。本土为北温带和亚热带气候，佛罗里达南端属于热带气候，阿拉斯加为亚寒带大陆性气候，夏威夷则是热带海洋性气候。全国大部分地区雨量充沛而且分布比较均匀，平均年降雨量为 760 mm。土质肥沃、气候温和、海拔 500 米以下的平原占国土面积的 55%，为农业发展的集约化和机械化提供了自然保障，也为美国的农业发展以及国民大规模的食品消费提供了良好的资源条件。

再次，美国的农业高度发达，机械化和集约化程度很高。美国是现今农业机械化程度最高的国家之一。美国农用拖拉机拥有量也堪称之最，2007 年美国农用的拖拉机数量就高达 439.0 万辆，收割机—脱粒机数量高达 34.7 万辆。平均每千公顷耕地上拖拉机使用量为 27.9 辆，平均每千公顷耕地上收割机使用量 2.4 辆，平均每千公顷化肥施用量 147.8 吨。2008 年，全国有农场 220 万个，平均每个农场的土地面积为 418 英亩（合 169.2 公顷），平均每个农场只有 1.4 人进行生产和经营。每个农业活动人口经营土地 125.4 公顷，为世界之最（见表 4-1）。

表 4-1　1990~2008 年美国农场数量与面积

项目	单位	1990年	2000年	2002年	2003年	2004年	2005年	2006年	2007年	2008年
农场数量	1000	2146	2167	2135	2127	2113	2099	2089	2205	2200
农场面积	英亩（百万）	987	945	940	937	932	928	926	921	920
农场平均面积	英亩	460	436	440	440	441	442	443	418	418

资料来源：美国农业部统计数字（2009）。[①]

最后，科技手段在农业中广泛应用。世界上近些年的大部分尖端研究成果，都是在美国形成的，并被最快应用到农业生产中。例如，卫星通信、电子计算机及遥感技术等高科技的技术已经被运用到农业机具上，实现了农用机械的无人驾驶自动化。农作物转基因技术是美国研究成功的。1983年第一棵转基因棉花在美国诞生，1996年开始在大田种植，当年美国种植面积170万公顷，由于它有产品品质好、生产成本低等一系列其他品种无法替代的优势，因此在全世界迅速推广。到2001年，尽管只有5年的时间，全球转基因作物种植面积达到了5260万公顷。

美国的农业在良好的自然环境和气候条件下，在发达的农业技术的支持下，在机械化、现代化广泛运用的前提下，美国农业发展迅速，农业对经济的贡献是：

第一，农业投入由知识投入为主演变成了以劳动力和资本投入为主，农业生产效率和农产品的产量得到大大的提高。主要农产品有小麦、玉米、大豆等，这些主要农产品均占世界领先地位。其中，谷物占15.7%，大豆占43.6%，植物纤维占15.5%，肉类占15.8%，奶类占13.2%，油料占14.6%，玉米占39.2%。[②]

第二，农业劳动力供养的人数越来越多。美国97%的人口从事工业、贸易和金融业。只有不到3%的人口种地。每个农业人口供养的人数巨大。平均每个农业劳动力供养的人数，1920年为7人，1950年上升到40人，1980年提高到87人，到2000年则进一步增加到146人。2000年，美国国内生产总值为93885亿美元，其中农业部分为1830亿美元，占1.95%。平均每个农业活动人口创造的国内生产总值为60197美元，排在世界前列。当年，全国每个农业活动人口生产的农产品有：谷物13115公斤，大豆24796公斤，棉花12335公斤，肉类12381公斤，奶类25095公斤，水果10713公斤，食用油料792公斤，农产品劳动力人

[①] 陈霞. 美国农业经济发展概况[J]. China's foreign trade（英文版），2010 (24): 104.
[②] 刘志扬. 美国农业新经济的特征与影响[J]. 贵州社会科学，2003 (6): 26-27.

均综合生产量为世界第一位。

第三，美国农业创汇量大。美国的农产品数量巨大，相对于国内人口来说，国内只能消费产出的40%左右。如果开足马力生产，可能仅消化20%左右。近几十年，美国主要农产品总产量的40%要输入到国际市场。在美国国内，农业是它们的重要创汇产业，每年的农产品出口额约占全国出口总额的13%。

正是因为美国农业的高度机械化和现代化带来了丰富的农产品，不仅满足了美国国民的粮食需求，而且还能出口创汇，才使得美国国民有更多的收入消费其他的商品。

(二) 人力资源禀赋与科技领先

人力资源是推动经济发展和增长的重要因素，且越来越取代了物质资源，成为世界上各国争抢的要素资源之一。美国重视人力资源意识较早。20世纪60年代，美国经济学家舒尔茨就从理论上论述了人力资本对经济发展的重要意义，建立了人力资源理论体系。

理论上的认识与现实的行动有同步性，早在"二战"即将结束时，美、苏、英、法联军攻克柏林后，当其他战胜国家为抢夺机器设备和财富奔忙时，美国却将世界上优秀的受迫害的科技专家运往美国。也正是由于人力资源的储备丰富，人力资本优越于其他国家，美国得以成为世界第一的经济和军事强国。美国的人力资源优势是：

1. 人口中受高等教育的人口比重较高

美国人口数量占世界的5%，位居中国和印度之后。美国受高等教育人口的比重为世界第一，人口中46.5%的劳动力受过高等教育，日本为20.7%，德国为17.3%。美国国民生产总值以国别计量为世界第一（见表4-2）。

表4-2 人力资源总量与经济总量的国际比较

国家	人力资源总量		高等教育程度占25岁以上人口的比率(%) 1999年	从事研发科学家与工程技术人员(每百万人) 1996~2000年	国民生产总值	
	总量(万人) 2002年	占世界总计比率(%) 2002年			总值(10亿美元) 2000年	占世界总计比率(%) 2000年
美国	14854	4.9	46.5	4099	9837.4	31.8
日本	6828	2.2	20.7	5095	4841.6	15.6
德国	4028	1.3	17.3	3161	1873.0	6.0
英国	2961	1.0	11.0	2666	1414.6	4.6
法国	2689	0.9	—	2718	1294.2	4.2
中国	78022	25.7	3.6	545	1080.0	3.5
意大利	2532	0.8	—	1128	1074.0	3.5
印度	46025	15.2	7.3	157	442.2	1.5

资料来源：联合国开发署.2003年人类发展报告；世界银行.世界发展报告（2000/2001）。

2. 高科技人才辈出，比例居世界之首

以诺贝尔奖获得者作为指标来衡量。从各奖项设立开始到 2010 年，美国诺贝尔奖得主占世界总数的 39%，占世界科学、医学和经济学领域的 47%，一共有 315 位获奖者，获得 317 个奖项。表 4-3 为百年诺贝尔获奖得主的国别统计和获奖的学科分布。1946~2004 年，美国自然科学诺贝尔获奖人数为 200 人，美籍经济学奖得主人数为 36 人；位居第二位的英国在此期间诺贝尔自然科学得奖人数为 50 人，经济学奖英籍得主人数为 5 人，两者相差悬殊。

表 4-3　1901~2004 年自然科学各领域诺贝尔奖各国获奖数

国家	自然科学各领域诺贝尔奖			合计
	物理学	化学	医学或生理学	
美国	78	53	87	218
英国	21	26	29	76
德国	22	27	15	64
法国	11	7	7	25
瑞典	4	6	8	18
瑞士	3	6	6	15
荷兰	8	3	2	13
苏联	9	1	2	12
日本	5	5	1	11
丹麦	3	1	5	9
其他	14	11	25	50
合计	178	146	187	511

资料来源：李仲生. 美国的人力资源开发与经济发展[J]. 中国人力资源开发, 2006(2).

3. 强有力的人力资源政策

（1）移民政策对优秀人才的发现与引进。美国的人才引进体现在它的移民政策上，移民政策优先考虑高技术人才和有特殊技术的人。1965 年，美国政府修改了《移民法》，把移民重点从对民族成分的考虑，转到了照顾家庭团聚、政治难民和获得所需技术及专业人才上来。1991 年实施的《新移民法》更加注重吸引优秀人力资源移民美国。《新移民法》规定，凡是著名学者、高级人才和具有某种专业技术的人才，不考虑其所在的国籍、资历和年龄，一律优先允许入境。借助移民政策，美国引进了大批高层次的人力资源。①

第二次世界大战以来，上百万的科学家从世界各地流入美国，填补了人力资

---

① 刘亮. 美国人力资源政策对高等教育的影响及启示[J]. 教育探索, 2008（1）: 140.

第四章 经济要素与消费模式

源的空缺,节省了本国人力资源培养成本,所创造的经济价值极大。仅1949年到1969年间,就有14.3万名高级专门人才从世界各地流往美国。其中包括著名的物理学家爱因斯坦,核物理学家、氢弹之父费米,航天工程专家冯·卡门和电子计算机奠基人诺依曼等。这些人才的引进仅专业培训就为美国节省了约50亿美元的资金,而这些外国人在20年内至少为美国创造了630亿美元的收入,比美国在国际贸易中取得的利益要大得多。从20世纪90年代末到2010年,美国每年大约短缺1万名博士科学家,缺少数十万名科学家和工程师。国内一时培养不出来,便放宽签证,从国外引进人才。目前,美国软件开发短缺的人才大部分来自印度,印度自己培养的计算机软件人才75%在美国服务。

(2)人力资源的培养中的重点投资。20世纪以来,美国始终把高等教育和人力资源开发定位在国家发展的战略高度上。人力资源是经济社会持续发展的第一资源。美国是目前世界上教育经费支出最多的国家,美国平均每年的教育经费投入都达到了3500亿美元。从1975年以来到21世纪初期,美国教育机构经费总投入占GDP的比例保持在7%以上,美国公共教育经费占GDP的比例也长期保持在5%~6%的高比例。高强度的教育投入水平是美国高等教育发展和人力资源发展的持续动力。在20世纪斯坦福大学就确立了募捐6亿英镑的运动。许多大学都与工业和职业主体保持着非常密切的联系,大学正日益成为知识产权的创造者。目前美国大学拥有全国60%左右的科学家和工程师,近20年美国所获的自然科学领域的诺贝尔奖和经济学领域诺贝尔奖几乎全部为在大学工作的科学家所获,占所获奖项的90%。大学通过培养大批训练有素的劳动力,特别是高素质的科技人才和高级管理人才,为美国的经济发展和科技创新提供了庞大的生力军。

美国总统十分重视教育发展。克林顿在1997年的国情咨文报告中称,要确保所有的美国人都能受到世界上最好的教育。他用了1/3的篇幅谈论美国教育的改革与发展。此后。克林顿在1998年、1999年、2000年的"国情咨文"中反复强调了教育的重要性。克林顿政府提出要继续普及大学教育,要求全美普及13~14年的教育,其中包括不少于两年的大学教育。同时,为了促进普及效果,还提出了新的减税方案。即每人每年1500美元的税收减免计划,为社区大学或四年制大学的学生提供第一年的费用。在迎接21世纪新纪元的时候,克林顿强调在新世纪开始及以后的年代,让全部美国人都能获得世界一流的教育,大力推行教育改革政策21世纪社区学习中心计划。该计划明确地指出,学习是终身的过程,并把建立全民教育和终身教育体系作为美国教育改革的重要目标之一。小布什政府也致力于教育事业。布什总统始终强调对教育进行改革,注重立法,并制定了关于全国教育标准的详细说明。布什政府为了确保来自不同社会背景的学生都能顺利地进入大学学习,联邦政府还投入了大量资金以解决贫困学生的经济问题。2005年政府共投入600亿美元，分别以贷款、半工半读和税收信贷等形式资助贫困学生。资助范围已经扩大到全日制学生、获得本科学位学生和为获得学位和证书的成年人等，同时更倾向于长期处于不利环境的学生。联邦政府还明确规定国教育发展的目标是使每位18岁的青年都能进入大学，并且使每位成年人都有机会接受终身教育。

4. 领先于世界的科技水平

美国科技综合实力居全球霸主地位。如果量化美国的科技实力与世界上其他国家之间的科技实力相比，假设将美国的科技实力看成100个单位，则日本约为美国的3/4，德国约为美国的57.8%，俄罗斯约为美国的1/4强，中国约为美国的1/5强。美国的研究与开发的总投入年均1700亿~2200亿美元，占经合组织的44%，比日本、德国、法国和英国四国总和还多。从事R&D研究的科研人员也超过上述四国。美国人均R&D经费为645美元，为世界平均水平的8倍多。美国高技术产品出口占出口总额的比重为37.2%，远远高于出口大国日本的27.9%和德国的17.9%。

科学技术是提高一个国家综合国力的重要因素。美国经济及综合国力在全世界首屈一指是与美国的科学技术在全球的领先地位有极大关系的。具体表现在：

（1）信息技术。美国信息通信技术已经向光纤化、数字化、微型化和综合化发展。人工智能和人机对话将成为现实。目前，美国控制了世界信息市场中的核心技术和软件市场，全世界90%的中央处理器（CPU）芯片被美国INTEL、AMD所控制，日本只能参与部分生产。储存器芯片、硬盘、软盘、彩色显示管、激光打印机机芯等关键部分和技术掌握在美、日、韩三国手中。全世界90%的计算机软件操作系统被美国微软一家公司控制。

目前，信息经济遇到两个"瓶颈"。一是信息传输速度慢于信息量的增长速度，信息高速公路受阻。目前的信息传输速度需要提高5倍才能有效地传输现有的信息量。但是，世界其他国家的技术尚不能克服这个"瓶颈"。在美国，为打破这个"瓶颈"，科学家试图使光纤通信技术与激光技术相结合，孕育着一场新的技术革命。利用新的光纤技术可能解决信息传输速度问题，一根光纤含有160种光谱，利用光谱传输信息的成本是传统有线传输成本的万分之六，其传输速度在9个月内翻一番，而传统有线传输速度在18个月才能翻一番。二是传统有线通信技术将被无线通信技术取而代之。新的"蓝牙"技术与硬件电器相结合，使信息传输通过无线方式进行，在高速传输的基础上解决数据、形象、声音一体化问题。

为解决信息传输速度问题，美国英特尔公司开发出宽度仅为30纳米的世界最小块的晶体管，从而能在未来5~10年中生产出包含4亿多只晶体管、运行速度高达 100 亿次的微型处理器。美国科学家还研究出了一种可以制造 DNA 计算机的新技术，它不仅能将遗传物质 DNA 分子的活动范围限制在固体表面上来执行运算，而且能大大简化 DNA 运算来解决复杂数学问题的步骤，标志着科学家朝着研制出功能更强大的 DNA 计算机的梦想又前进了一步。此外，光学计算机、量子计算机的研究正在加紧进行。电脑、电话、电视的"三网融合"进入使用推进阶段，电子商务、电子政府、电子教育向纵深发展。美国经济孕育着新的突破，一旦打破一个"瓶颈"，就会出现一个新的经济增长点。

（2）生物工程技术。生物工程作为生命科学的一个重要组成部分，是当今世界科技的另一个新亮点。2000 年 6 月，美国联合英国、日本、德国、法国和中国的科学家绘制出了人类基因工作草图，在解破"人类生命天书"的浩大工程中不断探索，美国承担了 50%的工作量。美国私营企业在不到两年的时间内同样完成了人类基因组草图的绘制工作。2001 年初，美国科学家宣布成功地培育出世界上第一只转基因猴。这是世界上首次成功培育出的转基因灵长目动物，此项成果将为人类最终战胜糖尿病、乳腺癌、帕金森综合征和艾滋病等顽症提供帮助。另外，有机生物技术将同无机信息技术并肩发展，科学家将把许多生物过程数字化。制药和保健、农业和食品都将是被生物经济渗透的重要产业。生物经济将改变制药和医疗保健产业的经营模式，即由治疗为主逐渐转变为以预防和预测为主。生物经济将使传统农业脱胎换骨，使农场变成超级生物工程场所，那里没有农田，取而代之的是价值数百万美元甚至数亿美元的超现代化农业企业。总之，未来的生物经济就像现在的信息经济一样，对整个美国社会产生难以估量的影响。

美国国家科学技术委员会从 1992 年起，连续发表题为《21 世纪生物技术》、《21 世纪生物技术：实现诺言》和《21 世纪生物技术：新的方向》等战略报告和蓝皮书。其中指出：生物技术经历了第一次浪潮（医药和保健领域）之后，向第二次浪潮纵深发展。重点发展的项目有：农业生物技术和绿色革命，21 世纪 80%~90%的农产品来自生物技术；环境生物技术以及生物制造和生物处理工艺；病基因疗法、医疗设备革新、克隆技术；海洋生物技术。

（3）新材料。随着环境恶化，可利用的再生资源逐渐枯竭，21 世纪各个国家竞争的焦点集中在对开发新材料和新能源的争夺上。加快对新材料的开发已成为美国科技进步的一项重要内容。

新材料包括能源材料、交通材料、微电子材料、生活医用材料。纳米技术是在纳米尺度上制造材料和器件的工艺，通过在分子水平上一个原子一个原子地制造具有崭新分子结构的大结构，纳米技术可以使材料的特性得到异乎寻常的强化。纳米技术是对分子、原子微观世界控制和操作的技术，对 21 世纪材料科学和微型器件的发展具有重要影响。2001年1月，克林顿总统在"国情咨文"中，将纳米技术列为国家高技术战略之一，认为这一技术将主导下一次产业革命。

(4) 宇航技术。宇航技术包括空间技术、航天运输系统、人造卫星、大型空间站、深空探测、空间军事系统。美国航空航天技术继续在世界上保持领先地位。美国科学家对外星空间的研究，找到了火星上存在水的有力证据，并表示将沿着水的痕迹继续在火星上寻找生命。2000年8月，美国国家航天航空局宣布，将在2003年发射2个火星探测器、耗资6亿美元的宏伟计划。

美国作为全球技术的领导者，引领了世界最前沿技术的潮流。高科技水平给美国经济带来了巨大的利益。表现在：

第一，在美国的对外贸易中，高新技术的出口贸易即知识密集型服务业占有很大比重，美国的高新技术产业增加值占到了制造业增加值比重的23%，居世界第一位。特别是电信设备的出口在2005年更是达到了10.6万亿美元。

第二，美国每年的专利申请数都是世界上最多的国家之一。

第三，美国是全球技术的最大输出者。在美国国内生产总值的增长量中，1/3以上来自与信息有关的产业。英特尔、微软等信息技术新企业不仅成为美国的明星企业，而且主导着全球的信息产业革命。传统产业向以信息技术为核心的高科技产业转移，信息技术向管理、金融等领域的渗透，使美国在产业结构调整和升级中取得了对欧洲、日本乃至世界的领先优势。

(三) 世界领先的经济实力与国际分工格局中的优势

生产力水平是决定消费模式的基本因素。从经济实力来看，尽管美国受到金融危机的重创，美国目前仍是当今世界上毋庸置疑的经济和政治的超级大国，美国经济是世界经济增长的"火车头"，也是世界经济的"晴雨表"。美国经济的扩张与衰退会引起世界经济的扩张与衰退。美国经济如果下降1个百分点，世界经济就会下降0.4个百分点。目前，美元作为全球主要的储备货币、交易手段和计价工具对全球金融活动仍然具有强大的支配力量。根据国际货币基金组织和欧洲中央银行的统计，危机发生后的2009年9月，美元在国际储备中的比重约为61.6%，欧元为27.7%，日元为3.2%，英镑为4.3%，其他货币为3%左右。美元在国际结算中的地位也很高，约占总额的62%。美国外交关系协会2010年发表的一份报告说：美元作为世界储备货币的地位短时间内不会受到威胁。

美国过度消费的形成是与美国作为世界性的超强经济大国地位不可分割的。

1. 经济总量

从国别经济在世界经济中的份额看，在2004年，美国GDP总值达到117130亿美元，占到世界GDP总值的28.5%。2008年美国受到金融危机的影响，美国的GDP占世界总值的23.4%，而其他发达国家，日本占8.1%，德国占6%；就

GDP增长速度看,从1980年到2008年的28年中,美国的年均增长速度略高于其他主要发达国家;就人均国民总收入看,2008年美国是46360美元,日本相当于美国的83%,德国、法国均为美国的92%。可见,美国对其他主要发达国家的优势在于占世界GDP比重大,GDP增长速度较快,富裕程度较高。

2. 劳动生产率的世界领先地位

劳动生产率决定一个企业的竞争力,也决定一个国家的竞争力。美国的劳动生产率在主要发达国家中处于领先地位。国际劳工组织最新版的《劳动力市场主要指标》报告称,美国是全球劳动生产率最高的国家,2006年美国每个劳动力年均创造财富6.3885万美元,居全球生产率之首。其次为爱尔兰(5.5986万美元)、卢森堡(5.5641万美元)、比利时(5.5235万美元)和法国(5.4609万美元)。

仅就主要发达国家之间的比较来看,美国是劳动生产率最高的国家,欧洲次之,日本退步较大。

美国自20世纪新经济出现以来,劳动生产率提高的速度明显加快。数据显示,1990~1995年,美国全行业的劳动生产率年均上升1.2%,1995~2000年年均上升2.1%,到2000~2004年时,美国劳动生产率提高的年均幅度更是达到2.8%。

欧洲自20世纪80年代以来,劳动生产率一直落后于美国和日本,进入21世纪以后,随着欧洲经济强劲增长,劳动生产率表现也在2007年得到改善,2006年欧盟国家的平均劳动生产率仅次于美国,高于经合组织各国的平均劳动生产率。但欧洲各国劳动生产率不均匀,彼此之间差距较大。

亚洲国家,特别是东亚是全球劳动生产率增长最快的地区。在截至2006年的10年中,东亚地区的劳动生产率显著提高,在10年间上升了50%。1996年,东亚地区劳动生产率水平是发达国家的1/8,2006年则达到1/5。2006年,南亚地区劳动生产率水平是发达国家的1/8,劳动力年均创造财富7998美元,而东南亚地区则为9419美元。亚洲国家中的日本,近年来劳动生产率在主要发达国家中最低,平均劳动生产率(单位时间里每个劳动者的产出)相当于美国的七成。根据日本内阁府的调查显示,日本在经合组织的30个成员中排名第19位,在7国集团中连续11年垫底。如果把美国2005年的劳动生产率水平量化为100的话,德国、法国等欧洲11国的水平停留在88.1。而日本同期的劳动生产率水平只有71.1,低于经合组织各国的平均劳动生产率75。

3. 国际分工格局与优势地位

国际分工格局始终是由占据时代主导作用的生产要素的优势地位所决定的。拥有主导性生产要素的国家在国际分工中处于主导地位。随着社会的进步,科技在生产要素中的主导作用越来越明显,拥有领先科技的国家在国际分工的主导作用日渐显露。20世纪90年代后，全球化浪潮与知识经济的出现，国际分工格局发生了新变化（见图4-1）。

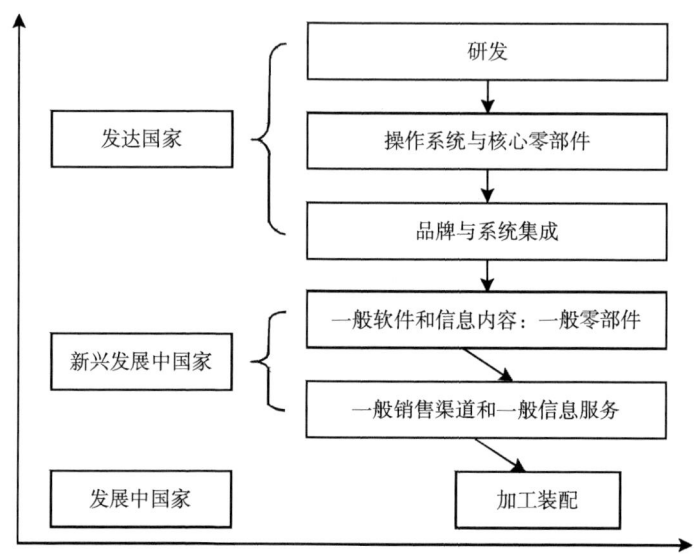

图4-1 信息产业增值链环节与不同国家群的对应关系

（1）主要发达国家之间的国际分工由汽车经济时代的水平国际分工逐步转变为信息经济时代的垂直国际分工。其中，美国成为信息产品的发明与生产大国；以德国为首的欧洲国家，部分参与了国际信息产品的分工，但是大部分仍然在生产汽车经济时代的制成品；日本由于其产业结构调整不能顺利进行，至今仍以汽车生产为主。这种以信息经济为主的垂直分工格局导致美国长达10多年的经济繁荣，欧洲核心国家德国的经济低迷，亚洲富国日本的经济衰退。

（2）美国、德国和日本等世界经济增长中心国家所在地区内的国际分工发生方向的变化。美国、欧洲、日本三大世界主要科技成果产生地区之间存在着明显的专业化水平性的国际分工，而对于其他大多数国家，又形成以发达国家为基础的垂直性的分工格局。

国际分工格局的变化，使得美国的国际地位再度上升，以美国为核心的国际分工局面影响了世界资本的流向。资本流向的变化表现为，从过去主要流向新兴市场和发展中国家和地区转到流向美国为首的风险较低的资本安全的国家。1982年美国由资本净流出国转为资本净流入国，资本流入净额由1983年的270亿美元，增长到2004年的5846亿美元，已变成世界上最大的净资本流入国。欧洲资本流入流出规模相当，而日本长期以来一直是净资本流出国。新兴市场和发展中国家伴随着经济的发展,近年来一直吸引着大量资本流入,但资本流出规模更大,2004年资本净流出达3650亿美元,其中大部分来自储备资产的变动。

国际资本的新流向使得美国在21世纪成为全球最大的资本输入国家与市场。储蓄过剩国家中的资金源源不断地流入美国市场,满足了美国国民过度消费对资本的需求。无怪乎美联储主席伯南克将美国金融危机的发生归罪于世界其他国家的储蓄过剩带来的过度资本流入(见图4-2)。

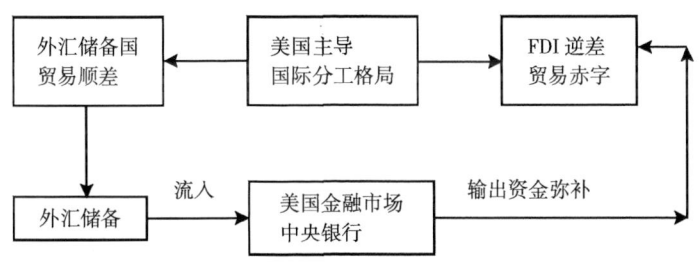

图4-2 全球资本循环的角度

但是,可以继续追问的问题就是,美国输出资金来源何处?为什么美国对资金有如此强的吸引力?

通过对美国资本流入国国家的经济分析,可以发现在经济发生快速增长的新兴国家当贸易盈余和储蓄率增高变为常态,过剩的资本外流的原因可能为:

一是资本输出国国内金融市场不成熟。亚洲发展中国家的金融市场大多不成熟,投资工具有限,政府对金融投资的管制较多,大量的储蓄在国内找不到投资出路。特别是2000年以来,亚洲发展中国家的国民储蓄率明显上升,储蓄远远高于投资。例如,中国的储蓄占GDP的比率仍然高达50%,但是投资的比率却不足40%,储蓄和投资之间的差距很大。

二是美国金融市场风险低,预期收益高。美国是世界经济实力最强的国家,本国政局稳定,科技实力领先于世界先进水平,金融市场产品丰富,制度完善。相较其他地区的世界金融市场,美国没有欧洲地区对资本的苛刻限制,也没有亚洲新兴市场国家的政局不稳。

三是管理本国汇率的需要。流入美国的资金中还有相当大一部分是来自亚洲其他国家的官方投资。这份资本来源于亚洲国家对外贸易盈余产生的大量外汇储备。这部分外汇储备的主要形式是美元资产。为了维持本国货币对美元的固定汇率,保持国内物价稳定,出口不受外汇变动的影响,出于管理汇率的要求,在本国对美国存在大量顺差的情况下,为避免本币升值而用外汇储备来购买美国资产,这一部分官方资金,为了安全的需要,选择了投资风险较低而收益率也较低的美国政府债券。

总之，流向美国的大量过剩储蓄变成了投资，压低了美国的利率，促进了美国居民的信贷消费。

表4-4 美国资本流入主要国家的储蓄率与投资率

单位：%

		1992~1999年	2000年	2005年
日本	储蓄率	30.6	27.8	26.8
	投资率	28.1	25.2	23.2
德国	储蓄率	21.0	20.1	21.3
	投资率	21.9	21.8	17.2
亚洲四小龙	储蓄率	33.8	31.9	31.8
	投资率	31.1	28.4	25.7
发展中亚洲	储蓄率	31.8	30.3	38.2
	投资率	32.3	28.2	34.3

发达国家美国与发展中国家中国之间的垂直贸易分工格局，还为美国输入了廉价的商品，助长了美国的消费扩大。由于发达资本主义国家占据了科技发展的尖端技术，使得世界上多数发展中国家只能从事低端的生产加工技术产业，它们生产的社会财富从物质量上说是巨大的，但从价值量上说是微不足道的。有人更直接地说，国际贸易分工与产业转移的发展结果就是今天的"亚洲（中国）生产—美国消费"的分工格局。① 发展中国家用自己辛苦的劳动产出（劳动密集型产品）在国际贸易活动中换取发达国家出产的高科技产品（技术密集性产品）。通过这种国际分工，低廉的商品流入美国这样的发达国家，解决由于产业结构升级带来的物质缺乏和抑制了由此可能引发的通货膨胀现象的发生，帮助发达国家实现了社会稳定和经济发展。从一定意义上看，美国过度消费模式的出现也与中国等国家不断地向美国输送廉价的商品有直接关系。

从上述分析可见，美国依靠自身强大的经济地位形成的国际分工最终帮助美国国民实现了过度消费的现实。其资金保障来自储蓄过剩国家的资金，依靠自身相对安全的国际地位和出卖品种多样的金融产品，美国吸引了大量的国际剩余资本，这些资本支撑了美国国民的过度消费需求；又通过与亚洲的国际分工，使得亚洲各国向美国输出廉价的商品，为本国国民提供基础性的消费。这成为美国过度消费的外部性因素。

---

① 刘日红. 中国生产—美国消费模式再思考 [J]. 中国经贸, 2010 (6): 52.

二、自然资源禀赋与中国谨慎消费模式

谨慎消费模式的形成与我国自然资源禀赋状况有直接的关系。我国位于欧亚大陆的东部,太平洋的西岸。国土面积为 960 万平方公里,仅次于俄罗斯和加拿大,位居世界第三位。领土及领海跨越寒温带、暖温带、亚热带及热带四个气候带,气候复杂多样;地质构造过程复杂,地表形态丰富,自然资源种类丰富。

无论是从自然资源总量,还是从资源类型来看,我国当之无愧是地大物博的国家。尽管我国的资源总量相对较多,但人均资源数量不足,资源的时空分布有不均衡的特征。

(一) 资源自然禀赋及其特点

1. 我国资源储备情况

(1) 森林资源。中国森林面积目前仅 1.92 亿亩,覆盖率为 13.4%,而世界平均水平为 31.2%,现人均森林面积只有 1.65 亩,为世界平均水平的 11%,现人均占有森林蓄积量为 8.4 立方米,为世界人均水平的 11%。且我国森林资源地区分布不均,主要集中于东北部、南部和西南部,边远地区及农村因能源供应不足而过度采伐及森林病虫害较严重,使林木资源遭到严重破坏,可供应的成熟林已满足不了增长的木材需求量,林木进口量逐年增加。

(2) 耕地资源。我国耕地资源具有山地、高原多于平地的特征。目前人均耕地面积仅有 1.2 亩。长期以来,迫于人口不断增长的压力,土地重用轻养,负荷过重。全国大于 30%的耕地面积面临水土流失的危害,每年土壤流失达 50 亿吨。耕地减少而且质量退化。我国的后备资源也非常有限,可供开发的后备土地资源仅有 11.4 亿亩,其中可开垦成耕地的只占其中的 18.2%左右。未来耕地资源的紧缺将威胁到中国 13 亿人口的生存。

(3) 水资源。我国的河川径流量居世界第六位,人均占有河川径流量仅为世界平均水平的 1/4,居世界第八位;耕地面积大,亩均占有河川径流量约为世界亩均占有量的 76%。可见,无论从耕地还是从人口计算,我国都是一个人均水资源相对贫乏的国家。农业每年缺水约为 300 亿立方米,受旱面积达 2 亿~3 亿亩/年,每年因得不到充分灌溉使粮食减产约 50 亿公斤,现在还有 5000 万农村人口和 3000 万头牲畜饮水困难。城市缺水日益严重,全国 58%的城市缺水,达 58 亿立方米/年,而且集中在华北、沿海和省会、工业型城市。地下水严重超载,导致地下水位大幅度持续下降。

不仅如此,我国的水资源污染随工农业的发展而日趋严重,水质日益恶化。全国每年排放污水量约达 363 亿吨,80%未经处理,直接排入江河湖泊,严重影响了生态环境。全国 90%以上城市水环境恶化,城市河流湖泊几乎成了排污道。

(4) 矿产资源。我国矿产资源品种较齐全，世界已发现的 160 多种矿产，我国已探查到 140 多种，其中探明储量的达 130 多种。得天独厚的钨、锡、锑、稀土金属等矿产储量占世界首位，锌、铅、银、石棉等资源储量也占优势，矿产资源中有相当一批大型矿床，共生、伴生多种有价值的元素，可综合开发利用。

我国的有些矿产，如铁矿品位较低，富矿少，贫矿多，平均品位小于 34%，贫矿占 95% 以上，可直接入炉的平炉富矿和高炉富矿，总计只占全国铁矿储量的 2.4%。铜矿是世界上"低品位"铜矿所占比重最大的国家之一，品位在 1% 以下的富矿，只占全国铜矿总量的 36.8%，品位大于 2% 的，只占 6.4%，品位大于 3% 的不足 1%，开采利用较困难。

我国煤炭资源总储量有 5.07 亿吨，居世界第二位，但由于勘探程度较低，可作为开采设计依据的探明储量，约占 12%，石油的地质储量，估计可达 615 亿~787 亿吨，勘探到的可采量只占世界可采储量的 2%，居世界第 15 位。天然气远景储量为 40 万亿立方米，可采储量只占世界的 0.25%，居世界第 20 位。就目前矿产资源储量来看，我国的铁、铝、铅、锌、硫标矿、磷标矿只能基本保证需要，甚至还呈现紧缺现象，未来 20 年的矿产资源形势将更加严峻。

(5) 海洋资源。我国海洋辽阔，海洋生物资源和矿物资源丰富，但是，按陆海面积比，我国仅为 1∶0.3，海岸线系数仅为 0.0017，若管辖海域以 300 万平方公里计，人均量仅为世界人均量的 1/10 左右，属海洋地理不利的国家。我国海洋内鱼类资源冷水性、温水性和热带性各类 1300 多种，其中经济鱼类 300 多种，但高产种类较少，仅六七十余种；沿海生长的藻类有近 2000 种，虾类、贝类、蟹类等动物各有百种以上，甚至数百种，为鱼类的生态群落和饲料供应提供了优良条件。但由于缺乏统一的功能区划和有效的管理措施，使开发利用带有很大的盲目性，有限资源尚未利用，有些资源开发过度，有些地区在开发时缺乏论证，过分强调种植，搞围海工程，不考虑地形等条件，致使大片荒滩不能种植，水面无法利用，浪费并破坏了资源。由于近年来鱼类捕捞不重视再繁殖，捕捞中幼鱼比例大为增加，过度捕捞使鱼类资源明显衰退，主要经济鱼类的收益减少，再加上每年大量工业和生活废弃物倾倒和排放入海，海洋的生态环境遭到严重危害，一些鱼类已因污染而灭绝。

综上所述，影响我国经济发展的主要自然资源现状表明，耕地资源、森林资源、水资源及部分矿产资源、海洋鱼类资源，目前都处于相当紧张的供求状态。自有资源前景并不乐观。

2. 我国自然资源储备特点

自然资源地理分布具有时空不平衡，以及资源与区域结构不匹配的特征。我国的水资源 83% 集中在占全国耕地 38% 的长江流域以南地区，黄河、淮河、海河、辽河等流域，耕地占全国的42%，水资源却仅占9%；矿产资源的80%分布于西北部，石油和煤炭的75%以上分布在长江以北，而工业分布却集中在东部沿海，能源消费集在东南部。资源的时空分布不平衡，使得丰富的资源蕴藏不能保证经济建设和人们生活的及时需要，给资源的合理开发利用带来了一系列问题，直接影响着经济建设。

我国的水资源时空分布不均，特别是辽河、海河、黄河、淮河四大流域，土地面积占全国的18.7%，耕地面积占全国的42%，人口占全国的38.4%，水资源却只有2702亿立方米，相当于南方四大区域（长江流域及以南、珠江流域、浙闽台诸河和西南诸河）水资源的12%，人均、亩均资源量低下，只是全国平均值的16%。

（二）人力资源储备

我国是世界人口大国。至2013年底，中国人口总量已达13.6亿。2010年全国第六次人口普查表明，16岁以上的适龄劳动力人口资源总量为10.9亿人，为世界上人力资源最为丰富的国家。巨大的人力资源储量，在过去几十年的经济发展与腾飞的过程中做出了积极的贡献，也推动了中国成为世界上最大的终端消费品市场和部分劳动力密集性产品的加工工厂。

中国人力资源的结构特质决定了中国制造在国际上仍属于粗放式的耗能生产方式，对能源、自然环境的依赖大于对技术、科技的依赖程度。

1. 人口受教育程度低于高收入国家

（1）从15岁以上人口的识字率来看。2009年，我国15岁以上成人识字率从2000年的90.92%提高到93.99%（见表4-5）。已经高于中等收入国家平均水平11个百分点，与高收入国家水平相差不足5个百分点。15岁以上女性识字率从2000年的86.5%提升到2009年的90.9%。女性文化水平的提高对整体人口的教育水平的提高有直接积极的作用。

表4-5　15岁以上人口识字率

分类	总计	
	2000年	2009年
世界	81.80	83.68
高收入国家	98.19	98.42
中等收入国家	80.37	82.91
低收入国家	57.42	61.40
中国	90.92	93.99

资料来源：《国际统计年鉴》（2012）。

(2) 综合人文发展指数。联合国开发制署 2011 年《人文发展报告》数据显示，我国的综合人文发展指数① 居世界第 101 位，在各个分项指标中，预期受教育年限② 11.6 年，平均受教育年限③ 为 7.5 年，均高于中等人文发展国家水平，但与高人文发展国家水平仍有一定差距。

表 4-6　2011 年世界人文发展指数

国家和地区	人文发展指数	出生时预期寿命（岁）	预期受教育年限（年）	平均受教育年限（年）	教育指数
超高人文发展国家	0.889	80.0	15.9	11.3	0.894
高人文发展国家	0.741	73.1	13.6	8.5	0.715
中等人文发展国家	0.630	69.7	11.2	6.3	0.561
低人文发展国家	0.456	58.7	8.3	4.2	0.392
中国（101 位）	0.687	73.5	11.6	7.5	0.623

资料来源：联合国开发计划署《人文发展报告》(2011)。

(3) 各级学生入学率。入学率是人口受教育程度的指标性数据。2010 年，我国高等教育粗入学率为 26.5%，赶不上欧美等发达国家。中学生毛入学率从 2000 年的 61% 提高到 2009 年的 78.2%，大学生粗入学率从 2000 年的 7.8% 提升至 2009 年的 24.5%。两项指标高于中等收入国家的水准，但是低于高收入国家的同期指标。

表 4-7　中国大学生入学率④

分类	大学生粗入学率		中学生粗入学率	
	2000 年	2009 年	2000 年	2009 年
世界	18.87	27.07	59.88	68.03
高收入国家	55.91	69.68	99.37	100.16
中等收入国家	14.61	24.14	58.80	68.80
低收入国家	4.18	6.67	29.32	38.76
中国	7.80	24.53	61.10	78.19

资料来源：《国际统计年鉴》(2012)。

---

① 人文发展指数是人类发展的一项综合指标，它测量了人类发展的三个方面的平均成就：寿命、教育程度以及体面的生活。人文发展指数是对这三个方面的指标标准化后的几何平均值。
② 期望受教育年限是指在现有入学率保持不变的情况下适龄儿童预期获得的受教育年限。
③ 平均受教育年限是指 25 岁及以上人口已经获得的文化程度转换成理论教育年限的平均值。
④ 田大洲. 从六普看我国人力资源的现状 [J]. 全球科技经济瞭望，2013 (11)：28, 39-40.

第四章　经济要素与消费模式

2. 人口结构的老龄化倾向

人口的年龄结构对社会消费水平带来直接的影响。经济理论对此论断有论证：莫迪利安尼的生命周期和弗里德曼的持久收入假说中这样看待人生不同年龄阶段（少年、壮年、老年）与储蓄消费行为之间的关系。在少年与老年阶段，消费大于收入；在壮年阶段，收入大于消费，壮年阶段多余的收入用于偿还少年时期的债务或通过储蓄用于养老。每个人都要求自己从少年到老年整个生命周期的效用最大化，也就是每个时期的消费不仅依赖于某一时期的收入，也依赖于一生中各个时期的收入。

当前，中国不仅是世界上人口最多的国家，也是世界上老年人口最多的国家，人口老龄化趋势十分明显。根据联合国1956年的《人口老龄化对经济社会的影响》一文，一个国家人口年龄结构，若未成年人口所占比重大于15%，属于少年型国家；如果60岁或65岁以上的老年人所占比重超过10%，属于老龄化国家；介于以上两者之间的是成年型国家。按照联合国人口老龄化的标准，我国已从1999年开始进入老龄化社会，是世界上较早进入老龄化社会的发展中国家之一，也是世界上老年人口最多、增长最快的国家。国务院全国老龄工作委员会办公室2006年发表的《中国城乡老年人口状况追踪调查》显示，2000~2006年，我国60岁以上的老年人口从1.26亿增长到1.49亿，占总人口的比例从10.2%提高到11.3%，占全球老年人口的21.4%，相当于欧洲60岁以上老年人口的总和。人口老龄化年均增长率高达3.2%，约为总人口增长速度的5倍。根据国家人口发展战略研究课题组（2007）的预测，2030年以后，中国65岁及以上的老年人口数量将大量增加，并将超过0~14岁的儿童人口的数量，中国将变成世界上人口老龄化最快的国家之一。而到2020年，60岁以上老年人口将达到2.34亿人，人口老龄化的绝对数量庞大，其占总人口的比重也将从2000年的9.9%增长到16.0%的高水平。65岁以上老年人口将达到1.64亿人，占老年人口的比重超过70%，占总人口的比例将从2000年的6.7%上升至11.2%。该课题组还预计，中国将在21世纪40年代后期形成老龄人口的高峰，60岁以上老年人口预计将达到4.3亿人，老龄人口绝对规模惊人，其占总人口的比重也将达到30%。65岁以上老年人口达3.2亿多人，占老年人口的比重预计接近75%，占总人口的比重达到22%，这相当于每3~4人中就有1个老年人。可见，中国人口老龄化的特点将会是：老年人口绝对数量多，老龄化速度很快，老龄人口中的高龄人口所占比重不断上升。人口老龄化及高龄化趋势使中国的抚养负担不断加重，将给社会保障支出和公共财政体系带来巨大压力。

人口老龄化对中国经济的影响将是：

（1）人口红利局面的结束。对于一个国家来说，如果劳动力供给是经济增长的一个重要源泉，那么人口的年龄结构对经济增长和消费水平的影响就较大。①研究表明：中国最近20多年来经济增长被认为有大约15%的比例是"人口红利"贡献的结果。1990年中国15~64岁适龄劳动年龄人口比例达到60.06%，总抚养比达到50%，中国开始进入"人口红利"时期。2000年中国适龄劳动年龄人口已经达到63.20%，预计到2020年，中国劳动年龄人口比例将一直维持在70%的高水平，总抚养比将低至37%~45%。到2033年中国劳动年龄人口比例降低到66.3%，总抚养比上升到50.9%，人口红利时期结束。

当前，我国在坐享人口红利的同时，要看到中国人口老龄化的趋势正在加剧。我国的人口老龄化问题是从20世纪70年代末开始实行的计划生育政策的产物。我国计划生育使得我国人口出生率明显下降。人口自然增长率从1978年的12‰下降到2004年的5.87‰。人口学家A.柯尔将因人口出生率下降导致的老龄化现象称为从金字塔底部的老龄化。

（2）社会整体负担加重对消费、储蓄的影响加大。我国人口老龄化导致了老年人口抚养比快速增长，老年人口抚养系数是从经济角度反映老年人口给社会带来的负担。从长期来看，一个国家老年抚养系数越高，社会用于老年人口的医疗、保健和娱乐等消费的产出越多。在既定的产出水平下，用于消费的越多，用于积累或投资的产出就会越少，这将导致长期人均资本存量下降，并影响未来的产出水平，因此，老年抚养系数高会抑制长期居民消费。不仅如此，老龄化社会还会直接影响家庭消费的扩大，目前我国"四二一"的家庭代际结构使得中年人负担过重。"上有老，下有小"的抚养负担，使得消费处于旺盛期的中年人群也不能放胆消费，导致储蓄增加。

人口老龄化不仅影响了消费的扩大，还造成了储蓄增加的问题。根据美国经济学家卢卡斯1970年提出的合理预期假说，如果居民预见到随着人口老龄化程度的加深，社会保障计划面临着一定的财务风险，那么当期消费会较少，储蓄会增加。20世纪80年代后期以来，中国居民消费率不断下降。究其原因，根据中国人民银行组织的储蓄调查动机表明，2000年以后，在中国居民的储蓄动机中排名第一位的与社会保障有关联。可见，人口老龄化加重了居民储蓄的意愿，降低了居民消费的意愿，中国人口快速老龄化对于经济发展是非常不利的。

3. 人口大国与消费扩大的矛盾

人口数量与社会消费水平的提高有直接关联。在经济发展水平一定的前提下，社会消费水平与人口的规模之间呈负相关，即人口数量越多，人均消费水平越低；人口数量越少，人均消费水平越高。人口数量对消费水平的影响，通过人

---

① 伊志宏.消费经济学 [M].北京：中国人民大学出版社，2004：201.

均收入增长、就业指标来反映。2009年,《国际统计年鉴》数据表明：2008年我国人均国民总收入为2360美元,低于7958美元的世界平均水平,也低于中等收入国家人均国民收入2872美元的水平。人口规模过大还会影响就业。当前,我国就业人口占总人口的比例为57.85%。2008年,中国社会科学院颁布《社会蓝皮书》,称中国城镇失业率达到9.6%,超过了国际警戒线。2009年9月,麦可斯人力资源信息管理咨询公司调查了2009年我国大学毕业生的就业状况,并发表了跟踪调查报告,报告称到当年的8月25日,2009届大学毕业生中的43%没有找到工作。① 劳动力相对过剩的问题以及劳动力市场人力资源供需结构失衡问题,直接影响到了劳动人口的就业现状,间接影响了劳动力总人口的收入提高,对消费的扩大产生影响。

人口大国对资源消费的约束。我国国土总面积为960万平方公里,约占世界陆地总面积的1/15,占亚洲面积的1/4。在土地面积中,耕地面积占10%,森林面积占12%,草原面积占33.2%,淡水总面积占1.7%。由于人口众多,人均资源总量低于世界平均水平。我国人均耕地面积为1.5亩,为世界人均数的27%;林地人均1.8亩,不到世界人均数的12%;草地人均5亩,不到世界人均数的50%。

人口分布不均衡,东密西疏,人口增长过快,对土地的侵占越加严重。城镇化发展与住房建设占地,导致耕地面积日益减少,土地沙化、水土流失等问题越加突出。我国水土流失面积已由1950年的116万平方公里增加到2003年的170万平方公里,每年损失土壤达50多亿吨,相当于全国耕地刮去1厘米厚的肥沃表土。而生态系统自然形成1厘米厚的表土需要100~400年的时间。每年因水土流失而带走的氮、磷、钾等营养物质相当于全年生产的4000万吨化肥含的营养量。当前,环境退化所出现的问题有90%是由于人为活动因素造成的。

我国水资源总量为2.8万亿立方米,枯水年减少到2.46万亿立方米,平均为2.65万亿立方米。由于人口基数太大,人均占有量仅有2700立方米,不及世界人均占有量的1/4。且水资源分布不均,东南多,西北少,夏季降雨多,冬春季少,华北、东北和西北地区的水资源严重短缺。目前我国有188个城市供水紧张,日缺水量达1240立方米,每年缺水量45亿立方米。全国每年缺水达350亿立方米,当今我国人口超过13亿,生活和工农业生产需水量急剧增加,面临严重的水资源危机。

(三) 发展中国家的大国实力

根据国际货币基金组织的统计数据,无论是按照汇率法,还是购买力平价

---

① 席斌.关于失业人口过多与失业保险基金结余局面并存的思考[J].中外企业家,2009(10):70.

法，中国的国内生产总值在 2010 年均超过日本，成为世界第二大经济体。高盛公司的一份研究报告甚至预测，2041 年中国将超过美国，上升为世界第一经济大国。①

从绝对数量来看，我国很多经济指标名列世界大国地位，向世界强国位次看齐。我国目前是世界第一大出口国，第二大进口国，引资全球第二，对外投资全球第六，是世界上官方外汇储备最多的国家，是世界上最大的加工厂，是全世界铝矿石、铁矿石和铜矿石的最大消费国度。

但从平均与相对指标来看，中国人均 GDP 远远低于发达国家的水平。2010 年国际货币基金组织对世界 182 个国家人均 GDP 做了统计排名，以美国为首的发达国家人均 GDP 已超过 4 万美元，而中国人均 GDP 为 4520 美元（见表 4-8）。

表 4-8 2010 年主要经济强国人均 GDP 的排名

国家（地区）	人均 GDP（美元）	世界排名
世界平均	8985	
美国	47132	9
日本	42325	17
法国	40591	18
德国	40512	19
英国	36298	21
欧盟平均	32283	
中国	4520	90

资料来源：国际货币基金组织研究报告。

尽管中国近些年的经济增长速度很快，可以与发达国家的实力有一比拼，但是综合实力仍有差距，被国际认同为仍属于发展中国家之列。

1. 我国科技水平有待提高，与发达国家有一定差距

（1）自主创新的水平较低。国际上将技术进步对经济增长的贡献度超过 70% 以上的国家定义为技术创新型国家。而在这项指标衡量中，中国的仅为 40%。中国经济增长主要依靠资金、资源和劳动力的投入。

（2）科技成果转化率较低。目前，我国科技成果转化率仅为 25%，真正实现产业化的不足 5%，而发达国家科技成果转化率高达 80%。

（3）技术自给率较低。我国高新技术严重依赖进口，技术自给率较低，对外高新技术依存度高达 50%，发达国家这一指标均在 30% 以下，美国、日本只有 5%。

---

① Wison, D. and R.Purushothaman. Dreaming with BRICS: the path to 2050. Goldman Sachs: Global Economics Papers, 2003（99）: 19.

2. 经济增长质量有待提高，增长过程对资源环境依赖程度高

受技术水平低的限制，中国经济增长方式是粗放式的，高度依赖能源的投入。当前，中国二氧化碳的排放量为世界第一，很多能源消耗位居世界第一，是名副其实的世界工厂。2010 年，我国的 GDP 为世界的 9.5%，煤炭能耗占 46%，而同期美国 2009 年 GDP 占全球的 24%，煤炭消耗量仅占世界的 15.2%。中国目前成为世界上最大的能源消费国家。

3. 产业结构有待进一步提升优化

按照发达国家的经验和标准，理想的产业结构布局是"三二一"的模式。反观我国的产业结构，我国是"二三一"的排列。第二产业占比较大。2010 年，三次产业布局依次为：10.17%、46.87%、42.96%。美国 2008 年三次产业布局为：2%、22%、76%。与发达国家的产业结构对比还很明显。

尽管中国在过去的十几年间经济表现引人瞩目，但是，发展中大国的地位并未改变。人口与资源的比例使得地大物博的物质储备显得捉襟见肘。技术水平国际地位使得中国仍要依靠出口能耗高、劳动密集型的产品换取外汇。谨慎消费模式是中国自然条件下的必然选择与产物。

第二节 消费政策与消费模式

消费政策是国家根据一定的经济发展要求和运行状况制定的旨在使消费机制正常运行，使社会消费顺利实现的制度规定及具体措施的总和。政府需要根据宏观经济目标合理地运用消费政策，影响消费的经济环境，调节消费市场，进而实现对生产者之生产和消费者消费的引导。具体来说，一国的消费政策体系可分为宏观消费政策、微观消费政策以及与消费相关的政策体系三个层次。其中，宏观消费政策包括财政政策、货币政策、价格政策、收入分配政策。微观消费政策包括消费引导政策、消费教育政策、消费信用政策。

一、美国消费政策目标演变与消费模式

（一）20 世纪 50~70 年代，刺激内需

20 世纪 50 年代，饱受了第二次世界大战的创伤，整个世界进入相对和平的发展阶段。这一时期经济调控的总目标是推动经济增长，增加就业，维持国际收支平衡。调控政策的主要理论依据是凯恩斯主义，认为应由政府支持消费者的购买力，如果政府坚持预算平衡，就不能提高消费需求；该理论把财政政策作为主

要调控手段，货币政策处于从属地位，运用宽松的货币政策和财政政策来刺激消费。

1. 运用积极的财政政策，扩大消费

以凯恩斯主义理论为经济政策的指引，运用积极的财政政策引导消费，扩大需求。具体包括财政收入政策和财政支出政策两个方面。

（1）财政收入政策方面的减税政策。为了扩大消费，政府采取了降低税率，提高免税额等相应的措施。1948~1970年，美国颁布了12个税收法案，其中7个是减税法案。减税总额为262亿美元。个人所得税豁免额不断上升，50年代600美元，70年代升至1000美元。公司所得税也在下降中，最高边际税率从60年代的48%，降至70年代的46%。①

（2）财政支出政策方面，政府通过对商品和劳务的采购以及对消费者的转移支付的方式，刺激需求。在政府采购方面，据统计，美国各级政府购买的商品和劳务数额在1950年仅有85亿美元，1960年达1003亿美元，1970年又翻了一倍达到2201亿美元。在政府对个人的转移支出方面，据统计，政府1961年支付给个人275.2亿美元，占总支出的28.2%，到1970年为649.9亿美元，为总支出的33.1%。

通过增加社会保障支出，扩大消费。这一时期社会保障支出一直占财政支出的35%。1964~1974年的10年间，联邦政府财政用于住房、医疗、食品等各类福利补贴的支出从900万美元迅猛增加到54亿美元。② 社会保障支出扩大的同时，保障的范围也不断扩大，实行失业补偿、老年保险、医疗照顾制度，1978年底，美国最大的养老金资产已经接近2028亿美元，在劳动力中大约有一半，即5000万人已加入私人养老金计划。③

2. 宽松货币政策，积极配合刺激消费

1960年，艾森豪威尔总统在他给国会的经济报告中主张降低利息率，以扩大消费，解决失业等社会问题。具体措施如下：

（1）放松银根，降低利率。美联储在公开市场买进政府公债，降低银行储备金率，从最高的26%下调到最低的16.5%。降低贴现率，市场利率也随之下降，1960~1961年国库券由3%降为2.4%。针对企业投资不足问题，美联储在1967~1968年对500万美元以上的定期存款降低法定储备率，贴现率由4.5%下降到

---

① 薛伯英，曲恒昌. 美国经济的兴衰 [M]. 长沙：湖南人民出版社，1988：87.
② 闻潜. 宏观调控方式的国际比较研究 [M]. 北京：中国财政经济出版社，1999：181.
③ 陈宝森. 美国经济与政府政策——从罗斯福到里根 [M]. 北京：世界知识出版社，1988：709.

4%。对于扩大消费来说，降低利率，变相地增加了居民可支配收入，能够较好地刺激消费。

(2) 政府扶持消费信贷业务的发展。为了推广消费信贷，政府出台了专门的政策。成立了政府国民抵押贷款协会和联邦全国抵押贷款协会，鼓励向低收入家庭提供贷款，并由政府作担保，发行债券以取得购买这些贷款权的资金。这样既解决了低收入家庭的住房问题，又减少了贷款风险，增加了贷款机构发放消费信贷的积极性，有力地推动了住房消费信贷。消费信贷在政府的扶持与激励下有了明显的增长，1949年，消费信贷在美国整个个人消费支出中的比重只有4.7%，1979年则上升到25%。②

(二) 20世纪80年代消费政策

70年代的滞胀危机，进入80年代美国的消费调控格外谨慎，把消费和生产的协调增长，实现消费供需平衡作为主要经济政策的总目标。这一时期采用了货币主义、供给学派和理性预期学派等新自由主义的经济理论和政策主张。80年代消费政策几经变化：从80年代初期，控制消费增加，鼓励生产性投资，增加供给；到80年代中期，促进消费适度增长，增加供给；再到80年代后期，抑制消费过度增长的几番变化。消费调控政策从初期的弱化财政政策对消费的调节作用，到从长期执行宽松的财政政策转向实行紧缩性财政预算措施，以减少财政赤字。整个历程是货币政策的作用持续上升。

1. 货币政策的作用得到加强

(1) 严格控制货币供给量。货币政策手段发生了变化，从调节利率作为主要手段转向以直接调节货币供应量为主。通过控制货币供给量紧缩货币政策消除消费者的通胀预期，借助抑制通货膨胀来抑制消费，促进经济增长。1981年，M1的增长指标为3.6%，1982年为2.5%，1983年以后经济回升，M1增长指标为3.8%。80年代，美国运用货币政策调控消费表现了极大的灵活性，对经济走出滞胀恢复增长起了很大作用。

(2) 用提高利率的办法抑制借贷消费。以住房抵押贷款利率为例，根据《美国新闻与世界报道》1982年11月15日提供的材料估计，当贷款利率为12%时，有能力购买新住宅的美国人将近30%，当利率提高到13.5%的水平时，有能力购买人数为20%，利率进一步上升到17%时，人数进一步下降到12%。另外商业银行的优惠利率上升（1970年为7.91%，1984年和1989年分别上升为12.04%和10.87%），美联储的上述措施，一定程度上抑制了消费需求，稳定了物价，抑制

---

① 闻潜. 宏观调控方式的国际比较研究 [M]. 北京：中国财政经济出版社, 1999: 286~287.
② 经济日报经济研究中心课题组. 国外如何调控内需 [J]. 经济月刊, 1999 (4): 10-15.

了通胀的扩大。①

（3）通过金融改革，以取消储蓄存款利率最高限制的规定来大力吸引居民存款，抑制居民消费。美国国会1982年通过的《加恩—圣杰曼存款机构法》不仅准许储蓄贷款机构提供无利率最高限制的"货币市场存款账户"，也允许商业银行设置没有利率上限和存款客户可以任意开发支票的"超级可转让提款单账户"。这两项账户的设立，增加了对储蓄的刺激，使储蓄贷款机构的存款剧增。

2. 税收政策的搭配运用，促进储蓄与投资

20世纪80年代，政府的减税政策与削减政府开支、紧缩货币供给等政策搭配使用，为了促使因减税而增加的个人可支配收入更多地转化为储蓄，还配合以鼓励个人储蓄的政策。具体政策是：

（1）全面降低个人所得税税率。个人收入中利息、红利等非劳动收入的最高税率自1982年起从70%降至50%，资本收益税率自1981年6月起从28%减为20%。在累进税制下，这样的减税政策，有利于高收入者和投资者，并有利于储蓄和投资的增加。如，1981~1984年里根政府时期实行的减税计划使年收入1万美元的四口之家的减税仅为109美元，使年收入20万美元的家庭减税竟达10755美元，几乎为前者的100倍。②通过降低个人所得税率来鼓励储蓄，抑制消费，增加社会总供给。

（2）减免企业税。通过加速折旧，减轻企业税负；对企业投资给予纳税优惠，这样可以降低企业的固定资产成本，以便鼓励投资，刺激供给。

3. 减少公共支出，改革社会保障制度，推动社会保障私人化

为了削减财政赤字，减轻政府的社会保障负担，推动社会保障私人化，削减部分社会保障项目和开支。此举有利于减少财政赤字，又控制了个人消费需求。

这一时期，削减的社会保障项目有：减少了对抚养未成年儿童家庭补助项目，对已有职业的家庭取消了收益补助；减少了在医疗补助方面联邦对州的补贴；取消了收入在贫困线收入130%以上的人群食品补助；在住房补贴上，增加租赁者交付的部分房租的份额，取消大部分联邦建房补贴。③

（三）90年代以来消费调控政策的调整

90年代初，经济陷入衰退，出现失业率居高不下、巨额财政赤字、经济增长速度下降甚至负增长的现象。宣告了新自由主义理论的失灵，凯恩斯主义的国家干预理论再度上升为消费调控的主要理论依据。事实上，90年代以来，消费

---

① 王启云. 论80年代以来的消费调控[J]. 湘潭大学学报（哲学社会科学版），1995（1）：96.
② 杨鲁军. 论里根经济学[M]. 上海：学林出版社，1987：66.
③ 黄安年. 当代美国的社会保障政策（1946-1996）[M]. 北京：中国社会科学出版社，1998：224.

调控既有凯恩斯理论的影响,也有新自由主义理论的烙印,是两者的有机结合。

这次调整的主要内容包括:

1. 弱化财政政策的消费调控作用

克林顿执政以来,一方面精减财政支出,另一方面为了增加财政收入,提高了个人所得税、公司所得税和能源税,有效地削减了财政赤字。有针对性地扩大了科技、教育和研发方面的支出。面对信息经济时代的到来,结构性失业人数上升,增加了对教育、研发和培训的投资,有力地推动了信息技术等高科技产业的发展。通过对产业结构的调整,提高了劳动生产率,创造了更多就业机会,推动了工资水平的提高而不引发通胀,促进了个人消费水平的提高。

2. 发挥货币政策重要的调控作用

20世纪90年代以来,由于通货膨胀得到了较好的控制,货币政策手段由调节基础货币供应量转向调节利率。90年代初期经济衰退时,美联储通过降低利率,刺激消费,带动经济回升。美国从1991年2月到1992年7月,连续数次降低贴现率。通过低利率政策增加个人可支配收入中用于消费的部分,减轻了居民的利息负担,增加了居民对住房和汽车等耐用消费品的消费。

社会保障改革主要是进一步削减社会保障支出。1996年8月22日美国通过了《社会福利改革方案》,其核心是从1997年到2002年6月把联邦社会保障开支减少约550亿美元。改革社会保障事业的管理机构,提高工作效率,节省管理开支,突出环保政策的消费调控作用。环境保护战略从原来的事后治理转向事前预防,实现经济可持续发展。消费调控方面表现为:推行环境标志制度,大力扶持环保产业的发展,以及环保规则在对外贸易领域的广泛运用。

二、中国消费政策演变与谨慎消费模式

中国谨慎消费模式是我国新中国成立初期为了实现超英赶美的国家战略目标下的产物。从宏观经济政策上抑制居民消费,直接促成了我国谨慎消费模式的形成。改革开放以后,谨慎消费一度成为中国经济进一步发展的障碍,在双轨制和市场经济制度层面内,如何有效地刺激消费需求,修正谨慎消费带来的内需不足的问题成为当代经济发展的重要课题。

从消费政策变化来说明宏观经济政策对谨慎消费模式形成的意义是本部分写作意义之所在。新中国成立以来我国消费政策的演进经历了三个阶段:计划经济体制下的抑制消费政策、双轨制条件下的调节消费政策和市场经济体制不断完善条件下的刺激消费政策。计划经济时期有关的经济政策对我国谨慎消费模式的确立关系重大。

(一) 计划经济时期的消费政策与谨慎消费模式的孕育

新中国成立初期,计划经济体制的选择是因袭苏联建立社会主义社会制度的产物。我国的计划经济时期从时间断线来看,是指从我国社会主义制度确立至1978年改革开放以前的社会阶段。这一时期我国消费政策目标是限制消费、促进积累。其政策表现是:

1. 控制积累与消费的比例,重积累,轻消费

新中国成立初期,在优先发展重工业的战略目标驱动下,政府调节了积累与消费的比例。通过降低消费、扩大积累来蓄积重工业发展所需的资金。故此,居民的消费水平被控制在最低限度内。据统计,1955~1975年,我国的积累率由22.9%升到33.9%,而消费率则由77.1%降为66.1%(见表4-9)。

表4-9 计划经济体制下积累与消费的比例关系

年份	积累率	消费率
1955	22.9	77.1
1960	39.6	60.4
1965	27.1	72.9
1970	32.9	67.1
1975	33.9	66.1

资料来源:《中国统计年鉴》(1983年)。

2. 实行低收入的分配政策

由于消费是收入的函数,降低收入能够抑制消费的扩大。故此,政府发挥了其在收入分配中的职能,运用低工资政策来抑制消费。同时,由于产品供应短缺,居民生活所需的消费品基本上实行定量供应。据统计,20世纪60年代中期,我国城镇居民每人每月支出20元及以下的户数占总户数的59.74%,20~35元的占33.22%,35元以上的仅占7.04%,农村居民每人每月生活费支出还不足10元。

3. 实行长期稳定的低价格政策

在计划经济体制下,流通领域中的商品实行了统购统销,价格由政府统一制定。在政府的干预下,商品的价格常常低于商品的价值。统计表明,与1952年相比,1978年全国零售价格指数仅为121.6,职工生活费价格指数为125.3,尤其是1965年以后,消费品物价几乎冻结不变。与1965年相比,1978年职工生活费用指数仅为99.20,虽然这种低价格政策保证了低收入条件下居民基本生活需要得到满足,但是长期稳定的低价格政策再加上特殊的全包型的城市福利制度,使得城市居民的可支配收入大部分用于基本生活消费,形成了居民收入中储

第四章　经济要素与消费模式

蓄率偏低、消费率偏高的局面。

4. 票证制度计划供应，消费实物计划配给制

1953年11月1日，中国第一套商品票证——面粉购物证在北京发放，拉开了中国票证经济的序幕。随着政府对粮、棉、油、布等基本生活用品实行统购统销，全国各地有近200种物品采取了商品票证制度。1962年，一般的普通职工凭票供应商品有：每月30斤粮，2.5两油，2~3两肉，每年2.8尺布，衣、鞋票各1张。

上述抑制居民消费的经济政策的运用，一方面是受到新中国成立时期经济基础薄弱的局限而使用的权宜经济政策；另一方面也是社会主义计划经济体制的制度要求。通过以上抑制消费政策的措施，中国居民消费率低下，经济政策成为促进谨慎消费模式形成的政策性因素。

（二）双轨制条件下的补偿消费政策

1978年，中国实行改革开放政策后到20世纪90年代前期。这一段时间由于前一阶段抑制消费政策导致宏观经济发展失调，影响了社会生产的进一步发展。为了实现国民经济的持续、快速、健康发展，国家采取了补偿消费政策。

1. 在保证基本建设资金的前提下，提高了消费率

改革开放以后，针对计划经济时代出现的高积累、低消费政策运行带来的社会经济问题，政府调整了不适当的积累与消费的比例，在保证基本建设资金充足的基础上，逐步提高了消费率。消费率的提高，适度地改善并提高了居民的生活水平，促进了国民经济的发展。1980年与1978年相比，积累率由36.5%下降到31.6%，而消费率则相应地由3.5%上升到68.4%，1982年消费率进一步提高到68.7%。

2. 调节收入分配，增加居民收入，提高居民的消费水平

提高消费水平，先要增加收入。消费水平的高低取决于居民收入水平的高低。1979~1992年，全国工资总额年均增长9.6%，实际平均工资年均增长4.2%，收入水平的提高，大大提高了消费者的购买力。1978年，全国居民年人均可支配收入为171.2元，1992年居民可支配收入增加到1127.33元，比1978年增加了956.13元，扣除物价因素（1978年为不变价），实际增加了329.39元，是1978年的2.9倍。改革后的14年里，平均每年增长7.97%。其中农村居民年人均纯收入1978年为133.6元，1992年为784元，增加了650.4元，实际增加了295.52元，是1978年的2.21倍，年均增长率为5.83%；城镇居民年人均可支配收入为343.4元，1992年为2026.6元，增加了1683.2元，实际增加了456.36元，是1978年的2.33倍，年增长率为6.22%。收入水平的提高带来消费水平的增加，1978年全国人均年消费水平为184.903元，1992年为938.55元，比1978

年增加 753.98 元，扣除物价因素，实际增加了 29.023 元，是 1978 年的 1.57 倍，消费水平年均增长 3.27%。农村居民 1987 年的消费水平为 104.14 元，1992 年为 659.01 元，增加 554.87 元，实际增加 301.97 元，是 1978 年的 3.9 倍，年均增长率为 10.21%。城镇居民 1978 年的消费水平为 42.273 元，1992 年为 1672 元，增加了 1249.27 元，扣除物价因素实际增加了 507.03 元，是 1978 年的 2.2 倍，年均增长率为 5.79%。①

3. 运用货币政策和财政政策调节消费，抑制消费过热势头

改革开放后，政府开始学习运用各种各样的经济政策工具调节消费水平，控制经济发展的速度。在国内需求不足时，增加财政支出，拉动经济增长；在经济发展过热时，削减财政支出，抑制通货膨胀。20 世纪 80 年代末期至 90 年代初期，国民经济一度出现了消费基金过度膨胀、市场物价不断上涨、通货膨胀严重的状况。对此，我国政府调高利率，将一年期存贷款利率分别由 1981 年的 3.4% 和 4.6% 提高到 1990 年的 10.08% 和 10.08%，达到了刺激储蓄、抑制消费过快增长的目的。同时，政府削减财政支出，使年度财政支出增长率从 1990 年的 17.2% 降低到 1991 年的 9.2%，有效地稳定了物价，抑制了经济过热势头。90 年代中期以来，随着需求不足对国民经济的制约作用日益明显，我国转而实行积极的财政政策，于 1997 年、1998 年分别增发 2000 亿元、640 亿元国债，有效地扩大了市场需求，拉动了经济增长。

4. 进行产业结构调整，促进消费结构合理化和更好地满足人民消费需要

产业结构的变化为消费结构的变化提供了物质保障与基础，产业结构的特点决定了消费结构的特点，合理的产业结构能够促进消费结构的转换。消费结构的升级依赖以产业结构的调整为前提。

改革开放以来，我国的产业结构调整经历了三个阶段：1978~1984 年是第一产业快速发展时期；1985~1992 年是非农产业较快发展时期；第三阶段是从 1993 年至今，是重化工业和第三产业主导时期。

与产业结构调整相适应，消费结构不断转变升级。以居民的家电用品消费为例，居民的家电从"老三件"向"新三件"②转变，新三件是中国小康时代的标志性的消费品。可见，产业结构的调整直接带来消费结构的升级变化。

(三) **市场经济体制下的刺激消费政策**

从 1997 年下半年开始，我国经济生活中出现了消费需求不振、固定资产投资放缓、物价总水平不断下降的局面。这样，自 1998 年开始，政府部门采取了

---

① 孙国峰. 中国居民消费行为演变及其影响因素研究. 南京农业大学博士论文 [D]. 2003: 50–51.
② 老三件：自行车、手表、收音机；新三件：冰箱、彩电、洗衣机。

多种刺激消费政策。其核心是扩大居民消费需求,提升居民消费倾向。

1. 调整收入分配政策,提高中低收入阶层的收入和消费能力

通过增加中低收入者收入及提高"三条保障线",保障低收入者的基本消费。特别是 2003 年以来的清理拖欠农民工工资和实行粮食直接补贴的举措,大大提高了农民的收入水平和消费能力。

2. 实施稳健的货币政策,调整居民消费倾向,鼓励即期和信贷消费

自 1996 年以来,中央银行为扩大内需,先后 8 次降低存贷款利率,同时适当放宽贷款条件,鼓励消费,刺激投资。截至 2001 年 6 月底,全国商业银行个人住房贷款余额已达到 4454 亿元人民币,相当于 1997 年底的 23 倍。

实施积极的财政政策,影响消费者的消费行为。自 1998 年以来,我国累计发行国债 5100 亿元,用于基础设施建设和企业技术改造等项目,并先后两次提高了机关事业单位职工工资,调整了相关财税政策刺激消费。

培育新兴产业,形成新的消费热点,刺激消费。在原有的消费热点逐渐冷却,居民收入水平不断提高的情况下,很多地方都把房地产、通信、旅游、汽车、计算机作为新的消费热点。同时,政府大力推进住房改革,停止福利分房,推动住宅市场的发展。

采取措施引导消费,改善消费环境,消除消费障碍。一方面,实施长假政策,让消费者有时间消费,带动消费市场。另一方面,清理和取消了一些限制消费的政策措施。大规模地进行了城乡电网改造,取消了电话初装费并一定程度上降低了资讯费用,这些政策措施在一定程度上刺激了居民的消费需求。

第三节 经济制度与消费模式构建

制度经济学派学者康芒斯认为,制度是在其中个人行动受到限制、获得解放并得以拓展的集体行动。制度通过四种途径约束行为:一是制度限定了行为选择的范围与边界;二是制度影响行为选择的方向;三是制度限制了选择行为的理性程度;四是制度约束会在社会化或再社会化过程中内化到人的心理结构中,并构成人们习性的"行动纲领",从内部支配人们的行为。制度能够约束人的行为,那么制度就能对消费者的行为施以影响。各个国家的经济制度不同,消费者行为也因此不一,形成了各具特点的不同消费模式。

一、美国经济制度与过度消费模式

经济制度属于上层建筑范畴,受到生产关系及所有权制度的影响,并与政治制度紧密联系。不同的社会经济形态决定不同的经济运行机制,而法律和法规将经济运行机制固化为经济制度;经济制度通过经济机制反作用于社会经济生活。这也是不同的经济制度塑造特定消费模式的原因之一。

(一)自由资本主义制度固有矛盾的必然

从自由资本主义制度缺陷的角度来分析美国消费模式的形成及其特征,是一些学者们的共识。中国社会科学院经济研究所原副所长于祖尧认为,由过度消费模式所引发的美国金融危机,其根源和祸首在于美国经济制度的严重病症和经济体制的致命缺陷;是主张放任自流、鼓吹市场万能、反对国家干预和调控的新自由主义的必然恶果。①

美国自由资本主义经济制度经过1861~1865年的美国南北战争,奠定了资本主义生产关系在美国的合法地位。20世纪30年代,美国自由资本主义制度经历了世界性的经济危机,做出凯恩斯式的修正。凯恩斯主义的出现标志着美国经济由自由资本主义时期进入国家垄断资本主义时期。20世纪70年代的滞胀危机形势的泛化,使得以凯恩斯思想指导的政府干预经济为特点的美国市场经济模式再次发生转型。新美国模式的说法由此诞生。

美国经济模式与同样建立在市场经济基础上的其他资本主义发展模式有所不同,有其特殊性。与欧洲的莱茵模式和日本的公司资本主义模式相比,在政府作用与市场角色重要性上,在对公正与效率追求的先后顺序的侧重上都有所不同。美国经济模式的特点:一是在国家与市场关系上,美国政府对经济的干预相对要少些,是一种"小政府、大市场"的经济模式,充分发挥市场的自我调节作用。二是与欧洲、日本模式重视社会福利和劳资合作以缩小两极分化不同,美国模式明显重效率、轻公正,因此社会贫富分化严重。

尽管美国资本主义有其特殊性,但是作为资本主义制度,它具有一般资本主义的特征,而一般资本主义制度存在着自身不可克服的内在矛盾。生产社会化与生产资料私人占有之间的矛盾,生产力的无限扩大与购买力缩小间的矛盾,是导致周期性的经济危机的根源,也是导致需要制度性的刺激消费,避免生产过剩危机的主要原因。次贷危机的本质是消费过度的危机,危机是资本主义制度固有矛盾的体现与后果。

对于资本主义制度固有的生产相对过剩危机现象发生的原因,不同学派的解

---

① 于祖尧. 美国经济制度严重病症引发全球危机 [J]. 创新科技, 2009 (2): 6.

释不同：凯恩斯派别以有效需求不足论为代表，马克思主义派别从生产相对过剩的角度去解释这种危机现象。迄今为止，对经济危机的解释有古典和当代两种代表性的说辞。

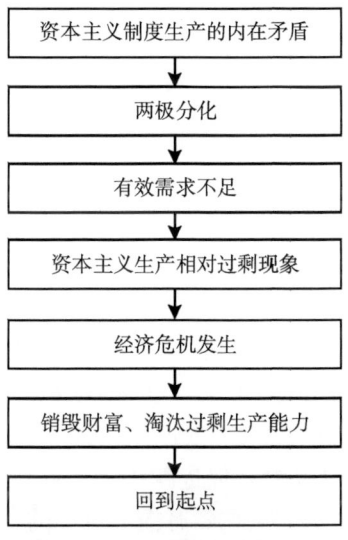

图 4-3 古典危机的产生流程

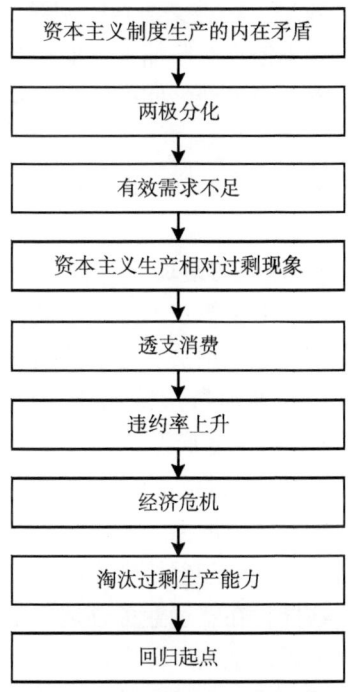

图 4-4 当代危机的产生流程

对比以上两种不同时代出现的生产过剩危机，其共性都是马克思意指的生产相对过剩的危机。不同之处是：古典危机中，相对生产过剩直接表现为有效需求不足，商品卖不出去；而在当代危机中，通过增加透支消费、违约率上升两个环节，一方面延迟了危机，另一方面生产过剩不再直接表现为有效需求不足，而是表现为有效需求旺盛，甚至表现为有效需求过度。然而，不管是古典危机还是当代危机，无论是供给相对过剩还是需求相对不足，这些说法背后仍旧是社会供给与需求之间的矛盾，即资本主义内在矛盾的体现，这些矛盾的存在使得经济危机爆发成为不可避免的事实。

由此而来的解决生产过剩的问题，成为西方经济政策挽救制度缺陷的现实必然。1929年的大危机催生了凯恩斯经济手段，即政府干预投资和刺激个人消费，实质是推动政府和个人共同消费以化解有效需求不足的矛盾。从历史上看，具体解决措施有：①削减产量，曾经有资本家把牛奶倒进河里，这种办法被看做是恢复供需间数量与价格平衡的主要手段；②扩大政府公共支出，这是在私人缺乏消费意愿和实力的背景下，特别是危机到来时期，由政府充当消费者和投资者；③调整分配格局，通过税收政策来促进购买力；④透支消费，分期付款贷款消费，信用卡购物，次级房贷等办法虽然有损于资本的即期利益，但消费者提前支付了远期利益，寅吃卯粮已成为目前西方极为流行的一种生活方式。从实践来看，透支消费取得了明显的效果。在透支消费的支撑下，20世纪90年代中期以来，美国居民的个人消费增速不但没有收缩，反而呈现出加速增长的态势。透支消费与透支经济暂时填补了收入与消费之间的缺口，从而掩盖了本国的经济扩张与有效需求不足的矛盾。

以上事实说明，资本主义制度和其固有的矛盾是过度消费现象发生的社会体制性的因素。

（二）借贷制度对过度消费模式的助长

过度消费现象的出现与过度消费模式的形成与美国完善的信用制度有直接关系。信用制度为美国消费者实现透支消费、超前消费提供了金融保障。信用消费也称透支消费或借贷消费。这种消费形式始于19世纪末到20世纪20年代（1880~1920年），当时，美国经济从生产型社会过渡到消费型社会。20世纪初期刚刚发展的工业化生产，使得大件工业品的价格较消费者的收入来说还是略显稍高，相对于消费者当期收入来说完成即期消费依然是非常困难的奢望。

而1929~1933年的经济危机又迫使经济学家必须破解有效需求不足与工业化刚性过度供给之间的矛盾。这样，在金融业务领域中信用消费作为金融产品业务的创新形式，成为缓解供需矛盾的辅助手段应运而生。

借贷消费的发展，离不开制度上合法化的法律规定。制度上合法化为过度消费成为消费习惯继而固化成为消费模式起了积极的促进作用。在美国,由金融组织介入提供消费信贷并取得合法地位是在 1916 年。这一年,美国国会根据罗索·赛奇基金会 (the Russell Sage Foundation) 对小额现金贷款情况进行详细调查后认为,只有通过市场经济的手段,鼓励合法的金融机构发放消费信贷来满足市场的需求,才能逐渐取代高利贷行为在借贷双方间的不当影响。根据这一提议,1916 年国会颁布了《统一小额贷款法》(Uniform Small Loan Act),各州也先后制定了本州的小额贷款法。这项法律为小额现金贷款提供了基本的准则。根据《统一小额贷款法》,贷款中的所有收费都必须公开,除公开的收费外不应当另外收取费用。同时为保护借款人的利益,这项法律规定小额贷款的最高月利率不得超过 3.5%。《统一小额贷款法》的制定,在美国消费信贷发展史上具有十分重要的意义。它意味着以赚取合理利润为目的消费信贷业务不再是非法的行为,而是一种合法的、正常的商业行为,这就为商业银行等金融机构开展消费信贷提供了法律依据和保障。此外,《统一小额贷款法》以法律形式规范了作为消费信贷提供者的金融机构的行为,有效地限制了高利贷活动,保护了消费者的利益。从此以后,消费信贷市场开始走向规范、健康发展的轨道。

第二次世界大战以后,美国消费信贷在前期的制度保证下进一步发展。表现在:

1. 信用消费的规模迅速增长

从 1950 年到 1995 年的 45 年间,分期付款余额从 155 亿美元增长到 10245 亿美元,增长 65.1 倍。非分期付款消费信贷余额由 1950 年的 101 亿美元上升到 1985 年的 738 亿美元,增长 6.3 倍。1945 年美国各项消费信贷余额仅为 242.65 亿元,到 1999 年更是达到了 58750.07 亿元,增长了 240 倍。

2. 信用消费领域不断扩大

信用消费领域从住房、汽车等耐用消费品扩展到住房装修、教育、医疗、旅游等服务领域,甚至可以贷款支付所得税和电话费、水费、电费等各种费用。几乎消费者对各种商品和服务的需求都可以获得消费信贷的支持。

3. 消费信贷品种不断创新

随着信用消费的发展,消费信贷市场竞争日趋激烈。金融机构为了提升竞争能力,扩大市场份额,通过不断地创新消费信贷品种来吸引消费者。例如,20 世纪 50 年代美洲银行将高科技技术运用于金融领域,推出了信用卡,通过核定透支额度的方式循环使用消费贷款,取代了现金支付和逐笔审批贷款,从而大大方便了信用消费。到 20 世纪 90 年代,以信用卡为主的循环信贷超过占首位的汽车分期付款信贷,1996 年占到了中短期消费信贷的 50%。

4. 消费信贷机构日益多元化

消费信贷机构经过长期发展,形成了竞争性、多层次的体系。主要包括以下几类机构：一是商业银行，它们是提供消费信贷最重要的机构，通常占有消费信贷市场 1/3 以上的份额，特别是在分期付款和住房抵押贷款领域占有重要地位；二是银行性储蓄机构，包括储蓄放款协会，以提供住房抵押贷款为主、互助储蓄银行、信用合作社等；三是消费者财务公司和销售服务公司，以提供分期付款信贷为主；四是各种非储蓄性金融中介，包括货币市场互助基金、投资公司基金、退休信托基金、人寿保险公司、人寿灾害保险公司、私人养老金基金和金融公司等。多元化的消费信贷金融机构为消费者提供了各种选择，扩大了消费信贷的供给，大大促进了信用消费的发展。

（三）社会保障制度对过度消费模式的助推

社会保障制度是指国家在公民患病、年老、遇到意外事故等情况下，对公民受到的损失或生活处境的困难给予物质帮助，以保障其基本生活条件的一种制度。社会保障制度的有无对消费需求扩大的影响甚大。社会保障制度通过调节社会各阶层居民的收入分配，影响居民对不确定性风险的预期，增加心理安全感，进而促进了居民的即期消费。根据凯恩斯的理论，社会保障机制具有调节社会再分配的功能，缩小社会贫富差距，从而扩大社会整体的消费需求。美国完善的社会保障制度的建立是过度消费模式的助推。

美国社会保障制度的演变有一个发生、发展和逐步完善的过程，这个过程伴随着近代美国经济的发展史。它是美国经济发展的保护器、安全阀、调节剂。最初，美国有保障性的福利组织存在于民间，它是美洲大陆移民仿效英国济贫法——《伊丽莎白济贫法》而申办的民间慈善协会。1657 年由私人组成的苏格兰人慈善协会，是由居住在波士顿的 27 个苏格兰人组成。后来波士顿出现了圣公会慈善协会、爱尔兰慈善协会等团体，纽约也出现了法国人慈善协会和德意志人慈善协会等团体。私人慈善组织主要通过捐税、捐赠、遗赠及其他形式提供慈善基金，向需要救助的穷人提供现金及食品、衣服、居住条件。

社会福利制度存在的合法化发生在美国独立战争之后。美国建国后，"促进公共福利"思想被正式写进了 1787 年的《美利坚合众国宪法》。它规定"国会有权课征直接税、关税、输入税和货物税，以偿付国债，提供合众国共同防务和公共福利"，这既是美国社会保障意识条文化的开始，也是美国社会保障制度法制化的起点。在整个 19 世纪，虽然美国把公共福利写进宪法，但整体社会保障依然停留在地方性济贫的较低水平上，没有形成全国统一的制度，离合众国缔造者们所承诺的"促进公共福利"的目标相去甚远。

现代美国社会保障制度建立于 20 世纪 30 年代。1935 年 8 月 14 日《社会保障法》的签署，标志着美国社会保障制度的正式确立。"二战"后至 20 世纪 60 年代末，美国社会保障政策逐步完善，内容逐步涉及个人的衣、食、住、行、生、老、病、死等诸多方面，成为名副其实的福利国家。[①]

美国完善的社会保障制度，涵盖社会保险、社会福利、社会救济三个部分。完善的社会保障制度成为美国消费者过度消费的心理基础，扩大了居民消费支出预算，降低了储蓄率。其具体运作方式是：

（1）对个人储蓄的挤出效应（Crowding-out Effect）。对于每个享受社会保障的公民而言，完善的社会保障制度帮助他们抵御了未来意外的社会风险，降低了自己需要担负的生活成本，进而有更多的可支配收入用于生活其他方面的消费。例如，作为受教育者，美国公民可以接受免费的从小学至高中的公立教育；作为失业者可以领取失业救济金；低收入家庭可以获得政府补助，如救济金、退休金、免费医疗、房屋津贴、粮食券、电和煤气等能源补助等。经济学家把完善的社会保障制度对居民储蓄的替代作用称为挤出效应。美国学者马丁·费尔德斯坦（Martin Feldstein）1974年在《社会保障，引致退休，资本积累》一文中分析了社会保障对储蓄的经济效应。费尔德斯坦使用了美国1929~1971年的总时间序列数据，并对1947~1971年的数据进行了单独的分析。研究结果表明，美国的社会保障制度大约减少了50%的个人储蓄，即社会保障提供的公共养老金计划对个人储蓄具有挤出效应。

（2）公共储蓄对个人储蓄的挤出作用。西方国家的社会保障制度基本上采用了现收现付制。它以近期的收支平衡为原则，因此短时间内基本可以保障收支平衡的公共养老金计划不会对公共储蓄产生影响。但是从长远来看，现收现付制度可能要抵消公共储蓄的盈余，甚至对个人储蓄产生挤出效应。这是因为，在现收现付的公共养老金制度建立初期，由于制度赡养率低，公共养老金计划可能会有盈余，因此增加了公共储蓄；或者是通过较低的税率促进了私人储蓄的增加。无论哪种情况，都会部分地抵消公共养老金计划对个人储蓄的挤出效应。

总之，社会保障制度所产生的储蓄效应，降低了美国社会整体乃至居民个人的储蓄总量。储蓄总量的下降与消费规模的上升，使得美国过度消费现象因社会保障制度的存在而有所增强。

二、中国经济制度变迁与谨慎消费模式的关联性

从经济理论层面上讲，制度变迁的动机是人们对在现有制度结构中无法获取的潜在利润的预期和追逐。对潜在利润的预期抑或外部利润的存在，理论上意味着社会资源配置尚未达到帕累托最优状态，有进行帕累托改进的可能性。帕累托改进实质上就是指现有资源的配置还有改进的余地或潜力。由于外部利润不能在

[①] 黄安年.当代美国的社会保障制度［M］.北京：中国社会科学出版社，1998：141.

差异、耦合及诠释：多维视角下中美消费模式的比较研究

现有制度结构中获取，因此有必要进行帕累托改进。要获取外部利润，就必须进行制度的再安装（或制度创新），制度变迁因此成为可能。

制度变迁是一种创新的过程，意味着一种更有效的制度安排对另一种制度安排的替代过程，制度变迁是由生产力决定的不断变化的社会历史过程。根据这种思想，本书将制度变迁具体化为从计划经济向市场经济的演变。制度变迁对居民消费的影响是直接且复杂的。

（一）制度转轨过程中的不确定因素

计划与市场都是资源配置的手段。在市场经济条件下，计划的运用旨在最大化地回避市场主体，即消费者和生产者行为的不确定性，提高生产者和消费者应对不确定性的能力。我国计划经济制度的历史根源是落后的半自然经济制度和中央集权的政治制度，短缺、行政性是这种落后经济的特质。

从新中国成立到 1978 年改革开放，计划经济制度在我国运行了约 30 年之久。近 30 年的时间里计划经济体制在中国完成了制度的建立、发展与巩固的进程。1978 年以后，计划经济制度进入了制度变迁的进程。而这一变迁过程，是改革开放持续深化、最终建立社会主义市场经济制度的过程，是封闭的中国经济逐步走向世界、融入国际经济体系的过程。由于制度变迁的过程中带来了经济发展中的风险与不确定性因素，因此对我国居民消费模式的形成产生了深远的影响。

（1）制度变迁的过程，导致了居民不确定预期的形成，影响了居民的消费心理和消费行为。制度变迁涉及多重利益主体分配的转换，伴随着较多的不确定性。处于制度变迁过程中的消费者，对新制度何时能建立起来以及其能带来多少潜在收益，缺乏充分的信息，无法形成稳定的预期，储蓄倾向增加。增加储蓄增加了自身安全感，抵御制度变迁对个人未来不确定性的影响，使个人一生的消费尽可能保持平滑。20 世纪 90 年代初期，我国的经济改革已经从农村转向城市，从量变转向质变。与计划经济相对应的城市福利制度和用工制度都发生了调整，国家为城市居民提供的各项福利从低价补贴、免费供应到就业、医疗、退休养老、子女教育、住房等方方面面的福利都在逐步缩减支出的范围和数量。从 2000 年起，中国城市职工停止了福利分房、医改使得个人医疗支出增加、教改提高了教育收费标准，这些改革最终使原本由政府和单位承担的福利性支出逐渐转移到居民身上。总之，改革使城市居民对未来支出的不确定性预期增加。

（2）制度变迁导致资源配置方式发生了改变，从而打破了消费者原有的消费预算，进而影响了消费者的消费行为。从本质上看，制度变迁主要表现为资源配置方式的改变。例如，计划经济国家的市场化改革，实质上是用市场体制代替计划体制进行资源配置的变迁过程。资源配置方式的改变，将改变消费者获取收入的方式，从而改变消费者的收入预期和消费预算，导致消费心理和消费行为随之

第四章 经济要素与消费模式

转化。例如,在中国传统计划经济体制下,购买住房是不进入城镇居民的消费选择范畴的,原有的住房都是国家分配的;但随着住房体制的改革,有的消费选择预算被打破,住房和其他商品一样也逐渐成为消费者选择集合的一部分,并且所占的比重日益加大。

从我国居民消费结构阶段性的变化过程,可以发现20世纪90年代初期居民各项生活消费支出结构中,主要消费构成依次是食品、衣着、家庭设备用品及服务、娱乐、教育文化服务等。从1993年开始,娱乐、教育文化支出超过家庭设备成为第三大居民消费支出项目;90年代中期以后,住房成为第四大居民消费支出项目。从增长速度来看,1990~2006年,居民医疗保健支出在所有消费支出项目中增长最快。消费构成的变化,是社会进步的体现,也打破了消费者预算的平衡,健康医疗、住房储备使得居民不得不储蓄,不得不控制当期消费。谨慎消费在中国具有时代的特点和制度变化的印记。

(3)制度变迁,导致城镇居民摩擦性失业增加,城市居民就业稳定性减弱,失业现象出现,再就业的困难加大,与就业直接相关的收入预期不乐观,消费心理趋向谨慎。中国人民银行2000~2004年第二季度居民储蓄动机调查问卷结果证明,从人民银行的统计结果来看,居民为教育、医疗和养老、住房而进行储蓄的人数一直都占到了50%以上,而且还有上涨之势,居民的预防性储蓄之势不断加强。

总之,制度变迁通过增加居民制度变迁预期,改变消费心理预期、预算约束,以及增加摩擦性失业人口的数量,增加了消费者的风险意识,重新塑造消费者的选择行为,推动了谨慎消费特质的形成。

(二)社会保障制度不健全因素

理论上说,美国社会保障制度的完善对过度消费模式形成的助推从反面证明了社会保障制度的完善将会影响消费需求的扩大。社会保障作为一种重要的公共产品,该产品生产的宗旨是体现社会公平,保证社会的稳定。同时,它的建立和完善对于宏观经济调控,对于消费需求的调控,都具有重要的积极作用。完善的社会保障机制通过向低收入者及丧失了收入能力的人群提供收入支持,实现了对市场化收入分配机制缺陷的弥补。社会保障通过转移支付,普遍增加了低收入者的收入,在一定程度上改变了社会收入分布,也具有提高全社会平均消费倾向的效果。

我国社会保障制度是在革命战争年代供给制基础上建立起来的。1978年改革开放前,中国长期实行与计划经济体制相适应的社会保障制度,实际的保障范围与程度都是有限的。20世纪80年代中期以来,伴随着我国社会主义市场经济体制的建立和完善,经济发展水平和财政收支水平上升,逐步建立了与市场经济体制相适应、由中央政府和地方政府分级负责，政府、企业、个人共同参与的社会保障体系基本框架。

但是，当前这个社会保障制度存在着资金筹措不足、社会保障的覆盖面不够、社会保障水平过低的问题，成为我国居民消费需求增长的阻碍因素。具体表现在以下方面：

1. 社会保障制度建设中覆盖面的问题

在计划经济体制下，我国长期实行国家通过企事业单位向居民提供基本生活保障、医疗、养老服务等社会福利。不是真正意义上的社会保障制度，是企事业单位特定人群的小福利制度，福利措施存在严重的"所有制歧视"。只向全民所有制职工提供，很多福利将没在全民所有制企事业单位从业的城市居民也排斥在外。

社会主义市场经济体制建立后，由于政府财力不足等原因，政府虽然强调"社会保障体系是我国社会主义市场经济体制的重要支柱，关系改革、发展和稳定的全局"，但基本思路却坚持"当前和今后一个时期内，完善我国社会保障体系的重点是城镇职工基本养老保险、基本医疗保险、失业保险和城市居民最低生活保障四项社会保障制度的改革和建设"，基本上沿用了计划经济时期的模式，将保障对象仅限定为在业和曾经就业的城市居民。在业和曾经就业的城市居民的家属与农村居民仍然都被排斥在社会保障体系之外。

仅就城市本身而言，国企下岗职工的基本生活保障、失业保险、城镇居民最低生活保障，这三条保障线尚未能覆盖到城镇全体社会成员。据统计，2004年底，全国参加养老保险的在职职工人数为12250万人，占城镇从业人员总数（26476万人）的46.3%；全国参加医疗保险的职工人数为9045万人，占城镇从业人员总数的34.2%；全国参加失业保险的职工人数为10584万人，占城镇从业人员总数的39.98%，与实现覆盖全体城镇劳动者相比，分别相差53.7%、65.8%和60.02%。此外，在城镇化过程中迁移人口的保障尚未落实。1亿多农民工基本未享受社会保障，1.38亿名乡镇企业职工徘徊在城乡社会保障的边缘，4000万名失地农民未能得到有效保障。

2. 城乡社会保障制度实际差别较大

我国是典型的城乡二元化经济。现行城镇职工社会保障制度是在城乡分割的背景下建立的，8亿名农民几乎没有任何社会保障。我国社会保障支出占GDP的7.15%，其中绝大部分也被占总人口43%左右的城镇居民所享受，而占总人口大多数的农民享受的社会保障支出偏低。2004年时城镇享受最低生活保障的人数约为2205万人，而农村仅有488万人，相对于农村将近3000万人的贫困人口而言，农村社会保障无异于杯水车薪。

从社会保障项目来看，医疗、养老、失业和住房等专项社会保障体制不能发挥应有的功效，在不同程度上影响着居民的储蓄动机，储蓄仍是居民自我保障的避险工具。以医疗保障来说，由于存在着医疗资源短缺、医疗资源配置不合理、医疗机构管理体制不完善、药品流通环节混乱等问题。看病难、药价高已成为老百姓最发愁和最不满的事。卫生部 2004 年 12 月公布的最新全国卫生服务调查结果显示，过去 10 年，我国年患病人次为 50.8 亿人次，比 1993 年增加了 73 亿人次。但去医院看病的人数却明显减少，有近一半（约 25 亿人次）的患者不到医院就诊。29.6%的人应住院而不住院。调查报告显示，在过去 5 年中，我国城市居民年均收入水平增长了 8.9%，农村增长了 25%，而在年医疗卫生支出上，城市和农村居民则分别增长了 13.5%和 11.8%。2003 年，我国城市居民人均就诊费用为 219 元，人均住院费用为 7606 元，分别比 1998 年增加了 85%和 88%；农村居民人均就诊费用为 91 元，人均住院费用为 2649 元，分别增加了 103%和 73%。医药卫生消费支出已成为中国居民继家庭食品、教育支出后的第三大消费。

3. 在城镇的失业保险方面，也存在着失业保险覆盖面过低、失业保险金水平较低、再就业渠道不畅等问题

我国现有的失业保险不能很好地发挥应有的作用，致使众多失业者和下岗职工的生活极端贫困、艰难。失业与下岗职工的生活贫困状况以及再就业的困难，导致他们的消费意愿极低，无力消费，并且还以"示范效应"影响着其他城乡居民，使有消费能力的居民不敢放手消费，降低了整个社会的消费倾向。

4. 社会保障支出水平低

在国际上，一般将社会保障支出占 GDP 的比重作为衡量社会保障支出水平的指标，按此指标，1996 年美国为 1.65%、英国为 22.8%、挪威为 28.5%、瑞典为 34.7%。而我国财政支出中社会保障支出数额从 1998 年的 598 亿元增长到 2005 年的 3600 亿元，虽然增长较快，但相对于 182321 亿元的 GDP，社会保障支出水平也仅仅只有 1.9%，与发达国家相比差距悬殊。尤其是在农村，从 1991~2001 年我国农村社会保障支出占 GDP 的比重来看，依次为 0.27%、0.21%、0.17%、0.15%、0.15%、0.17%、0.16%、0.18%、0.16%、0.16%、0.17%，平均值仅为 0.18%，农村的社会保障水平严重偏低。

可见，与西方国家完善的社会保障机制相比，中国目前社会保障体系还存在社会覆盖面小、保障功能欠缺、保障水平低等问题。社会保障制度完善过程中存在的问题成为影响居民消费扩大的制度性因素。

（三）**城乡二元经济结构因素**

1954 年，英国著名经济学家阿瑟·刘易斯提出了二元经济结构理论。他认为，发展中国家在经济发展的初期，存在着两个经济部门：一个是以农业和农村落后生产方式为代表的传统生产部门；另一个是以工业和城市现代生产方式为代

表的资本主义部门。

社会两大经济部门的劳动生产率差别很大。传统农业部门存在着极低的、低到零甚至负数生产率的"剩余劳动",而现代工业部门中的劳动生产率却远比农业部门高。部门劳动生产率的差别,决定了工业部门中工人的平均工资要高于农业部门农民的平均收入。产业工人与农业人口收入的差别对于资本积累和再生产活动中扩大生产极有帮助。由于产业工人多分布在城市,农业劳动力分布在乡村,因此,城乡二元经济结构致使城乡居民收入之间出现较大的差别。

中国是发展中国家,二元经济结构特征突出。从我国产值结构看,传统农业在我国GDP中所占比重大,1978年我国农业产值比重为27.9%,到1993年时我国农业产值比重为19.4%,到2005年时我国农业产值比重为12.6%。在这将近20年的时间里,我国农业产值比重下降较慢。从我国就业结构看,农业劳动力转移速度缓慢,1990年我国就业人员在农业部门的就业比重为60%,1997年占50%,2000年占50%,2005年占45%。这表明改革近20年后,我国仍有约一半的就业人员在农业部门。2005年,全国有75825万总人口,其中,第一产业就业人口为33970万人,占44.8%;第二产业为18084万人,占23.8%;第三产业为23771万人,占31.3%。在全国总就业人口中,非农产业的职工已占55.1%,超过了农业劳动力的比重。目前,我国的农业从业人员比重依然偏高,仍然显明了我国具有二元经济结构的特点。

二元经济结构决定了我国城乡二元消费结构,即出现了与城市现代部门相对应的高水平、现代性消费群体,以及与农村传统部门相对应的低水平、传统性消费群体。城乡二元消费结构是由城乡居民收入差距扩大引起的。

1. 二元结构下的城乡之间收入差距扩大

自1978年以来,我国城乡间居民收入差距在总体上呈现扩大化的趋势,其间经历了先缩小、再扩大、又缩小、又扩大的四个过程(见表4-10)。20世纪90年代以来,城镇居民家庭人均可支配收入,由1997年的5160元增加到2002年的7703元,平均每年实际增长8.6%。同期农村居民家庭人均纯收入由2090元增加到2476元,平均每年实际增长3.8%。2005年,城镇居民家庭人均消费支出为农村居民家庭人均生活消费支出的3.2倍,城乡之间收入差距明显。城乡之间收入差距对全国总体收入差距的贡献率明显上升,从1995年的36%提高到2002年的43%。也就是说2002年全国总体收入差距的2/5以上来自城乡之间的收入差距。[①]

---

① http://www.china.com.cn/policy/zhuanti/yh/txt/2004-02/23/content_5503310.htm.

第四章 经济要素与消费模式

表 4–10 1978~2005 年中国城乡居民人均收入变化趋势及比率

年份	农村居民家庭人均纯收入（元）	城镇居民家庭人均可支配收入（元）	城乡人均收入比（倍数）
1978	133.6	343.4	2.57
1980	191.3	477.6	2.50
1985	397.6	739.1	1.86
1986	423.8	899.6	2.12
1987	462.6	1002.1	2.17
1988	544.9	1180.2	2.17
1989	601.5	1373.9	2.28
1990	686.3	1510.2	2.20
1991	708.6	1700.6	2.40
1992	784.0	2026.6	2.58
1993	921.6	2577.4	2.80
1994	1221.0	3496.2	2.86
1995	1577.7	4283.0	2.71
1996	1926.1	4838.9	2.51
1997	2090.1	5160.3	2.47
1998	2162.0	5425.1	2.51
1999	2210.3	5854.0	2.65
2000	2253.4	6280.0	2.79
2001	2366.4	6859.6	2.90
2002	2475.6	7702.8	3.11
2003	2622.2	8472.2	3.23
2004	2936.4	9421.6	3.21
2005	3254.9	10493.0	3.22

资料来源：中华人民共和国国家统计局网. http://www.stats.gov.cn/tjsj/ndsj.

2. 城乡之间消费差距拉大

在城乡收入扩大的同时，消费差距逐渐拉开。农村居民消费比重从 1978 年的 62.1% 降至 2007 年的 25.6%，下降了 36%。现有 60% 左右的农村人口占有不到 30% 的消费。从 1978 年起到 1990 年，农村居民消费处于下降趋势，城镇居民消费处于上升趋势，两者在 1990 年基本持平。此后，城镇居民消费逐渐超过农村居民的消费，且差距有逐步扩大的趋势（见图 4–5）。2007 年，在全部 GDP 中城镇居民消费只占 36.2%，而农村居民消费仅为 9.5%。按当年价格计算，2007 年城镇居民消费水平为 11855 元，农村居民消费水平为 3265 元，城乡居民消费水平之比为 3.6，差距最大的 2003 年和 2004 年达到了 3.8。可见，农村居民消费水平与城镇居民的差距越来越大。

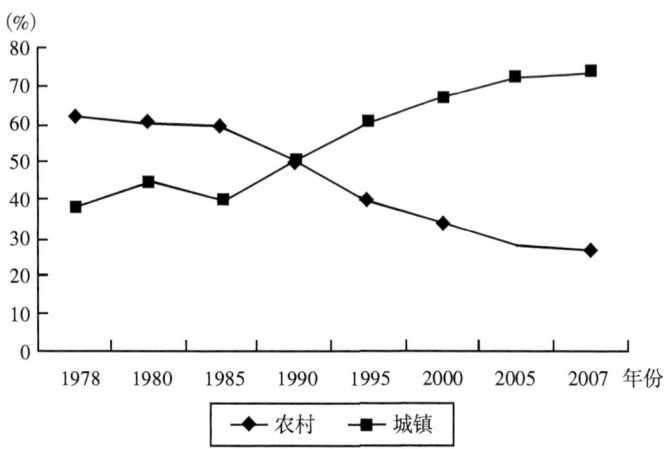

图4-5 中国居民消费支出中城乡居民消费差距

数据来源：《中国统计年鉴》(2009)。

城乡之间消费结构和消费层次差别很大。农村居民消费结构中食品和居住支出明显偏高。衣着和家庭设备用品的消费明显偏低。农村居民食品和住房方面的支出占生活消费总支出的比重达63.74%，比城市高出15.48个百分点。农村居民用于衣着和家庭设备用品方面的支出占生活消费支出的比重为10.09%，比城市低8.23个百分点，而且农村居民对衣着、家用电器等消费的档次明显低于城市。医疗保健和劳务消费在消费结构中的比例仍然偏低，农村居民在医疗保健中的支出主要是医疗。在交通通信支出中，主要是交通，通信的比重则很小；在文教娱乐支出中，主要是子女的学杂费，用于自身教育和娱乐的支出则很少。

3. 城乡储蓄差距拉大

二元化经济使城乡之间储蓄差异增大。据统计资料显示，到2003年底，占全国人口40.6%的城镇居民，拥有82.5%的储蓄存款；而占全国人口60%的农村居民仅拥有全国17.5%的储蓄存款；城镇居民人均储蓄余额为11110元，农村居民人均储蓄为2364元，城乡差距从1980年的133.2元拉大到2003年的8764元。储蓄在城市与农村间的分布极不平衡，储蓄存款主要集中在城市居民手中。

不断扩大的城乡之间收入与储蓄差异影响了农村居民的消费倾向。当前，占全国人口总数约2/3的农民，只消费了全国1/3的商品。如果让农村居民消费水平达到当前城镇居民的消费水平，至少要增加4.18万亿元的购买力。目前，农村人均日消费仅有5元多，5个多农村人口购买的商品才相当于1个城镇人口购买的商品。据国家统计局测算，农村人口每增加1元的消费支出，将对整个国民经济带来2元的消费需求。

中国有 8 亿人口是农业人口。农民收入不足，城乡之间的收入差距加大，不仅直接影响总体社会总消费规模的扩大和增长，而且也不利于和谐社会的建设和可持续经济发展。中国整体消费不足，或者说谨慎消费特征的形成与城乡二元经济结构之间关系密切。

以上对中国居民的消费与储蓄的分析，可以得到如下结论：

谨慎消费特质是相对于世界不同经济发展水平的国家而言的，又是中国居民消费积习的反映。改革开放以后，随着居民收入的提高，中国经济快速发展，谨慎消费已经不再是经济条件约束的产物，而是居民消费习惯的传承以及居民消费心理内在紧张的外化。从理论上说，这种谨慎消费是居民对于不确定性风险的自我保护行为的体现；从制度上说，制度转型带来的不确定性是这种谨慎消费的制度条件；从经济层面上说，分配不公，城乡二元化经济结构等因素是谨慎消费现象持久性的原因。

第四节　消费模式之经济理论归因

一、美国消费模式归因

（一）弗里德曼持久收入假说与消费扩大的理论可能性

对于消费问题的研究，西方经济学家提出了很多理论。20 世纪 30 年代凯恩斯提出的绝对收入理论最具有代表性。该理论认为，每个消费者都是根据其现期收入来决定其消费支出的。由现期收入决定的消费支出一般而言是量入为出的收支平衡的消费心理和消费行为。

但是，绝对收入理论很快就被其他学者加以补充。经济学家弗里德曼用持久收入假说和摩根的"消费决策影响收入"的理论逐渐代替了凯恩斯的绝对收入理论。两种学说从不同的角度表明：应该用消费者对未来收入的预期来分析人们现期消费支出的变化。

在持久收入假定中，收入被分为持久性收入和暂时性收入两部分，与此相应，消费也被分为持久性消费和暂时性消费。持久收入假定强调了消费者未来收入与消费之间的关系。因此在一定时期内，消费者的现期消费支出可以超过其现期收入。例如，即使在经济衰退时，一个人的现期收入减少了，由于预期未来收入的存在，消费者依然会保持原有的消费水平，消费支出不一定会随着经济衰退的形势而相应减少。弗里德曼的学说从理论上论证了消费者的消费增量可以大于其收入的增量。也就是说，过度消费的心理与行为因为消费者未来收入的预期的存在，显得可能而又现实。

消费决策影响收入的理论。1962年，美国经济学家摩根出版了《美国的收入与福利》一书。他提出以往经济学家都认为消费是收入的函数，收入决定消费，而现代社会的情况并非如此。由于收入中包括不确定部分的收入，就造成了决策可以影响收入的可能性。即家庭在做出消费决策后，通过某种努力，可以确定收入中这些原来不确定的部分，从而可以使收入增加。他指出，消费者之所以能够以消费决策影响收入，一是因为消费信贷和抵押信贷等的发展，使人们可以在没有现期收入或收入不足时以信贷方式来进行消费；二是因为经济的发展，就业机会增多，人们赚取收入的机会就会增多。消费决策可以影响收入的结果，导致在一个特定的时期内，一般消费者都可以使自己的购买超过甚至大大超过现期的收入。摩根的学说为过度消费找到了理论依据。①

（二）财富效应与消费扩张机理

1. 财富效应为扩大消费提供了物质条件

所谓的财富效应就是人们对未来某类财富投资收益预期看好，而产生的消费和储蓄行为的变化。这里的财富投资指美国股市和房地产，它们使得居民以资产性储蓄代替了传统的储蓄方式。美国经济学家曼昆指出，20世纪80年代以来，美国个人储蓄率下降，消费支出增加的原因之一是财富效应增加了可支配收入。根据美国总统经济报告，自1995年以来，美国个人消费支出增长一直快于个人可支配收入的增长，同时个人储蓄率持续下降，2005年个人储蓄率为-0.5%。这一现象很大程度上来自财富效应的作用。

美国从1995年前后开始，美国股市利好，随后房地产价格又大幅度上升，股市和房地产价格上涨所形成的财富效应持续刺激着人们的消费需求，成为20世纪90年代初之后带动消费增长的首要因素。

首先，看股市效应的表现。从1995年到2000年，主要由于股票市场的高度繁荣，家庭财富对收入的比率大幅增加，家庭财富净值以每年4%的速度增长，超过了个人收入3%的年增长率。到2006年，家庭财富净值与个人年均可支配收入的比率已经由1980年的4.4∶1提升到5.7∶1。1995~2003年，美国家庭从股票和房地产得到的收益平均高于家庭储蓄的4.4倍。同期，财富效应推动消费支出对可支配收入的比率也达到了历史新高。②

其次，看房地产的财富效应。2000年美国高科技股下跌引力下降后，大量

---

① 胡雪萍. 国际金融危机下中国消费模式转型的路径 [J]. 国际经贸探索，2009（10）：42.
② 国家发展改革委外事司. 如何看待美国的个人消费 [J]. 中国经贸导刊，2007（13）：43.

资金纷纷转入房地产市场,同时为应对"9·11"恐怖袭击对美国经济带来的衰退威胁,美联储一次又一次下调利率,从而带动住宅贷款利率一路走低,不断刺激着房地产价格上涨。2001~2006年,美国的住宅价格平均升幅高达50%左右。2004年和2005年美国人住宅再贷款总额为2.9万亿美元。再贷款的目的,一是追求更低的贷款利率,二是从再贷款中提取现金进行消费。以住宅为抵押的信用贷款,为人们提供了超前支出的便利条件,也成为近年来维持美国消费增长的重要因素。

2. 财富效应推动消费作用的机理

股市和房地产价格的高涨所形成的财富效应,成为21世纪以来推动美国经济发展的基本力量。财富效应对消费的提升作用表现在以下方面:

(1) 通过提高居民的可支配收入来扩大消费。凯恩斯的绝对收入理论告诉我们,消费受可支配收入增长的直接影响。就美国情况来看,美国股市和房地产价格的不断攀升,直接构成了居民可支配收入的一部分,并提高了可支配收入,从而扩大了消费需求。一位美国经济学家Mark M.Zndi研究表明,股市中的财富每增加1美元,消费就增加4美分。

(2) 影响了居民收入的预期,提高了边际消费倾向,进而扩大消费。根据弗里德曼的持久收入假说,消费与消费者未来的预期收入相联系,居民的消费并不完全受到现期暂时收入的影响,还受到持久收入的影响。在持久收入的作用下,居民的消费不再受到边际消费倾向递减的影响,反而会出现消费增加的情形。财富效应,提高了居民的收入预期,并从心理上把这种预期由暂时性的收入变成了持久性的心理预期。在这种心理预期下,居民开始超越自己的收入能力,进行过度的放贷消费。形成了美国的超消费现象。

(3) 对企业经营的助推作用。股市扩大了企业的融资渠道,减少了融资成本,促进了资源在社会整合的效率,提高了企业投资能力和投资效果。企业与经济面利好,增加了就业人数,提高了居民的总收入,从而推动消费的增长。

二、中国消费模式理论归因

谨慎消费模式之外在显性特质就是居民储蓄过高,消费不足。现实中,居民储蓄较高的动机基于以下因素:从家庭层面上看,短期内居民储蓄能够显著缓解经济波动对居民造成的影响,较高的居民储蓄率下,居民收入急剧下降对居民消费的影响相对较小;长期来说,居民储蓄是家庭整体对社会保险的有益补充,高水平的居民储蓄率为家庭退休后的生活保障提供了自我保护。从全社会层面看,居民储蓄是全社会投资资金的主要来源。经济理论是对经济现象的诠释,上述行为倾向的理论解释如下:

(一) 预防性储蓄理论

1990年，西方学者Kimball将预防性储蓄的动机称为"谨慎"，并提出了相对谨慎函数。他甚至认为绝对谨慎与相对谨慎的理论在形式上与Pratt (1994) 的风险厌恶理论有相似性。对风险的预期、规避乃至防范是居民增加储蓄、减少消费的动因。

这里所说的风险性因素可以是个人的风险，也可以是系统风险。个人风险在市场经济条件下可以表现为身体健康状况、雇主满意度和企业运行情况等影响个人收入的因素；系统性风险是宏观经济变化的风险，体现在经济波动、失业率、通货膨胀率的变化、利率和汇率等不稳定性预期构成了市场经济条件下的系统性风险。面对未来的不确定性带来的可能性的收入变化而引起的储蓄增加的防范行动被称为预防性储蓄。

对于运用储蓄来防范意外以及未来可能性风险的意识与行动的研究，最早始于里兰德 (Leland)。在此之前，西方理论界很长一段时期在运用生命周期—持久收入模型 (LC/PIH) 研究消费与储蓄关系问题。按照LC/PIH模型，从效用最大化原则出发，消费者选择在其生命周期中平滑其消费量，未来的消费计划取决于未来收入的平均值。然而，这一理论建立在未来确定性条件的基础上，也称确定性等价理论 (Certainty Equivalence)。

现实条件下，由于不确定性因素的客观存在，居民消费并不总是平滑的。预防性储蓄理论在吸收理性预期思想的基础上，引入了不确定性及消费者跨时选择分析，认为消费者储蓄不仅是将收入均等分配于整个生命周期，还在于防范不确定事件的发生。基于此，1968年里兰德首次提出了预防动机的储蓄假说。

该理论认为：由递减的绝对风险厌恶，得出了效用函数的三阶导数为正的条件下，确定性等价理论将不再成立，此时的消费者将面临不确定性，并会采取比确定性下更为谨慎的行为，储蓄的增加主要是为了防范未来不确定的劳动收入所带来的冲击。1970年，Sandmo利用两时期模型得出了未来收入的不确定性增加，将使消费者减少消费而增加储蓄，而暂期风险厌恶递减的加总假说对收入的负面影响是其充分条件。Miller (1974, 1976) 和Sibley (1975) 又将此研究推向了多时期的环境中，得出了凸边际效用函数是预防性储蓄的必要条件结论。

西方预防性储蓄理论中对不确定性的研究主要集中在收入的不确定性上，这一方面与西方发达国家市场经济体制比较成熟，消费支出可预测性强有关；另一方面与西方国家成熟完善的社会保障制度有关。而中国处在一个改革的过程中，在一个变动的环境下，有必要在考虑收入不确定性的同时，考察支出的不确定性对消费行为的影响。而从上述调查数据可以看出，居民消费不仅与居民收入和支出的不确定性有关，而且与带有不确定性的医疗、教育和住房支出等具体支出项目紧密相关。

可见，预防性储蓄假说的意义在于，居民在收入和支出不确定因素的作用下，将减少消费，增加储蓄。我国自20世纪90年代开始了养老、医疗、教育、住房和就业等重大制度改革，对城镇居民家庭消费增长造成了很大影响。改革以前延续了计划经济体制时期的社会福利制度。我国城镇居民广泛地接受了就业、福利和保障三位一体的社会福利体制。城镇职工超稳定地享受养老、住房、医疗等各项保障和福利。旧体制时期尽管城镇居民收入不高，但收入和支出都相当稳定，没有太多的后顾之忧。改革以来，城镇居民消费行为发生了很大变革，未来收入和支出的不确定性大大增强。收支预期的不确定性，使得居民不得不增加预防性储蓄，储蓄倾向不断提高。在新体制下，由于教育、医疗和养老方面的支出，增加了个人负担的比重，而这些支出基本属于纯消费性质的支出。即在可预见的将来很难带来确定性的回报。这种预期支出的上升，使得人们倾向于更多的储蓄，从而额外地减少消费，即期消费过度转入预期消费，导致当前消费需求不足，谨慎消费行为在制度变迁不确定性的风险因素的压力下泛化成为大众化的消费行为模式。

表4-11为2007年中国工商银行对部分城镇居民储蓄动机的调查，结果显示预防性储蓄仍是居民储蓄的最主要特征，占居民储蓄的55.6%，其中储蓄目的强弱依次为：教育（22.4%）、养老（18.5%）、预防意外（14.6%）、购房（11.9%），此外，金融资产投资性储蓄开始出现，占总储蓄倾向的17.2%。

表4-11 城镇家庭储蓄目的性调查

单位：%

储蓄为购买			预防性储蓄			金融资产投资性储蓄	
购买大件	购房装修	购买汽车	教育费用	养老费用	预防意外	获得利息	购买财产
10.4	11.9	4.9	22.4	18.5	14.6	9.3	7.9

资料来源：中国工商银行调查资料（2007）。

20世纪90年代末期的跨城市储蓄动机调查，也证实了中国居民预防性储蓄动机的存在与增强。中国社会调查事务所（SSIC）于1999年在北京、上海、天津、广州、武汉、长沙等地开展专项调查，调查结果显示：

（1）79.6%的居民将储蓄存款作为个人金融资产投资的首选，储蓄存款在居民家庭投资中所占比重达64.7%。

（2）60.5%的居民认为未来预期支出增加是储蓄增长的主要原因。随着劳动就业改革、社会养老改革、医疗改革、教育改革、住房改革等各项改革措施的推进，养老、医疗、失业等各项福利要通过个人、企业和国家共同分担来解决，而当前的社会保障体系尚有待进一步完善，相当一部分居民对未来的工作和收入预期不佳。37.5%的居民表示增加储蓄是在为住房、教育、婚姻、亲属抚养等未来个人和家庭的需要做准备；13.4%的居民表示储蓄是在建立准备金，为应对未来某些预料不到的变化做准备；9.6%的居民表示存款是为了将来投资或用于企业经营。

（3）21.6%的居民认为储蓄增长是和其风险性小、安全可靠、存取方便、收益稳定的特点分不开的。金融体制改革的深入促进了金融市场的迅速发展，大批新兴的金融商品和投资工具应运而生，投资方式也趋于多样化，投资者可以根据个人的情况投资于股票、债券、基金、期货、外汇、保险等诸多方面。

近年来政府一再提出"增强消费能力，扩大消费需求"，但是整体实践效果并不理想，其主要原因之一就是，制度改革难以在短时间内加以完善，给居民家庭带来了各种不确定性，从而主要表现为：收入的不确定性、支出的不确定性和资产波动的不确定性。这些不确定因素，增强了居民储蓄心理与行为。

（二）消费不足与社会发展阶段论

社会发展阶段的差别对消费的影响是不同的。有关经济学家的理论及中国的现实社会发展阶段——社会主义初级阶段都证实了经济和社会发展的不同阶段，可能出现阶段性的消费抑制和消费不足的问题。

1. 罗斯托经济增长阶段与消费关系

1960年美国经济学家华尔特·惠特曼·罗斯托在《经济增长的阶段》和《政治与增长阶段》两部书中提出了经济增长阶段的理论。罗斯托根据各国经济增长过程把经济发展归结为六个发展阶段：传统社会阶段、准备起飞阶段、起飞阶段、走向成熟推进阶段、高额群众消费阶段、追求生活质量阶段。

与常规的宏观经济学总量分析方法不同，罗斯托对经济增长阶段的分析是从部门分析（主导部门）入手的。他指出，经济增长阶段的更替表现为主导部门次序的变化，现代经济增长的实质就是部门的增长过程。根据消费、储蓄、投资与经济增长的关系，他把经济增长分为三个阶段：农业社会的低收入阶段（传统社会）、经济起飞中由低收入向高收入过渡的阶段（大致包括为起飞做准备阶段、起飞阶段、向成熟推进阶段）、现代社会的高收入阶段（包括高额群众消费阶段和追求生活质量阶段）。

在农业社会，由于生产力水平较低，收入水平较低，社会产出主要用于满足人们的基本生活需要，消费在国民收入中占较大比例，消费率较高，用于储蓄的部分很少，投资在国民收入中所占比例较小。传统社会是为经济起飞阶段做生产积累的阶段。在传统的农业社会里，"剩余的规模及其处置方式与剩余所采取的特定形式是密切相关的……起飞的基本条件是创造这样一种社会机制，它使剩余能习惯性地流入生产性投资,而不是被消费掉"。① 传统农业社会习惯性的生产积累是社会风尚,处于这个阶段的社会消费特征有节俭消费的共性。

当社会进入到现代社会——高收入阶段以后,消费在国民收入中所占的份额相应增加,消费率提高。消费率提高基于以下原因:①高收入阶段生产力水平极大提高,大量新兴消费品不断涌现,两者提高了消费倾向。②经济进入成熟阶段以后,经济增长率将会有所降低,投资增长率也会相应下降。投资增长率降低与经济增长率降低有关,也和投资对经济增长的推动作用下降、技术进步对经济增长的推动作用提高有关。③在经济进入成熟阶段后,产业结构发生较大变化。与消费者对高额消费和生活质量的追求相适应,第三产业比重大幅度上升,技术密集型产业成为主导部门,而以资本密集型为主的第二产业比重大大降低。

中国社会发展的历程验证了罗斯托的理论。新中国成立到改革开放之前,中国处于低收入社会阶段,由于生产力水平,以及两级国际格局的约束,超英赶美的政治任务成为约束社会消费正常发展的外因和内因,举国上下降低消费,为生产建设发展积累是低收入社会阶段赋予中国国民的谨慎消费特质。

2. 社会主义初级阶段论

新中国成立后建立了中国的社会主义国家体制。此后的社会主义建设是在一穷二白的基础上逐步建立的。为了优先发展生产,社会主义建设的资金只能从内部筹集,压低消费是唯一的选择。实行改革开放政策以后,经过30多年的建设,我国经济总量位居世界第二,但是整体经济发展水平还很低,同发达国家存在着相当大的差距。我们人均GDP世界排名居第100位之后,依然是一个发展中国家。整体消费水平较低,消费结构不合理。东西部地区间、城市之间、城乡之间消费差距较大。社会主义初级阶段的生产力水平,决定了在中国仍然会在一定时期内将解决人民群众日益增长的物质文化需求与落后的生产力之间的矛盾看做是社会主义初级阶段社会的主导矛盾。这个问题折射到消费领域中,决定了中国目前的大多数人群的消费模式仍需保持节俭性消费模式。

3. 城市化进程发展缓慢

城市化是社会生产力发展的产物,是社会发展阶段高级化的标志之一。城市化与工业化也是扩大消费需求的两大革命性的因素。城市化打破了乡村分散的格局,把生产和消费都集中了起来,并且细化了分工。这样,一方面使人们之间的相互依存度大大提高,从而使频繁的交易行为成为必然,为市场的扩大奠定了商业行为基础;另一方面,创造了比乡村更多的就业岗位和更高的收入,使消费有

---

① [日] 都留重人. 日本的起飞:从起飞进入持续增长的经济学 [M]. 成都:四川人民出版社,1988:168-198.

了最起码的收入基础。城市化的形成还使得规模经济成为可能,规模化生产使各种工业品的价格越来越低,品质越来越好,这使许多过去看起来遥不可及的高档消费品进入寻常百姓家成为可能。

然而,我国城市化发展进程相对于工业化进程明显滞后。新中国成立以来,在党的正确领导下,尤其是改革开放政策的确立,社会主义市场经济的建立,我国工业化和城市化的进程较快,但无法满足我国社会主义市场经济进一步发展的需要,特别是我国农村土地制度和户籍制度的出现,阻碍了城乡之间、地区之间劳动力资源的流动,人为地延缓了我国城市化进程。目前,我国城市化发展缓慢的表现是:

第一,城市化率相对偏低。2008年,按人口结构看,我国的城市化水平为45.7%,虽比1978年提高了27.8%,但与世界其他国家相比还较低。世界银行公布的数据显示,发达国家的城市化率一般在80%以上,中等水平国家也在60%左右,我国在这方面存在巨大差距。在中国现在所处的发展阶段下,城市化率偏低将成为消费需求扩大的巨大"瓶颈"。

第二,城市集中度低。据统计,人口超过100万的城市集中度,中国比世界平均低5%,比中等收入国家低11%,比高收入国家低21%。

第三,城市经济规模低。我国的城市结构规模虽大,但经济规模却明显低于世界水平,尤其低于发达国家的水平。据统计,东京、伦敦、首尔等大城市的GDP各自占自己全国的20%以上,而如北京、上海这样的我国大城市其GDP占全国的比重分别仅为2.5%和4.6%。

第四,城市工人结构不合理。其他国家的城市工人都是稳定的城市居民,而我国临时居住的"农民工"却比重巨大。受益于政府投资、民间投资和海外投资对于劳动力的需求,我国的农村居民以农民户籍的身份涌入了城市的劳动力大军。从各种数据来统计,我国的"农民工"人数已达2亿以上。这是中国特有的现象。

我国城市化进程的不充分对于我国消费需求的扩大造成了深远的影响。其中,最直接的后果就是我国城市人口的比例相对较低,农民比例过高,农民消费能力和消费欲望的不足势必造成国内的消费市场的狭小。一般而言,在一个比较完全和充分的工业化和城市化的国家里,剔除外部市场的因素,它的总的生产人口应该小于它的消费人口,它的全部人口都应该是比较充分的消费群体。但由于"农民工"受各方面因素的制约,特别是他们市民身份的不确认,他们并没有成为作为充分消费者的生产者。也就是说,他们忙碌在这个工业化的城市里,生产着他们基本不需要的产品和服务。这些"农民工"拿着社会相对较低的工资,大量商品尤其是耐用品(包括家电、电子类商品、高科技商品、汽车和房地产等)

的销售把他们排斥在外。

　　城市化水平决定了城市人口必须成为拉动国内消费的主力，虽然近些年城镇人口收入随改革开放以来的经济高速增长不断提高，但是受边际消费倾向递减规律的制约，城镇居民消费倾向随收入的增加呈现下降的趋势。农村人口收入较低，平均消费倾向较高，但是收入提高缓慢，且农业人口产业的特殊性，决定了他们生产者与消费者双重的身份特征显著，总要预留一部分生活资料变成再生产的投资，因此，谨慎消费始终是农业人口消费的内在特征。

第五章 合宜性的未来消费模式

第一节 消费模式的更替

迄今为止，人类社会的发展经历了原始社会、农业社会、工业社会、后工业社会多种社会形态。人类社会文明也经历了狩猎文明、农业文明、工业文明和生态文明渐进的发展阶段。由于每种文明形式下的生产力水平不同，决定了消费方式、消费水平、消费结构的不同。消费模式就是在社会生产力不断进步的同时不断地完成了形态与内容的更替。

一、原始社会的生态消费模式

原始社会是有人类历史以来的第一个社会形式，这种社会形式在人类历史长河中大概存续了上百万年之久。原始社会中社会结构相对简单，人群结构简单单一，社会生产力低下。人类的消费是天然生态化的原始消费。在天然的食物链中，人类只是与其他物种竞争并存的一个物种之一，人类不是自然与世界的主宰，而是与其他生物成员平等地参与生态系统的循环。人类自身能力的不足和生产力的低下导致人类对自然的膜拜，以及消费的被动性。简而言之，原始社会的消费方式是自然循环式的生态消费模式。

二、农业社会中的简约消费模式

简单的农业生产工具的发明，使人类进入了农业社会。生产工具的改进使得人类能够利用自身的力量，影响和改造局部的自然生态系统，获得更好的生存环境。对自然认知的加深和农业工具的发明，使得社会生产出现了消费剩余，社会交换行为业已发生。

农业社会消费模式的特征是简约性。即由于生产力的有限，物质财富的创造受到的制约，消费受到生产力和自然因素的约束，只能谨慎从简。

三、工业社会中的线性消费模式

科技进步,释放了社会生产力,创造了越来越多的社会财富,日益增加的社会供给,使得消费人群可以摆脱农业社会靠天吃饭、物质短缺的拮据。1857年以来的世界性经济危机的出现,提醒了保守的消费者应尽快摆脱农业社会的谨慎消费意识,接纳工业社会消费模式的转型。

工业社会的消费主张是鼓励消费,消费是为社会再生产做贡献。对过去简约的消费方式的矫枉过正,带来了过度消费意识并成为社会消费观念的主流。过度消费的结果就是资源的过度开发、运用乃至枯竭。一些资源短期不可再生性,使得人们将这种消费方式称作线性消费。

线性消费的比喻,采用了时间流逝这个矢量单位来形容消费的一次性。线性消费模式的特点是经济系统致力于把自然资源转化为产品,以满足人们生存、享受和发展的需求,用过就扔是线性消费方式的形象描述。

四、循环消费模式

循环消费模式的产生是对线性消费模式所形成的社会危害反思的结果。由于线性消费是以对资源的萃取和环境的破坏为代价的消费模式。20世纪中期,当人类从"为生存而斗争"变成"为享受而斗争"[①]的时候,人类发现旧有的生产方式和消费模式带来了众多环境问题和社会问题。

就环境问题来说,工业化生产带来的温室气体排放,导致全球气温升高。预计在未来的100年内,世界海平面将上升1米,人类赖以生存的陆地面积将大幅度减少;森林面积锐减,水土流失,加剧了全球气候异常,使得人类生存环境日趋恶化。因此,人类认识到要生存并获得发展,必须是人与自然和谐共处。

就社会问题来说,线性的消费意识的推广,导致消费心理扭曲和消费行为异化、消费品的分配不公、社会矛盾加深等一系列社会问题。正如斯布鲁克所说,我们已经变成了消费我们曾经生产的产品的机器,我们已经成了压迫我们自己的东西。[②]

循环消费模式要求消费路径从过去线性的开路式变成了闭合往复式。循环消费模式的特点是:对人类生活消费和生产消费的部分废弃物进行回收、再生和利用,旨在减少对原始自然资源的使用和环境污染。它对环境的治理由终端治理发展到对生产过程的控制和清洁生产,减少生产过程废物的输出。

[①] 马克思,恩格斯. 马克思恩格斯全集(34卷)[M]. 北京:人民出版社,1972:163.
[②] [英] P. 伊金斯. 生存经济学[M]. 赵景柱译. 合肥:中国科技大学出版社,1991:55.

第五章　合宜性的未来消费模式

五、可持续消费模式

可持续消费的思想形成于20世纪60年代，90年代正式被采纳。其基本含义是提供服务以及相关的产品以满足人类基本需求，提高生活质量，同时使自然资源和有毒材料的使用量减少，使服务和产品生命周期所产生的废物和污染物减少，从而不危及后代的需求。可持续消费并不是因贫困引起的消费不足和因富裕引起的过度消费之间的折中，而是一种新的消费模式。

这种消费模式的特点是：①把人类的消费活动置于一个时间坐标中，当做一个连续的过程来看待，并要求是可持续的，既能满足当代人的需求，又不危及后代发展的需求；②突破了局限于从社会的角度来考察消费的藩篱，将人类消费置于社会—经济—自然空间中来考察，要求三者的协调发展；③以提高人类生活质量为内容，以减少自然资源使用和不污染环境为条件；④这种模式的建立有赖于技术、法律、制度等因素的共同作用和创新。

第二节　合宜性的内涵

一、中西方的语义诠释

（一）西方的诠释

在英文中，合宜性（Proptriety）是从所有权一词"Propriete"演变过来的。近代，该词语演变出另外的两个词汇：Property和Propriety。"Propriety"有两种含义：一种是合宜性，另一种是礼节、规矩、行为规范。

在西方合宜性的标准是变化且多元的。古希腊对合宜的理解是从个人与集体城邦之间的和谐关系作为标准的。在古希腊人看来，建立城邦才是通向幸福生活的终极目标。个体行为道德合理性是根基于个人与城邦关系之中的，所有对生命价值、生命意义和生存理由的思考始终是以"公民"这一体现个人与城邦关系的总体概念为核心的。符合城邦集体利益的个人利益申诉才是合宜的标准。

中世纪的西方社会受到基督教的深刻影响，将基督教的教义、合乎上帝旨意的行为视为合宜性的、恰当的行为。践行上帝的律令，顺服上帝的旨意是一切个体行为合宜性的根本。[①]

[①] 田海平. 西方伦理精神——从古希腊到康德时代 [M]. 福州：东南大学出版社，1998：258.

近代以来，随着自由市场的发展以及资本主义制度的确立，个体作为现实利益主体的地位、自由平等的主体地位不断得到制度上、法律上的确证，利己成为合宜性价值理念的核心。合宜被看做是利他与利己的调和。利他是以利己为前提的。古典经济学派的代表人物亚当·斯密在《道德情操论》一书中提出合宜性的前提是利己的思想。他认为，"每个人生来首先和主要关心自己"，这"是恰当和正确的"。自利是每个人天生的一种倾向，是每个人的一种自然而然的选择，这一点是不容否认的。自利的人在追求自己利益的过程中会自动地推动社会公共利益的实现。

在利己观念的基础上，斯密提出了合宜是以符合自我情感的感受为标准的。在《道德情操论》一书中，斯密认为合宜性是建立在情感共鸣基础上的，是与人的行为密切相关的道德概念与道德评价尺度。斯密认为"在当事人的原始激情同旁观者表示同情的情绪完全一致时，它在后者看来必然是正确而又合宜的，并且符合它们的客观对象"①。也就是说，我们是通过别人的感情同我们自己的感情是否一致，来判断它们是否合宜的方式。

斯密认为合宜性是美德。美德存在于合宜性之中，没有合宜性就没有美德。当人们设身处地注意到他人的处境所产生的情绪，在程度上往往与当事人所产生的有所不同时，为了得到相互同情的愉快，本性教导旁观者尽可能把自己的情绪降到旁观者所能赞同的程度。在这两种不同的努力下，形成了两种不同的美德，即坦率的屈尊相从和宽怀的仁慈行为的美德，无私、克己和控制自己的激情的美德，这种美德使我们所有来自本性的举动合乎自己的尊严、荣誉和行为合宜的要求。

美德的合宜性是折中状态下的对自我约束的结果。斯密认为合宜性式的美德是处在相反事物之间的某种中间状态。例如，节俭作为美德来说，是处在贪财吝啬和挥霍浪费这两个恶癖之间的中间状态。持有合宜性的美德，需要节制。"人们恰如其分地称节制的美德存在于那些肉体欲望的控制之中。把这些欲望约束在健康和财产所规定的范围内，是审慎的职责。但是把它们限制在情理、礼貌、体贴和谦逊所需要的界限内，却是节制的功能。"② 可见，对于从肉体中产生的各种激情，如食欲、情欲等，亚当·斯密认为其合宜性的根据在于是否能够节制。

可见，合宜性的内涵从古希腊的个体服从于城邦集体至上的思想内核，发展到中世纪上帝至上的去人群化的主张，再到近代西方资本主义思想的出现后对自我价值观的肯定。合宜性的主体内涵经历了从集体城邦—上帝—个体利益认同的

---

① 亚当·斯密. 道德情操论 [M]. 蒋自强等译. 北京：商务印书馆，2003：14-15.
② 亚当·斯密. 道德情操论 [M]. 蒋自强等译. 北京：商务印书馆，2003：30.

第五章 合宜性的未来消费模式

发展脉络。而现代资本主义市场经济通过强化个体的利益和需要，推动着社会的进步，同时也带来了无尽的人类情感与心灵的伤害。可以这样理解，当个体的权益和需要被当做合宜性的核心无限放大后，外在的世界就不再合宜了。

（二）东方的解读

不论是东方还是西方，合宜首先是一种价值观和理念标准。东方儒家文化中的合宜性有三个层面的寓意。一是指合乎"义"、"礼"和"仁"这些儒家的传统理念。义、礼、仁都是约束个人服从社会规范的默示原则或社会契约准则。二是作为一种行为规范性的导向，它是指行为的适度性。三是作为目标导向观来看，和谐是合宜的最高境界。

首先，从儒家的价值理念上说，义就是纲常伦理以及社会默示的等级秩序。在《礼记·礼运》中有十义说："父慈、子孝、兄良、弟悌、夫义、妇听、长惠、幼顺、君仁、臣忠，十者谓之人义。"《韩非子·解老》认为："义者，君臣上下之事，父子贵贱之差也，知交朋友之接也，亲疏内外之分也。臣事君宜，下怀上宜，子事父宜，贱敬贵宜，知交友朋之相助也宜，亲者内而疏者外宜。义者，谓其宜也，宜而为之。"孟子主张君有君道，臣有臣道，"义者宜也，君臣之间各有其义"。"欲为君，尽君道；欲为臣，尽臣道"。君臣有上下之分，然两者相待各有其宜。[1]一个人要行"义"，就是要根据礼，根据自己的角色职责并能习以为常、一以贯之，从而能够合宜地选择并践行符合自己角色义务所规定的行为方式。

而"礼"是道理，是人之外在行动的规范。《礼记·礼器》中云："礼也者，合于天时，设于地财，顺于鬼神，合于人心，理万物者也。"周敦颐在《通书·礼乐》中云："礼，理也……君君、臣臣、父父、兄兄、弟弟、夫夫、妇妇，万物各得其理。"人们在行事处世时，总要遵循一定的道理，但这些道理不是空洞的教条或玄谈，而是整个的内容或实质，此即融理论、规范与实践为一体的礼。故礼即理，理也是礼，二者音同义通。道理融于礼中，礼又昭显道理，能兴礼，就是义，就"合宜"了。

而"仁"者，有两种含义。一是爱人；仁者爱人，人的特征就是爱人。人之所以成为人，就是因为有了仁的精神。爱人，是爱所有的人。在与人相处时要亲爱一切人，与一切人友善和睦。二是约束自我。克己就是要克制自己的自私自利之心、贪欲享受的念头。就是所谓的"克己复礼为仁"的思想。克己，是对自私自利之心的限制就是约束自己。而如何约束自己呢？就是要把外在的礼义规范反之于己身而践履之。具体来说，一是要"学礼"，即要"非礼勿视，非礼勿听，非礼勿言，非礼勿动"。因此，成人的关键在于克己、成己，在于要在视听言动

---

[1] 赵玲. 消费合宜性的伦理意蕴 [M]. 北京：社会科学文献出版社，2007：18.

上合乎伦理道德和社会的各种规范。二是要"求诸己"。"夫仁者,己欲立而立人,己欲达而达人。能近取譬,可谓仁之方也已。""君子求诸己,小人求诸人。"君子应自重自立,凡事都先从自己找原因,而不是像小人那样,不去检讨自己,却对别人求全责备。

其次,合宜性作为一种行为规范性的导向是指行为的适度性。在中国古文中,"宜"与"义"互训。古代"义"字一般作"谊",谊字训"宜"。事得其宜为义。郑司农注《周礼·肆师》:"古者仪但为义,今时所谓义者为谊。"《说文》云:"谊,人所宜也。"《礼记·中庸》说:"义者,宜也。"《礼记·祭义》也说:"义者,宜也。"制事得其宜,处己有度,也就是义了。"宜"是"恰当"、"应然",是行为的应当或适宜的标准,是善行之本。也就是说,"宜"通常是与人的行为联系在一起的,且以"义"作为其客观内容与标准的。①

再次,合宜性作为目标导向观来看,和谐是合宜的最高境界。王充在《自然篇》中指出:"天地合气,万物自生,犹夫妇合气,子自生矣。"遵循和谐这一准则,便可使天地万物各得其所、充满生机、繁荣兴旺。

和谐的存在是以承认差异性为前提的。正如《国语·郑语》中所说:夫和实生物,同则不继。和谐不是简单同一,而是多样性的统一。孔子也说,和无寡,安无倾。这就是说,人与人之间和睦团结,国家便不会倾危。

从哲学层面来看,和谐是对立统一的;这一点将在后文中详细叙说;从社会关系层面来看,和谐包括两个方面的调和。一是人与人之间关系的调和。孔子指出:"君子和而不同,小人同而不和。"二是人与社会之间关系的调和。这种和谐关系的取得,以个体对社会义务的履行为本质性规定的。中国古代学者曾予以界说:"义载乎宜之谓君子,宜遗乎义之谓小人。"即是说:个人行为的合宜性应当以合乎社会道义,遵循社会"理义"的方式来体现,那些置社会大义于不顾的人,其行为是无法得到合理证明的。在现代社会,"合宜性"所标识的应当是以平等、双向权利义务为中心的人与人之间相互关系的合理状态。合宜性的行为既要维护个人的正当利益,同时还要按照社会大义的要求,以体现人的仁爱、人道精神使社会各方面的利益统一起来,实现和谐。在利益关系的协调上,它还要涉及人与自然之间利益关系的处理以及人自身内在矛盾即灵肉之间关系的处理等问题。所以,合宜性的目标是要平衡分歧、冲突、矛盾,通过协商、平等对话、调节等方式来实现和谐,实现人的生存条件与生命质量的优化与美化。

总之,在东方文化中,合宜性是一种方法,也是一种境界。它不仅要求行为主体的人格操守,还要求主体的权变能力。

---

① 赵玲著. 消费合宜性的伦理意蕴 [M]. 北京:社会科学文献出版社,2007:16.

二、哲学诠释:折中性

古希腊哲学家认为折中性是合宜性的本质。折中是调和两极对立的结果,是美德以及和谐的形式和外部表现。

早期的哲学家毕达哥拉斯在《金言》中说:"一切事情,中庸是最好的。"① 毕达哥拉斯学派也主张和谐,认为"美德乃是一种和谐"②。折中与中庸之道在现实生活中的外化形式是各种各样的:如果体现在人性上,他们认为就是不要有过激的行为和过分的欲望,特别是过度的食欲和色欲,要对食色行为适当加以节制。

柏拉图认为"中"是技艺、美德以及品德的准绳。在《政治家》中,他认为所谓"技艺"的内容之一,就是指那些与适度、恰好、必要以及所有其他位于两端之间的中的标准相关的技艺。③ 对于政治家来说,技艺是指保持了"中"的标准时,它们的所有成果得到美好表现。柏拉图认为无论什么,当它比必要的正当理由更激烈时,或者,当它是太快或过于悍猛时,它会被称作凶暴的或疯狂的,同样,无论什么,当它太沉稳、太缓慢或过于优柔时,它会被称作怯懦的或迟钝的。在个人的品德问题上,合乎中的标准的才是美德、是善。在柏拉图看来,善就是和谐,就是正义。

亚里士多德认为,唯有中道才可以产生、增进、保持体力和健康。德行与体力和健康的保持一样,也要中道,"德性就是中道,是最高的善和极端的正确。"④ 由于人是城邦的动物,所以每一个社会成员的行为还必须合乎法律,唯有如此,才是恰当的。这种法律不仅包括国家颁布的成文法,还包括不成文的道德法典。"一个违犯法律的人被认为是不正义的。同样明显,守法的人和均等的人是正义的。因此,合法和均等当然都是正义,违法和不均是不正义的。"

和谐就是互相排斥的东西的有机结合,和谐就是对立的统一。黑格尔在《美学》一书中明确指出:"比单纯的符合规律更高一级的是和谐。和谐是从质上见出的差异面的一种关系,而且是这些差异面的一种整体,它是在事物本质中找到它的根据的。""和谐"是"各因素之中的""协调一致"⑤。可见,和谐是以差异性、多样性、个别性为前提的。和谐并不意味着简单的"整齐划一"、无差别的"同一性",简单化的"一"必然消解多样性,导致原则性、个体性、独立性的丧失。和谐的前提是承认、允许差异、区别,保持特殊性和独立性,从而最终实现

---

① 罗国杰,宋希仁. 西方伦理思想史(上卷)[M]. 北京:中国人民大学出版社,1985:194.
② 苗力田. 古希腊哲学 [M]. 北京:中国人民大学出版社,1996:36.
③ 柏拉图. 政治家 [M]. 黄克剑译. 北京:北京广播学院出版社,1994:75.
④ 亚里士多德著. 尼各马科伦理学 [M]. 苗力田译. 北京:中国社会科学出版社,1990:32.
⑤ 黑格尔. 美学(第1卷)[M]. 朱光潜译. 北京:商务印书馆,1979:180.

具有差异面事物的统一。所以，和谐从积极的意义上说，是多样性统一、多元性互补；从消极的意义上说是多样性之间的并行而不相悖，共生而不相害。

三、中国从谨慎向适度模式转变的现实可能性

现实中，美国过度消费模式引起全球性的金融危机，其危害不单单局限于美国国民经济。金融危机对世界经济稳定发展的影响是深远的。而中国谨慎消费模式的发展与巩固，从外部国际因素来看，谨慎消费特质的出现与美国过度消费特质呈现出对应和耦合性。中美之间的经济贸易分工关系和合作，进一步推动了两个国家各自消费模式特征的深化与发展。

然而，美国金融危机的出现，不仅对美国自身消费模式的持续提出了反问，也对中国谨慎消费模式的转型提供了现实可能性契机。中庸之道历来是中国处事之大道。未来的消费模式就是应当在中、美两种消费模式特质之间找到融会点，寻求一种均衡适度的消费模式。

从历史的角度来看，中国谨慎消费模式的存在对中国经济稳定发展是有积极作用的。高储蓄，低消费率的谨慎模式，是中国成功地抵御世界性经济危机波及中国的保障性因素之一。20世纪90年代亚洲金融危机未能波及中国，与中国未开放金融市场有直接的关系；1998年索罗斯阻击港元未遂，与中国大陆超强的外汇储备关联性很大。不管是中国政府，还是中国百姓，攒钱的意识都很强烈。高储蓄对于中国经济来说，历史上它不仅成为中国改革开放的物质基础，成为现今中国在金融危机的余波下继续保持稳定、旺盛的消费需求的物质保障，而且高储蓄还是我国民间资金重要的资源供应，对促进民营经济的发展功不可没。

但是历史上的贡献并不能保持一种消费模式的永久适用。从现实经济发展状况来看，谨慎消费需要向适度消费转变。并且具备了以下现实可能性：

（一）经济增长，收入提高，为消费扩大提供了物质准备

改革开放以来，中国经济迅速增长，居民收入不断提升，为居民消费结构转变、消费层次提升创造了物质可能性与现实性。国家统计局资料显示，1978年我国人均国内生产总值（人均GDP）仅有381元，1987年达到1112元，2003年超过万元大关至10542元，2007年突破两万元至20169元，2010年突破三万元大关至30015元。2012年人均GDP达到38420元，扣除价格因素，较1978年增长16.2倍，年均增长8.7%。与此同时，人均国民总收入也实现同步快速增长。根据世界银行的数据，我国人均国民总收入由1978年的190美元上升至2012年的5680美元，按照世界银行的划分标准，我国已经由低收入国家跃升至中等收入国家。

根据国际经验表明，人均GDP达到2000美元，消费水平将得到进一步的提

升。2008年,我国人均GDP超过3000美元,开始步入消费的加速转型期,消费市场总体空间进一步扩大。居民收入稳步提高和财富不断积累,东方人特有的量入为出的节俭习性,使国民积累了相当丰厚的物质财富,为消费的水平提高和消费结构转型提供了一定的物质保证和潜在购买力。数据表明,我国城镇居民人均消费2008年为8181元,比1978年提高了8倍,年均实际增长7.6%。居民消费结构也改善明显。

从耐用消费品看,彩电、洗衣机、电冰箱、空调、电话等在城镇地区逐步普及,汽车、家用电脑等高档耐用消费品拥有量大幅提高。2008年,城镇每百户彩色电视机拥有量达到132.9台,家用电脑拥有量59.3台。农村居民彩色电视机、电风扇、洗衣机、摩托车等普及率也不断提高。2008年,农村每百户彩色电视机拥有量达到99.2台,家用电脑拥有量5.4台。电话普及率由1990年底的1.1部/百人提高到2008年底的74.3部/百人,移动电话普及率迅速上升,达到48.5部/百人。

(二) 城镇化率不断提高,为扩大消费提供了帮助

在中国,城市始终是消费提高的拉动力量。城乡人口之间的比重失调,收入分配不均,直接影响到消费需求的进一步扩大。而改革开放以来,由于户籍制度管理变更,城乡之间人口流动加快。城市化随工业化进程的发展,步伐不断加快。

据测算,城镇化率每提高1%,约拉动最终消费增长1.6%。改革开放以来,我国城镇化进程加快。城镇人口的比重由1978年的17.9%提高到2008年的45.7%,农村人口由82.1%下降到54.3%。随着城市人口的增加,城市消费逐渐占据了消费主导地位。自2000年以来,城市消费已经连续8年保持两位数增长,城市消费占总体消费比重达70%左右,这种地位逐渐得到稳固和加强。

2006~2008年,我国城镇人口年均净增接近1000万人。据测算,城镇化率每提高1个百分点,就会有100万~120万人口从农村转移到城市,由于城市人口的消费是农村的2.7~3倍,约拉动最终消费增长1.6个百分点。如果按年消费需求的60%用于商品性支出,可拉动社会消费品零售总额增长约1个百分点。按照我国现代化发展战略目标,2020年我国基本可以实现工业化,城镇化率可提升为60%左右,以全国大约14.35亿人口测算,累计要把2.25亿的农村人口转向城镇,按2008年城乡居民人均消费水平相差9700元推算,今后10年由于城镇人口增加将使居民消费约增加2.2万亿元,年均增加2000亿元以上。①

---

① 严先溥. 加快我国消费模式转型的步伐 [J]. 经济研究参考,2010 (27): 42.

差异、耦合及诠释：多维视角下中美消费模式的比较研究

（三）新增人口的刚性消费

人口是推动消费需求增长的重要因素，人口规模决定了市场容量和消费潜力。一般来说，在不考虑收入状况的条件下，人口多的国家，消费规模一般较大。人口因素主要从两个方面影响消费需求的变化：一是新增人口；二是人口结构变动。

20世纪80年代末期以来，我国人口总量增加，人口增长率逐年下降，平均每年仍有1000多万人出生。根据最新人口统计数据表明，我国的人口总量为13.3亿，而人口增长率从2000年的7.58%，2005年的5.89%，到2011年为4.59%，具有很明显的下滑特征。而人口出生率在上述三个参照时间点分别为12.86%、12.40%、11.93%，呈现出逐年下降的趋势。人口自然增长率下降主要是由于计划生育政策在代际间的传递造成出生幼儿下降；此外，伴随着国民素质的整体提高，晚婚晚育等观点已颇具人群基础。

由于我国人口基数较大，所以2006~2008年，我国新增人口年均仍为682万人，这些新增人口的衣、食、用、住、行产生的消费行为，都会产生新的消费需求。新增人口数量的增加，生活水平的不断提高，需求刚性的拉动幅度呈逐年加大的趋势。初步测算，约700万新增人口，对消费品的需求每年大约为300亿元，拉动零售额增长0.5个百分点左右。

第三节 合宜性未来消费模式的构建要素

一、绿色性与自然性

人类是自然界的产物。据考古学家推测，人类赖以生存的地球出现在距今46亿年前。而地球上出现人类迄今只有500多万年的历史。人类文明出现在大约5000年前。随着人类文明的出现及发展，人类越来越从过去的被动地适应自然变成了自然的支配者和自然界的主宰，自从有了人类以来，自然界由自在的存在形式变成了人为的自然——自然界日益被打上人类活动的烙印。人与自然的关系由过去的滋养和被滋养的母子关系，演变为人对自然的主宰和被主宰的主从关系。

蒙昧时代、原始社会与农业社会中，人类生产能力和科学技术的落后，人的很多物质欲望被自身的能力限制住，不得不靠天吃饭。而此时的人类尊天、崇拜自然的宗教情结是人类十分普遍的现象。

工业社会以后，随着人类认识自然的实践活动能力加强，人类支配自然的能力越来越强大。自然在越来越广泛的意义上成为人为的自然。正如马克思所说："工业是自然界同人之间，因而也是自然科学同人之间的现实的历史关系。因此，如果把工业看成人的本质力量的公开展示，那么，自然界的人的本质，或者人的自然的本质，也就可以理解了……在人类历史中即在人类社会的产生过程中形成的自然界是人的现实的自然界；因此，通过工业——尽管以异化的形式——形成的自然界，是真正的、人类学的自然界。"① 工业社会以后，自然更多地变成了与人类的实践相关的、被打上人的自由意志的印记的人化的自然界。人与自然的关系由过去的崇拜、服从、一体化的关系变成异化的、主宰的、人化的自然界。人与自然的关系变成了矛盾、对立的关系。但这种对立现象产生的根源在于人的欲望的无限性和资源的有限性之间的矛盾。

（一）根源性

在营销中，对需求与需要做了如下区分：需要是人类赖以生存的前提，需要是不能被创造的，但是需求是可以被创造的。需求就是没有被满足的需要。② 从经济学视角来看，需求是有购买力支持的需要。如果购买力被无限地扩大，需求将会无止境地扩张。经济学的核心就是在回答如何合理、有效地分配资源，满足人类无限的消费需求的扩大。

现实世界里，人类的需要是多样的。从内容上看，人的需要包括自然需要、精神需要和社会需要。从层次上看，人的需要可划分为生存需要、享受需要和发展需要。人的需要是不断超越的、无限发展的。当第一个需要得到满足后，满足需要的活动又会引起新的需要。需要无穷无尽、无休无止。美国人本主义心理学家马斯洛的需要层级理论（Hierarchy of Needs）是这种理论的代表。

马斯洛认为人的需要有层次性和递进发展性。他将人类的需求动机分为五种层次。依据由低到高的重要性，他将低层需要到高层需要分成生理的需要、安全的需要、社会的需要、自尊他尊的需要与自我实现的需要。基本上，人们会先寻求低层次需要的满足，其次再追求高层次需要的满足。个人的行为会先受到最低层次需要的驱动，等到这一低层次的需要得到相当的满足后，一项新的、较高层次的需要随之产生，并驱使个人采取行动来加以满足。如此不断地将需要推升到引导性行为。当然，如果某一低层次需要又重新面临不满足的状况，则这一低层次的需要便又会重新取得影响行为的主宰地位。

马斯洛的需要层级理论中有一个主要的假设是满足—回归（Satisfaction-

---

① 马克思，恩格斯.马克思恩格斯全集（42卷）.北京：人民出版社，1979：128.
② [美] 路易斯·布恩，戴维·库尔茨.市场营销 [M].北京：人民邮电出版社，2007：74.

Regression）的观点。这个观点认为一个已经获得满足的需要，不再会是一个激励的因子。因此，另一个新的需要会来替代这个已经获得满足的需要，而成为新的激励因子。一般而言，在高层次的需要成为行为的激励因子之前，低层次的需要必须先获得满足。因此，综观人类的一生都是在持续追求某些较高层次的需要。①

哲学家叔本华把需要的提升和替代的发展看做是欲望的外在形式。叔本华曾将欲望比喻为一个永远饥馋、永不饱和的"胃"，它没有满足的时候，一旦一种具体的欲望得到满足之后，它会立刻让位于一种新的更大的欲望。欲望是无极限的，具有扩张性的。"正因为人的欲望和能力在无限中发展，所以它们没有可以指明的极限，尽管它们实际上是有绝对极限的。超乎人类之上的高度多得不可胜数，人类永远不可能达到这些高度，但是并不因此而可以说，人类达到某一高度后，便不再向那些不可能达到的高度继续前进了。"②

正是在现代社会物质相对富裕的条件下，人类无法满足的欲望和攀比心变得无拘无束的膨胀，导致人类的欲望和自然资源的有限性的矛盾变得无法调和。二者之间的矛盾已经超出了经济研究的范围，变成社会性的、全人类所不得不解决的棘手问题。这也是消费绿色性产生的原因。

（二）诠释性

1. 和谐统一性

和谐统一体现在人与自然的关系上，具体表现在：一是人类对自然的影响与作用。即从自然界中索取资源与空间，享受生态系统提供的服务功能，同时向环境排放废弃物。二是自然对人类的影响与反作用。即资源环境对人类生存发展的制约，自然灾害、环境污染与生态退化对人类的负面影响。

如前所述，在工业社会之前，自然界对人类的主宰关系是明确的，但是呈日益减弱的趋势。工业社会的到来，使得人与自然的关系发展到了极度紧张状态。工业文明的兴起，使得人类对自然的征服逐步深化，逐步加快。人类逐渐成为了自然的主人，主客体之间的主从关系被创新书写。人定胜天、征服自然、改造自然成为工业革命以来人类的座右铭。也成为有史以来人类粗暴地干涉自然、随意破坏生态环境的理论依据。

人与自然之间的对立关系，随着自然资源的枯竭、人类数量的无限制增长和消费欲望的膨胀变得日益尖锐。近半个世纪以来，人与自然的紧张关系在全球范围内呈现扩大的态势。主要表现在以下方面：一是人与自然的相互作用模式比以

---

① 林建. 消费者行为 [M]. 北京：北京大学出版社，2004：112-113.
② [法] 弗雷德里克·巴斯夏. 和谐经济论 [M]. 章爱民译. 北京：中国社会科学出版社，1995：87.

往任何时候更加复杂多样,协调人与自然的关系更为困难;二是发达国家在实现工业化的过程中,走了一条只考虑当前需要而忽视后代利益、先污染后治理、先开发后保护的道路;三是通过市场化和经济全球化,发达国家的生产方式和消费模式在全球扩散。由于国家与区域间经济社会发展的不平衡,发展中国家往往难以摆脱以牺牲资源环境为代价换取经济增长的现实,面临着资源被进一步掠夺、环境被进一步破坏的严峻局面。

协调人与自然的关系,已成为当今世界高度关注的议题之一。人们普遍认识到,人类目前所面临的人与自然不和谐问题比历史上任何时期都要复杂和严峻,如果人类不及时改变发展模式,实现人与自然的和谐发展,地球在未来的某个时期将不再适合人类居住。

2. 绿色可持续性

在人类活动与自然发展统一和谐的理念推动下,绿色性应该还可以理解为是以自然可持续性发展为前提的消费形式的建立与消费理念的传播。基于此种角度,绿色消费是指提供服务以及相关产品以满足人类的基本需求,提高生活质量,同时使自然资源和有毒材料的使用减少,使服务或产品的生命周期所产生的废物和污染物最少,从而不危及后代的需求。

英国学者 K.皮蒂说:"所谓绿色消费,是购买时至少一部分,从环境、社会的角度进行的购买或非购买行为。"① 中国学者唐锡阳先生把绿色消费概括为 3R 和 3E:Reduce,减少非必要的浪费;Reuse,修旧利废;Recycle,提倡使用再生原料制成的产品;Economics,讲究经济实惠;Ecological,讲究生态效益;Equitable,符合平等、人性原则。② 关于绿色消费的定义,观点很多,仁者见仁智者见智,但国际上较流行 5R:节约资源,减少污染(Reduee);绿色生活,环保选购(Reevaluate);重复使用,多次利用(Reues);分类回收,循环再生(Recycl);保护自然,万物共存(Reseue)。因此,绿色消费主要是指在消费时要注意环境与生态保护。具体包括三个层面:一是作为消费者,时刻注重环保,要使用无污染的产品;二是在消费中要注意废弃物不能乱扔乱排放,对有毒有害放射性废弃物,一定要专门回收处理,生活垃圾进行分类,放置在指定地点,集中处理;三是培育新的消费观,追求朴素、简单、宁静的生活,不追求奢华,不盲目攀比,崇尚精神生活,致力于自身的全面发展。既要追求自身惬意舒适的生活,又要保护好自然环境,消费时顾及全人类的公共利益,达到人与其他物种、自然的和谐相处。

---

① K.皮蒂.绿色消费 [M].北京:商务印书馆.1993:129.
② 唐锡阳.环球绿色行 [M].桂林:漓江出版社,1993.

差异、耦合及诠释：多维视角下中美消费模式的比较研究

20世纪90年代以后，一系列有里程碑意义的纲领性文件和国际公约的问世，标志着走可持续发展之路、实现人与自然和谐发展逐渐成为全世界的共识，意味着绿色消费理念已经逐渐被世人所重视。1992年，在巴西里约热内卢召开的联合国环境与发展大会上102个国家首脑参加了会议。联合国环发大会共同签署了五个重要文件，确立了生态环境保护与经济社会发展相协调、实现可持续发展应是人类共同的行动纲领。2002年，在南非约翰内斯堡召开的联合国可持续发展大会继而通过了《可持续发展执行计划》和《约翰内斯堡政治宣言》。确定了发展仍是人类共同的主题，进一步提出了经济、社会、环境是可持续发展不可或缺的三大支柱，以及水、能源、健康、农业和生物多样性等实现可持续发展的五大优先领域。20世纪后期，国际科技界组织实施了许多大型科技计划，各国政府纷纷制定可持续发展战略及相应的行动计划，实现人与自然和谐发展逐渐成为全人类的共同行动。

3. 低碳性

低碳经济最早见诸在2003年英国能源白皮书《人们能源的未来：创建低碳经济》中。低碳消费是实现低碳经济的重要组成部分之一，它明确了在现有生产力水平和生产关系下人们消费行为的程式、规范和质的规定性，并且指导人们进行低碳的消费活动。低碳最终成为对人们的消费行为进行社会价值判断的依据和理论概括。

低碳消费是适应当前经济发展的有效消费模式，它的实施包括环境的友好性、生活的高质性以及消费的公平性三个原则。

（1）环境的友好性。全球变暖已经成为全世界面临的一个问题，大量二氧化碳的排放对气候产生了恶劣的影响。除全球变暖外，固体垃圾的堆积、水体的污染等都成为人类可持续发展要解决的重大问题。以往的高消费模式是建立在对资源的掠夺、对环境的破坏的基础上的，这种高消费模式一定程度上导致了生态环境的恶化，要改变这种状况，除了改革生产外还必须改变我们的消费方式。由于消费指导着生产，因此我们的生产消费、生活消费应该是建立在可再生资源的基础上的，应该是对环境友好的，是减少排放、降低污染的，是有利于人类可持续发展的，只有这样，才能使对环境的污染降到最低，才能达到人与自然的和谐相处。

（2）生活的高质性。消费不仅是人类得以生存和发展的基础，也是我国目前推动经济发展的重要动力之一，我国消费从2007年开始超过投资，成为消费、投资、出口中对经济增长贡献最大的一项。生活的高质性是指在提高生活水平的同时降低资源的消耗，以最小的投入获得最大的满足。它要求消费应该保持一个适当的"度"，过度的、过于超前的消费以及与社会生产力不符的消费将给社会、环境带来沉重的压力，影响社会经济的发展。梁琦指出，应该将人类作为生态系

第五章 合宜性的未来消费模式

统的一个物种所参与的物质循环系统。"度"应该是符合生理标准、社会标准和经济标准的，既要满足生理上的基本需求，也要满足消费者的心理需要及符合道德，同时社会的消费力要与生产力的发展水平相适应。因此，我们应该建立一种理性的消费模式，这种消费模式一方面能够满足较高的生活水平，另一方面对环境的破坏，对资源的消耗能够降到最低。

二、社会性与公正性

公正是道德的基本内容，如果把人与自然关系的修正看做是公正的自然性的话，那么社会公正性，包括代内公正消费和代际公正消费两个方面。

（一）代内公正

代内公正是一个以时间同一性、空间差异性为向度的人与人之间保持正义性的概念。其基本含义是，同一时代的人要公平地享用资源，共同地保护生态，合理地承担责任，合适地取得补偿。代内公正的主体内涵包括：发达国家与发展中国家、富人与穷人在利用资源、承担环境问题责任上的公正性。具体来说，代内公正表现为：

1. 生存与发展的平等权

在相同时间段内，不同国度、不同地区、不同人口具有平等的生存权与发展权。平等的生存权与发展权可以理解为在国际范围内，要求一个国家和地区的发展与消费不能以损害别的国家和地区的发展为代价，要在全球范围内防治和消除两极分化。

当前的生态污染问题主要是发达国家的工业化消费方式造成的，少数发达国家消费了大部分的世界资源，而大多数发展中国家由于相对较低的技术经济水平，对资源消费相对较少、发展停滞、人民生活贫困。从这个意义上说，发达国家剥夺了欠发达国家的发展权。

2. 消费上的平等权

代内公平消费平等权表现为提倡面向全体公民的大众消费模式，抑制少数人的高消费、超前消费、挥霍消费和畸形消费。英国经济学家芭芭拉·沃德和勒内·杜博斯在《只有一个地球》中指出："为了让多数人能摆脱贫困的痛苦，忍受煤烟和灰尘可能是值得的。可是为了富裕家庭再增添新汽车和新电视机，使湖泊变成死水，河流染成五颜六色，这样的代价开始被认为是不合理的了。"[1]

为了公正地反映上述事实解决矛盾，消费者联盟国际组织发布了有关的政策性文件，文件提出：所有国家的消费者都有享受以利用地球资源为基础的体面物

---

[1] 芭芭拉·沃德.只有一个地球[M].长春：吉林人民出版社，1997：170.

质福利标准的基本权利,这种权利必须公正和平等地扩展到那些目前生活水准远低于世界收入平均额的消费者,也必须为今后各代人保存这种权利。① 这一文件,很好地体现了代内公正的原则,指出发达国家在改善生活质量的同时应该履行环保义务,在资源消费份额中应该向欠发达国家实行让渡,从而将公平的消费观付诸理论,保障了欠发达国家的发展权。而欠发达国家不能走发达国家先污染后治理的老路,应积极寻找适合自己国情的发展道路。只有很好地解决代内公正,绿色消费才能沿着健康的道路得到普及与推广。

(二) 代际公正

代际公正是指当代人的生存与发展不会危及后代人的生存与发展,不吃子孙饭,不断子孙路。资本主义工业化带来了物质财富的增加,也使人们的私欲膨胀,极端个人主义泛滥,他们的眼中只有自己的利益,只有当今的物质享受,只有眼前利益,从不顾及后代和将来。这种缺乏远见的观念,将损害人类的整体利益。在消费上的表现是奢华的物质享受,大力开采矿藏、破坏植被、屠杀野生动物、开垦填湖,留下一个千疮百孔的地球给后代,让后代缺少一个适宜的生存环境,剥夺了后代的正当消费权。

消费代际关系破坏与人类中心主义有一定的关联。在人类中心主义眼里,地球上除人之外的一切都是人类支配的对象,它们的唯一价值就是供人类消费。人类中心主义让人们忽略了对后代的关照。杀鸡取卵式的发展造成了代际消费权的不平等,影响人类种群的繁衍和人类文明的继承与发展。人类中心主义破坏了代际公正:后代人和我们一样,也有生存和发展的需要,他们生活在我们这个星球上,同样需要消费,他们的消费权和我们是一样的,不要因为他们现在没有话语权就排斥他们的权利。消费的代际公正缓解了当代人与后代人的消费矛盾,将有限的资源留下一份给我们的子孙后代。

三、可持续性与发展性

长期以来,对于可持续消费的内涵,学术界仍是见仁见智。这正如英国环境经济学教授 D.皮尔斯(David Pearce)所说,联合国《21 世纪议程》中关于"可持续消费"的概念都是模糊的,更无法界定何为可持续消费模式。从常识性的理解来说,既然是"可持续性的",就不应该是一次性的、一代季的以短期目标的实现为宗旨的消费理念和消费行为。对于这个概念的解释是逐步澄清,并达成共识的。

---

① Erna Witoela.可持续消费:我们共同的挑战 [J]. 产业经济与环境(中文版),1996(4):25. 转引自喻雪红.可持续消费:发达国家与发展中国家 [J]. 山西大学学报,2003(2):19.

（一）国际社会的界定

可持续消费的思想形成于20世纪60年代。但是直至20世纪80年代中期以前，可持续发展的定义或概念并未得到国际社会广泛的接受和重视。1988年以前，联合国的"发展业务领域"并未正式引入可持续发展的概念和定义。

1987年，联合国所属的世界环境与发展委员会发表了题为《我们共同的未来》之长篇专题报告中采纳并推广了可持续发展的概念。报告对可持续发展概念的界定为：既满足当代人的需要，又不损害后代人满足需要的能力的发展。

1988年春，在联合国开发计划署理事会全体委员会的磋商会议期间，发展中国家和发达国家展开了激烈的争论，经过反复的磋商，最后达成了一致意见，并于1989年5月举行的第十五届联合国环境署理事会期间，通过了《关于可持续发展的声名》。主要内容如下：

"可持续的发展，是指满足当前需要而又不削弱子孙后代满足其需要之能力的发展，而且绝不包含侵犯国家主权的含义。环境署理事会认为，要达到可持续的发展，涉及国内合作与国际均等，包括按照发展中国家的国家计划的轻重缓急及发展目的，向发展中国家提供援助。此外，可持续发展意味着要有一种支援性的国际经济环境，从而导致各国特别是发展中国家的持续经济增长与发展，这对于环境的良好管理也是具有很大重要性的。可持续发展还意味着维护、合理使用并且提高自然资源基础，这种基础支撑着生态抗压力及经济的增长。再者，可持续的发展还意味着在发展计划与政策中纳入对环境的关注与考虑，而不代表在援助或发展资助方面的一种新形式的附加条件。"[①]

1994年，联合国环境署发表题为《可持续消费的政策因素》的内罗毕报告，报告对可持续消费的定义为：提供服务及相关的产品以满足人类的基本需求，提高生活质量，同时使自然资源和有毒材料的使用量最少，使服务或产品的生命周期中所产生的废物和污染物最少，从而不危及后代的需求。[②] 报告认为可持续消费模式是一种新的消费模式，它不是因贫困引起的消费不足或者因富裕引起的过度消费之间的折中，而是将消费纳入社会经济可持续发展的轨道，采取了符合自然生态演化规律和社会可持续发展的消费行为和方式。

（二）国内学术界的角度与解释

目前，国内学者对可持续消费的界定包括如下层面：

（1）把可持续消费看做是节制性消费。代表性的人物，如吕福新博士认为，

---

① 俞海山. 可持续消费模式论 [M]. 北京：经济科学出版社，2002：15.
② Element for policies for sustaintable consumption, UNEP, Nairobi, Symposium: sustainable production and consumption pattern, Oslo, Norway, 1994.

可持续消费就是在超越狭隘短浅消费意识的基础上，以真实、有益、超功利为特征，以持续为目的的"节制型"消费。人类之所以需要节制消费，是为了能够让子孙后代继续生存在地球上。节制型消费是可持续发展的条件和前提。

（2）把可持续消费与可持续发展相联系，使消费与发展的定义保持逻辑空间的一致性。从这个视角来看，可持续消费等同于多利用、少排放的绿色消费、生态消费内涵。从可持续发展的视角界定可持续消费内涵的表达，可以从中国官方1994年的《中国21世纪议程》中找到这样的界定：必须努力寻找一条人口、经济、社会、环境和资源相互协调的既能满足当代人需求而又不对满足后代人需要的能力构成危害的可持续发展的道路。①

（3）把可持续消费看做是一种符合代际公正和代内公正原则的能保证人类物质和精神生活不断由低层次向高层次演进和促成可持续发展战略实现的消费。②可持续消费包括以下两个层面：一是消费的公正性是可持续消费的核心，既能保证当代人的合理消费，又能保证后代人消费需求由低层次向高层次的发展；二是消费建立在人与自然、人与社会的和谐统一的基础上。人类社会的发展，并不能简单地等同于经济发展，也不是单纯的生态保护，而是使得消费主体、消费客体和消费环境统一成为相互依赖、相互影响、相互作用的系统。

以此为基准，可持续消费包括广义与狭义两个方面。广义的层面包括可持续的自然资源（如水资源、土地资源、森林资源和地下水资源等消费）、可持续的生产资料消费（主要是指劳动资料和经过加工的劳动对象的消费）、可持续的商品消费（主要指衣、食、住、用、行等生活资料消费）、可持续的劳务消费（如旅游、文化、保健、卫生等方面的消费）、可持续的公共产品消费（如交通、通信等方面的消费）五个大的方面。狭义的可持续消费主要包括可持续的商品消费、劳务消费和公共产品消费。③

四、适度性与折中性

（一）适度消费的社会学规定：自我欲望的节制

欲望是人的天然本能。人类欲望被描述成为眼、耳、鼻、舌、身、意六欲。合理的欲望满足是人类生存发展的必需也是推动社会进步的积极力量。当人类的欲望得到满足的时候，人会有快乐、自足的感受；当得不到满足的时候，就会产

---

① 国家计委. 中国21世纪议程：中国21世纪人口、环境与发展白皮书[M]. 北京：中国环境科学出版社，1994：1.
② 杨家栋.可持续消费：世纪之交人类共同面临的战略性研究课题[J].扬州大学学报（人文社会科学版），1997：1.
③ 俞海山.可持续消费模式论[M].北京：经济科学出版社，2002：94-95.

生某种不安、紧张和痛苦。由于欲望是多种多样的，欲望的满足也是需要物质条件的，因此，欲望得不到满足是常态，欲望得到满足是短暂的和暂时的。

因此，节制欲望就是一种美好的德行，也是获得快乐的根本。古希腊哲学家德谟克利特说："人们通过享乐上的节制和生活的宁静淡泊，才能得到快乐。""节制使快乐增加并使享受更加强。"① 德谟克利特主张人不应当追求一切种类的快乐，而应该满足于自己已有的，并通过节制来满足那些高尚的需要，使自己知足与宁静淡泊，获得真正的快乐。柏拉图在描绘理想国的状态时指出，人的灵魂中理性是较好的部分，而情欲则是较坏的部分，如果一个人使其灵魂中的较坏部分服从于较好的部分，那他就是一个节制的人："一个人的较好部分统治着他的较坏部分，就可以称他是节制的和自己是自己的主人"②。节制的人是自己的主人，他服从自己的理智，并根据需要随时调整自己的情欲，做人之当做之事而不做不当做之事，不节制的人则受自己的情欲支配，做出人之不当做之事。节制的本质在于欲望的适度，既不可不足，也不可过度。心理学的研究亦表明，消费与个人幸福之间呈非线性平衡关系，超过一定极限，消费与幸福还会成反比关系，过度消费不仅对人的生理产生不利影响，而且对人的心理也产生负面影响。

（二）适度消费的伦理学规定：过度与不足的中间状态

从伦理学角度上说，消费适度是指消费行为要符合道德标准，要符合中道。德国著名伦理学家包尔生在《伦理学体系》中指出，伦理道德问题，说到底就是一个适度问题、一个中道问题。消费适度就是指消费方式在不足与过度之间的某个点上的适中性。无论是消费不足还是消费过度都是对人的存在尊严与自由的践踏。前者无法提供人类正常生活需要的消费品，使人应有的健康的体魄与健全的智力达不到应有的水平；后者将消费作为人的生活的唯一目的，从而奢侈无度、挥霍浪费，使消费有着异化于人、全面驾驭人的真实危险性，人将丧失自己的主体地位。"过度与不及是过恶的特征，适度是德性的特征。"③ 黑格尔也说：把握度对于实际生活，"特别是对伦理关系也异常重要。例如，就用钱而论，在某种范围内，用或少用，并不关紧要……一经越过，用得太多，或用得太少，都会引起质的改变"。④

（三）适度消费的经济规定：超前与不足之间的状态

从经济层面上思考适度消费，就是要考虑消费与资源的匹配性以及与生产力发展水平的适应性。基于这样的考虑，经济层面的消费模式的适度特征为：一是

---

① 周辅成. 西方伦理学名著选辑（上卷）[M]. 北京：商务印书馆，1987：81-83.
② 柏拉图. 理想国 [M]. 北京：商务印书馆，1996：15.
③ 北京大学外国史教研室. 古希腊罗马哲学 [M]. 北京：三联书店，1957：321.
④ 黑格尔. 小逻辑 [M]. 贺麟译. 北京：商务印书馆，1980：237.

在保障人类生存发展需要的前提下，使消费在不超过自然的承载能力、个人生理承载能力的前提下，减少多余的消费；二是消费水平要适应生产力发展水平，适应收入水平，避免超前消费。前者是适度消费的自然标准，后者被称为适度消费的经济标准。

（1）消费的自然标准包括：自然人的健康繁衍环境的获得和自然承载力两方面的内涵。前者是从人类种群的个体角度来看的，适度消费要以满足人类基本需要为基点，以健康生存为宗旨，以减少无意义的消费和有害的消费为内容的消费行为模式。例如，炫耀性消费的行为习惯就是应该加以禁止和杜绝的消费心理和行为。后者是从人类总体角度上看消费的，适度消费是把人类的消费需求水平控制在地球承载能力（Carrying Capacity）范围之内。

承载力是与限制发展相关联的常用概念。最早在生态学中它是用以衡量某一特定地域维持某一物种最大个体数目的潜力，现在则广泛用于说明环境或生态系统承受发展和特定能力的最大限度。只有当人口对资源需求的水平在地球的承载力之内，人类才能实现可持续的生存。

（2）从整个社会来说，合宜的消费要与经济发展水平相适应，与社会和谐发展目标相一致。从消费率角度来说，消费水平应当与经济发展水平相适应，不能脱离社会生产力水平和消费品的总供给能力。生产力水平是决定消费水平的决定性因素，是一个国家或地区设计、建立或选择消费模式的基础。消费水平的衡量标准是消费率。合理的消费率标志着消费在国民收入中所占的比率适当，表明消费与经济增长速度相协调，经济在健康稳定性中逐步增长。过高或过低的消费率都不易于经济持续稳定的发展。一般而言，消费率偏高，易造成消费超过经济增长速度，引起经济过热，物价上涨，出现通货膨胀；消费率偏低，易造成消费落后于经济增长速度，引起商品滞销，物价下跌，出现通货紧缩。因此，只有保持合理的消费率才能避免经济发展的大起大落，实现经济持续稳定发展。具体而言，适度消费就是要防止消费行为的两种极端现象：过度消费和消费不足。过度消费是消费超过了一国或地区的资源约束，超出了消费者自身正常需要的消费行为。过度消费浪费了物质资源，本质上是满足虚荣的消费需求心理和社会需求心理的行为结果。过度谨慎带来的消费不足也是一种浪费现象。因为消费不但受到资源的约束，还受到需求的约束。需求水平低于生产能力，造成消费不足，产品积压过剩，也是另外一种资源浪费。

（3）从缩小消费群体间的差距，保持整体社会消费利益最大化原则来说，如果社会整体消费资料分配出现了制度性的配置失控，将造成整体社会再生产运行中的障碍，以及社会的不稳定、不和谐乃至会妨碍经济运行的良性发展。在经济学中，消费需求是指购买力支持下的消费意愿的实现，是有效消费需求。有效需

第五章 合宜性的未来消费模式

求的实现是以适度的收入分配政策为前提的,居民收入差距过大,会造成社会有效需求不足,进而造成经济因有效需求不足而发展缓慢,或者动力不足。

(4) 从个体消费者来说,消费者的个人消费、收入、储蓄三者之间需要保持一定的比例关系。一般而言,居民的收入多分成储蓄、投资、消费三种形式。储蓄可以被看成是预期消费,它将会对未来的经济发展产生影响。而对当期经济发展产生影响的是现期消费。而现期的消费水平要与个人的收入水平相适应,不能超过实际支付能力,应该遵循量入为出的原则。

第四节 中国适度消费模式的现实路径

每一种有代表性的消费模式都有各自的特征,谨慎消费模式曾经是最适合中国国情的历史产物。但是时光变迁,物换星移,过去的消费模式成为未来社会发展的障碍。因此,转变成为适度消费模式势在必行。对于中国而言,适度消费模式是和谐社会理念中的一部分,这个社会大同目标的实现需要全方位的努力。

一、政府扩大公共支出,刺激公共消费

政府的公共支出对居民消费能够产生挤入效应和挤出效应。在凯恩斯的收入决定模型中,公共支出对居民消费的挤入效应主要是通过公共支出的收入效应进行分析的。公共支出按经济性质分可分为购买性支出和转移性支出,购买性支出包括消费性支出和投资性支出。购买性支出主要通过需求作用于生产,间接增加了就业机会,从而提高居民的收入水平。政府的基础设施投资就是如此。此外,政府通过增加如医疗和教育等有关社会福利的消费性支出可以减少居民的消费支出,相应地增加了居民的实际可支配收入水平。因此,公共支出可以通过收入效应增强居民消费能力。政府公共支出的转移性支出部分,因它是一种资金单向的、无偿的转移,所以成为收入再分配的一个重要调节工具和手段,可以将富人、富裕地区居民及城市居民的一部分财富转移给穷人、贫困地区居民及农村居民,能够起到缩小社会收入分配差距的作用。合理的公共支出能调整因市场经济发展所带来的收入差距的扩大的问题。此外,政府为建立健全社会保障制度及大力发展社会事业而扩大的支出可以减少未来收入和支出的不确定性,通过降低居民的预防性储蓄动机进而使居民消费得到扩张。

政府公共支出能够拉动消费,后危机时代各国政府沿用了过去调节经济的方式。2008 年面对突如其来的国际金融危机的冲击,以美国为首的西方国家,纷

纷扩大政府公共支出，挽救危机，拉动国内消费。2008年10月，国会通过了资金总额为7000亿美元的问题资产救助计划。2009年2月，国会又出台了《复兴和再投资法案》，资金总额为7870亿美元。此外，救助房利美和房地美的计划资金也有2000亿美元。这三项计划在2009年的支出合计达到3530亿美元，相当于GDP的2.5%。

2008年11月，中国政府宣布了在未来两年内4万亿元的投资计划，用于刺激内需，以加快建设保障性安居工程、民生工程，加快农村基础设施建设，加快铁路、公路和机场等重大基础设施建设，加快医疗卫生、文化教育事业发展。同时，在2008年第四季度新增1000亿元中央投资计划，2009年2月又在此基础上启动又一轮数额为1300亿元的中央投资计划，并计划在同年第二季度下达第三批规模超1300亿元的中央投资计划，投资领域继续围绕民生工程保障性住房及重大基础设施建设等方面。

从扩大内需所采取的措施来看，有相当大的一部分投资会在公共消费上产生效果，通过刺激这些公共消费，既拉动了国内投资，推动了经济增长，又拉动了居民消费，推动了消费增长。

为了更有效地发挥公共支出对居民的挤入效应，政府在确保支出总量增长的同时应进一步优化公共支出结构，促进谨慎消费向适度消费转变。具体措施如下：

（一）优化公共支出结构

当前，我国公共支出结构尚存在许多问题，表现为与居民消费密切相关的社会文教方面支出增长相对缓慢；行政管理和其他支出增长速度远高于社会文教方面支出的增长速度。经济发展方式的转变要求建立以提供民生性的公共物品为主的公共支出结构，并在公共支出总量增长幅度并不很大的情况下降低行政管理费支出。加大对就业、文教、卫生、社会保障等方面的支出比例，为扩大居民消费、充分发挥消费对经济增长的驱动作用，进而促进经济发展方式转变创造条件。

（二）调整公共支出方向

提高农村居民的收入水平，提高农村居民消费的能力是充分发挥消费对经济增长的驱动作用，变谨慎消费模式为适度消费模式的关键所在。为启动农村消费群体，政府正积极推进新农村建设的工作，扩大公共支出对农村的覆盖范围。通过建立健全农村居民的各种保障制度等，确保文教、卫生、社会保障等方面支出的新增资金主要用于农村，支持农村义务教育事业发展、建立健全新型农村合作医疗制度和社会保障制度等。此外，应适当加强农村基础设施建设，改善农村消费环境，努力推进城乡基本公共服务均等化。通过调整公共支出方向强化农村居民消费的稳定预期，使公共支出能更有效地引致农村居民消费的增长。

（三）健全公共财政体系，完善财政预算支出管理制度

在推进公共支出转型和经济发展方式转变的大背景下，通过健全公共财政体系和深化财政预算支出管理制度变革来强化政府公共支出科学化和规范化是非常重要的。应继续围绕推进基本公共服务均等化和主体功能区建设，完善公共财政体系，增强政府提供基本公共服务能力，把更多的财政资金投向公共服务领域，以发展社会事业和解决民生问题为重点，优化公共资源配置，注重向农村、基层、欠发达地区倾斜，逐步形成惠及全民的基本公共服务体系。应建立和完善各项公共支出标准和原则的法律体系，如完善《预算法》等，加快建立《养老保障法》、《医疗保障法》、《社会保险法》等重要的法律法规。此外，应消除政府随意改变支出方向的惯性做法，强化公共支出的审计和监察，严禁滥用职权挤占挪用和钱权交易等违法犯罪行为。

二、转变经济增长方式，推动消费结构的转型

对于中国而言，适度消费模式的建立与转变粗放式经济增长方式密切相关。传统的投资和出口驱动型经济增长在"粗放型"经济增长方式下面临着越来越强的资源稀缺和环境污染的约束。

生产方式转变属于经济转型的内容范畴。生产方式的转变具有阶段性发展的特征。经济转型前、转型后，消费模式都会相应地发生变化，变化的大小和程度主要取决于经济转型过程中政策的变化。

（一）消费模式变化的路径

1. 经济增长方式转变中的政策导向

1981年全国人民代表大会通过了《政府工作报告》，报告提出了以提高经济效益为重心的发展经济的十条方针；"九五"规划时期，中央提出了"要实现经济增长方式由粗放型向集约型转变"；"十五"规划把经济结构调整和经济结构升级上升为五年经济发展的主线；"十一五"规划把转变经济发展方式作为战略之重；"十二五"规划的开篇更是提出要"转变方式，开创科学发展新局面"，经济发展方式的转变成为经济工作的重中之重。政策对转变经济增长方式的强调，是实现可持续发展和谐社会建设的关键。

2. 从经济增长方式转变与消费模式变化之间的关系来看

改革开放后，中国适时地提出：转变经济增长方式，适应社会经济发展的需要。中国经济的生产能力得到了前所未有的释放。GDP从1980年占世界的4%提高到了2011年占世界的14.4%。值得注意的是，长期快速的经济发展使中国人意识到，经济的发展不能单靠GDP增长和投资数量的增加来衡量。在生产建设大干快上的同时，消费空间与消费模式要加快脚步。也就是说，只要经济增长

方式发生转变，消费模式就会发生变化。

3. 增长方式的转变通过影响产业结构的变化，推动消费结构转变

增长方式的变化，将会直接影响到产业结构的调整，最终引起消费结构的变化，影响最终消费行为。1981年我国第一产业、第二产业、第三产业结构的比例分别为31.88%、46.11%、22.01%，到2010年三大产业结构的比例已经调整为10.10%、46.75%、43.14%。第三产业受到金融、地产、信息技术革命的推动，无论绝对量还是相对比例都较1981年有较大幅度的增长，尤其是1998年房地产市场的改革，更是加快了上涨的趋势；第二产业因制造业受国内、国际两个市场需求的拉动，加上国内大规模的基础设施建设，总量大幅攀升，在国民经济中一直占有绝对比例。

20世纪90年代以来，我国通过加快城镇化、工业化的进程，极大地推动了第二产业、第三产业的发展，产业结构发生历史性的转变。从各产业对GDP增长的贡献度来看，1995年开始随着紧缩调控政策的实施，第二产业对经济增长的贡献度逐年下降；从2001年开始全球制造业的转移和大规模的基础设施建设拉动高耗能产业的增长，第二产业对经济的贡献度又开始大幅上升。而第三产业自1998年住房市场改革后，伴随金融改革和信息技术革命，取得长足的发展，对经济增长的贡献度一直保持良好的增长态势。

总之，通过转变经济增长方式，变粗放性的增长为集约型的生产，从只关注GDP的增加变成对综合发展的关注，在这个阶段性的过程中，通过改变产业结构，最终促进消费结构的变化。

（二）消费结构变化趋势

产业结构的变化直接影响到消费需求结构的变化。变化表现在以下方面：

（1）由实物型消费转向服务型消费。消费者在满足基本的吃、穿、住、用等物质需要外，转向对服务的消费，旅游、保险、金融、通信、健身、娱乐等都成为消费的主要内容。

（2）由物质消费领域扩大到精神消费领域。精神消费领域可从教育文化、休闲保健消费入手。当消费者的物质需要得到满足后，对精神方面的需求会更加重视，既重视子女的文化教育，愿意在子女身上花钱，增加开支，又重视自身的素质提高，乐意在培训、休闲等方面增加支出。同时，随着人们生活水平的提高，保健意识的增强，更加注重对自身的保养，会增加对保健药品的需求。

（3）由数量型消费转向质量型消费，体现消费的品质，体现产品消费带给消费者的精神满足程度。

（4）由普通型消费转向个性化消费，体现消费的差异性。

（5）由大众型消费转向品牌型消费。品牌代表了商品的质量安全性和可靠

第五章 合宜性的未来消费模式

性,随着消费者质量意识的增强,不仅对耐用消费品讲求品牌,而且对日常生活用品也讲求品牌。

(6)由传统消费转向绿色消费。绿色消费既包括对实体产品的消费,也包括对服务的消费。绿色消费要求消费的产品都是对人不会造成危害的产品,要求所处的消费环境是无污染的,要求产品处于清洁生产环境和加工环境中。通过绿色消费可以提高人们的生活质量。

总之,消费结构的变化是产业结构调整的产物,二者互为因果。

三、推广消费信贷手段,适度扩大消费需求

借贷消费产生的动因之一就是刺激消费,提高现期消费水平。由于借贷消费以未来收入作担保,以金融机构向消费者提供的、以特定商品为对象的贷款。因此,它的存在加速了商品周转、提高消费者现有生活水平。由于借贷消费常常以稳定的未来收入做预期保障,因此,借贷消费是"提前消费"而非"超前消费"。它不是超越了现阶段的经济发展水平和自身收入水平的一种消费方式。过度消费信贷不利于经济发展,但适度的消费信贷将有利于消费正向作用的发挥。适度发展消费信贷,以扩大消费需要做到以下几点:

(一)转变传统信贷观念与意识

1. 要转变居民消费信贷观念,倡导适度负债消费的新观念,引导并鼓励居民利用银行金融产品

在居民的思想中,消费信贷被等同于超前消费。因此,要扭转这种观念意识,就要大力宣传消费信贷的作用,消费信贷实质上也是量入为出,是在一个较长的时间内根据预期的未来收入来安排当期支出的行为。同时,要建立消费信贷是一种投资的观念,并进一步引导消费者改变"储蓄—消费—再储蓄—再消费"的消费方式为"贷款—购物—储蓄—还债"的消费方式,使信贷消费逐渐成为人们日常生活的一部分。

2. 要转变金融机构的信贷观念,增强消费信贷服务意识,积极开拓消费信贷市场

金融机构要建立以客户为中心的经营理念。改变过去传统的"以产品为中心"的经营思路。由于金融产品的同构性,银行难以单纯依靠产品形成长久的竞争优势。因此,确立"以客户为中心"的经营思想,将使我国商业银行消费信贷的市场定位更加准确,并形成较持久且不易被模仿的竞争优势;树立质量和效益并重的观念,在消费信贷业务市场竞争日趋激烈的情况下,我国商业银行切不可不顾质量和效益,形成新的粗放经营、高风险运作;树立现代营销观念,必须意识到营销是从市场调查、分析、研究客户需求,设计开发产品,满足客户需要的

整个过程，而不是某个环节。

（二）尽快建立个人信用制度

个人信用制度包括个人信用登记制度、个人信用评估制度和个人信用风险制度等。要全力营造一个良好的信用制度环境，尽快制定与消费信贷相关的法律，规范和统一银行的操作，使消费信贷有法可依，有章可循。我国商业银行的个人消费信贷业务，是在个人信用制度、保险制度等消费环境尚未建立的情况下推出的。因此，信用制度环境的建立尤为重要。而建立的具体路径是：

1. 建立个人资信制度

个人信用是个人的无形资产，如果一个人的信用度得不到社会认可，其守信、诚信的社会价值就得不到体现。离开个人信用，就不可能开展消费信贷。由于我国尚未建立起一套完善的个人信用制度，因此客观上严重地制约了消费信贷的发展，个人信用问题就成了消费信贷难以突破的"瓶颈"。在借款人的个人信用程度很难确认的情况下，银行为了自身贷款的安全，只好在消费贷款办理程序上加大力度。例如，复杂的手续，额外的公证、保险等费用以及担保、抵押等。通过增添贷款程序和费用来弥补个人信用机制的不足，实质上是把个人信用评估的代价转嫁给借款人，使其付出本不该付出的代价。

在具体操作中，需要建立个人信用档案和信用级别。为此，必须建立个人信用实体来负责运作，以形成完善的个人信用体系。为适应当前相关法律、个人纳税、户籍管理、个人存款实名制等尚未完善的实际状况，本书设计了一套可操作的个人信用机制：由人民银行制定出规范个人信用统一征信标准和征信办法，并首先对借款申请人办理一个与身份证姓名和号码相同的信用卡和一个由人民银行核发的与身份证号码、姓名相同的贷款证。这样做，不仅避免了信用卡号码的随意性，而且进一步完善了居民身份证制度和我国信用卡制度。因为我国信用卡在申请时实际上已采用了实名制和经济担保制，并要求借款人使用信用卡偿还贷款；在实施个人存款实名制的同时，随之建立起个人存款基本账户。"一卡一证"制度的建立，为建立和实施我国个人基本账户和个人信用制奠定了基础。在此基础上，由人民银行牵头组建个人信用评估机构，建立个人信用资料数据库，并逐步使个人信用信息商品化（贷款银行向信用机构购买数据库信息），银行可以作为贷款资信依据。

2. 建立个人信用担保制度

从一定意义上讲，消费信贷是"公款私借"。既然是借，那就有必要的担保，以保证"信用"落实。我国目前的担保机制尚属空白，只有上海等少数城市建立了信用担保机构，广泛的信用保险市场尚未形成。

而建立个人信保机制的办法是发展个人信保基金。它可以采取两种方式：一

第五章　合宜性的未来消费模式

是由地方成立专项基金，以地方政府为主认购基金份额；二是在条件许可的情况下，发行全国性的信保基金，以投资基金方式运作。与此同时组建各级个人信保公司。信用担保机制发展的广度和深度将直接关系到消费信贷业务的拓展。

（三）改变住宅贷款保险方式，控制个人信用风险

个人住宅贷款在消费信贷中所占比重最大，风险产生因素多，风险发生概率相对较高。化解个人住宅贷款风险，将会很好地控制个人信用风险。对此，最好的办法是将风险转嫁给保险公司，因为保险公司就是专门经营风险的特殊企业。目前，我国消费信贷保险还没有在消费金融中发挥应有作用，保险公司刚刚涉足。为保持这项保险业务的生命力，保险公司应在保险责任、投保方式、投保人、理赔方式和费率方面加以完善。

（四）创新消费信贷品种，拓展消费信贷渠道

创新信贷品种，我们还要向西方发达国家学习。英、法、日等国和中国香港地区的银行、金融公司、销售商等在消费信贷产品的多样化方面做了很多工作，在丰富消费信贷市场、满足消费者多样化需求方面起着很重要的作用。例如，从贷款用途来看，消费信贷品种一般有住房、汽车、耐用消费品、教育和旅游度假消费信贷等，还有婚嫁、俱乐部会员费，而新加坡的股票融资、中国香港的税务贷款、日本的没有指定用途的个人消费信贷也列入消费信贷范围；从贷款期限上看，有长期、中期、短期贷款，期限最长可达 30 年；从还款方式上看，有分期付款、一次性付款和信用卡透支；从利率上看，有固定利率贷款和浮动利率贷款等，种类繁多。

因此，我国银行业可考虑开发消费信贷服务品种，尽早适应市场经济发展的需要，适应一定时期、一定区域居民的消费需求，在开办住房消费信贷、汽车消费信贷的基础上，适时推出各种消费信贷品种，满足不同类型、不同层次消费群体的需求。

目前，我国商业银行可在以下几种消费贷款品种上实施创新。

（1）可增加贷款消费产品的种类。对个人购车贷款可采用向消费者直接贷款，向销售商贷款，再由消费者分期还贷，或者由银行购买付款合同等多种方式；对于普遍看好的教育贷款，除了助学贷款外，可适时推出经营性助学贷款、再学习贷款、出国留学贷款等，并采用多种灵活的放贷和偿还方式；开发住院医疗贷款、婚丧嫁娶贷款、度假旅游贷款、反抵押贷款、个人消费循环额度贷款等。运用电子化手段开发住房储蓄卡，使之成为集住房存款、贷款、转账、代扣还款多功能为一体的金融产品，同时大力开展私人理财业务以助推消费信贷。

（2）发展个人住宅金融。我国城镇居民的消费热点正随着住宅商品化、货币化的改革向住房方面转移，其消费需求潜力巨大。欧美的发达国家都具有较为完善的住宅金融机构和成熟的住宅融资法律体系，并对开办住宅金融业务者专门提供优惠政策。如美国居民购买房地产所需资金的80%以上来自金融机构贷款，住宅贷款使得美国的人均住房面积在1991年就达到了59平方米，自有住宅率达66%。我国的住房消费贷款开办时间短，呈现出一种分散的状态。

为尽快发展我国的住宅信贷，可以对商业银行开办住宅贷款的利息收入减免征收所得税；可对个人使用储蓄存款支付购房款或归还银行住宅贷款的存款利息，免征利息收入税；对于低收入家庭、下岗人员的购房贷款由政府担保；实行个人住宅贷款与借款人的人寿保险相结合。商业银行创新金融工具，推出住宅抵押贷款证券，并建立二级市场，逐步使住宅贷款证券化；开办互助股金性质的购房专项储蓄存款，利率允许高于同档存款利率，并免征利息收入所得税。

（3）发行贷记信用卡。我国目前各商业银行发行的信用卡都是借记卡或准借记卡，信用卡的功能虽然很多，但信贷的功能短缺，非真正意义上的信用消费。随着消费信用政策的实施、商业银行消费信贷业务以及新的《银行卡业务管理办法》的出台，各发卡商业银行应积极策划自己的贷记信用卡产品。在普及信用卡的基础上，建立以信用卡为核心的个人信用账户制度，为处理个人理财、储蓄、纳税、保险及私人金融服务，以交易记录为信息源作为个人信用评估依据，同时逐步实现信用卡工程联网，使各发卡行的信息兼容，实现资源共享。

（4）填补农村消费信贷空白，努力完善欠发达地区的社会保障体系。农村消费信贷的需求远远大于农村消费信贷的供给。在农村地区，消费信贷的发展不但能够成为商业银行全新的利润增长点，而且能够有效解决农村、农业、农民问题，平衡城乡发展差距，提高农民的生活质量水平以及扩大国内需求的有效方法。具体措施如下：①推广农村地区的消费信贷业务，适度放宽银行业金融机构在农村设立机构网点的条件。建立城镇银行，鼓励农村信用社和金融机构合作成为共同体，提高本身实力，从而推动消费信贷在农村地区的发展。②推进金融产品及衍生品的创新，创造出真正能够解决农民需求的新的消费信贷产品。例如，为提高农民生活质量提供小家电、婚嫁等方面的贷款。为方便农民进行贷款，调整还款方式，根据农民收入主要依靠农产品收成获得，待农民将农产品卖出后再偿还贷款。

另外，还需完善消费信贷法制环境。要制定全国性较高权威的法律，而不是规范性文件；要规范消费信贷经营主体的行为；要在消费信贷活动中涉及信用评估、借款人经济和信用情况，还有申请贷款的抵押担保品价格评估，对这些机构和个人的行为都要进行严格的规范和审查。为了保障信贷调查的顺利，应该对消费信贷法律体系进行完善。消费信贷法律体系的内容应当涵盖和注重个人私人资料在征信过程中不被透漏，比如如何界定个人征信数据公开和保密以及个人信用的担保、保险制度，征信机构管理等多项内容。

四、重点加强社会保障制度，降低预防性储蓄

完善的保障制度将会为消费者的消费提供信心保障，促进消费量的增加。我们现存的社会保障制度存在着一些有待调整和改进的制度空间。这些空白的完成，是从中国社会制度完善的又一个层面，为适度消费模式转向的完成提供了路径帮助和支持。犹如西方国家的社会保障制度从建立到完善是一个历史过程一样，中国的社会保障制度完善也需要完成从内容完善到结构完整的过程。目前，我国的社会保障制度尚处于内容完善的阶段。

（一）健全城市社会保障体系

针对制约城市居民消费扩大的各种因素，进一步健全城市社会保障机制。具体措施是：

1. 增加各级政府的教育投入，减轻家庭教育支出负担

中国人历来重视教育，让子女受到良好的教育是每个望子成龙的中国家庭储蓄意愿之一。近年来，政府对教育的投入虽然逐年上涨，但是远远不能赶上教育这种特殊产品价格上涨的速度，致使越来越多的家庭承担了原本应由国家负担的那部分教育费用。特别是高等教育，由于教育费用过高，支出负担使得一些家境困难的优秀学生失去了继续深造的机会。

2. 完善城市医疗保障制度

现行的医疗保障制度覆盖面较窄，大部分的医疗费用要靠个人承担。要降低居民预防性储蓄意愿扩大居民消费率就要改革医药卫生体制。在医疗卫生机构管理制度方面，改变医疗工作者的工资与药品销售相挂钩的规定，减少药品的流通环节实现药品销售零差价；完善医院的薪资制度，提高医疗工作者工资水平。此外，要增加各级财政对居民医疗保险的资金投入额度，降低居民个人承担比例；建立健全一体化的城乡居民基本医疗保险制度，缩小城乡居民医疗保障差距，提高城乡居民医疗保障基线。

3. 推进住房保障制度改革

居者有其屋是中国的家庭的一般梦想，为了自己和下一代的生存与发展，整个家庭上下几代都为之奋斗不已。因此，推进住房制度的改革，对降低预防性储蓄，实现消费模式转变的意义将是十分明显的。首先，要建立健全住房保障信息化管理体制。建立科学的家庭收入水平划分标准，并通过信息化管理系统严格监管标准的实施；改变当前部分房屋只售不租的现状，制定灵活的、租售合理的经济适用住房供应政策。其次，完善房地产市场交易和二手房市场交易的统计信息，做到信息的准确性和信息公开化。建立完善的房屋租赁市场租金管理措施。

4. 建立符合我国国情的失业保险制度

对失业的担心是储蓄增加的原因之一。目前，我国的社会保障制度的完善还集中在教育、医疗、住房制度等重大问题上。失业保险制度未得到足够的重视，成为影响消费扩大的严重制约因素。当前，我国在提供救济金的同时应建立完善的信息化管理制度，并进一步跟踪调查失业人员的再就业问题，关注失业人员的生活情况。定期开展培训，指导失业人员再就业。搭建失业人员找工作的信息平台，通过强化职业技能的方式增加本领。

（二）完善农村社会保障体系

增强农村社会养老保障的功能，切实保障妇女、未成年人、老年人、残疾人的合法权益。以中国农村社会保障为例，当前，我国农民人口有9亿，占总人口的70%，而这部分占据中国人口70%的人群，所得到的社会保障与城市人口仍存在较大差距。据2009年4月22日在第十一届全国人民代表大会常务委员会第八次会议上做出的《2009年中国农村社会保障体系建设情况报告》显示，截至2008年底，农村参保人口达到4284.3万人，也就是说农村社会保障覆盖率不足5%。另外，农村社会保障覆盖范围窄、层次低、地区发展不均衡，区域统筹不足，东部地区的社会保障水平要高于中西部。

对于不同层次的农业人口，要分门别类针对需要提供相应的制度保障。对于占我国农村人口的2/3的传统意义上的农民，要注意强化家庭保障和土地保障的作用，将其与其他社保制度结合，使农民得到较好的自我保障，并借助多种保障手段，如社会救济、社会优抚等，来维持农民的基本生活。在有条件的地区适时推广社会保险，通道多渠道筹集资金，开展较低水平的医疗保险和养老保险。而对于失地农民，他们因国家征用而失去了土地，政府虽然支付了一定的土地补偿金，但往往一次性补偿仍会造成失地农民生活无以为继。对待这部分农业人口，社会保障工作的重点应放在基本医疗保障和养老保障上面，保险费的筹集应由政府、集体、农民三方面共同承担。农民工主要收入来自非农产业，他们是介于农民和市民的群体。农民工是农村人口中最接近于市民的，经济收入也高于其他农民，因此他们的社会保障制度设计应当尽可能地融入城镇社会保障体系中。考虑到农民工的劳动特点，社会保障要多从这部分人群最需要的社会保障入手，依次是工伤保险、医疗保险、失业保险和养老保险，尤其是建立覆盖所有农民工的工伤保险制度。将最低生活保障制度的建设作为工作重点，扩大这一制度的覆盖面，做到应保尽保。

总之，建设城乡统筹的社会保障制度，把工作重心转移到农村，扩大农村救助的范围和对象，使其逐步向城市靠拢。这是未来社会保障制度努力的基本方向。在社会保险制度方面，要重点扩大医疗保险和养老保险的覆盖范围，建立包括农民在内的全体国民的保险制度，实行城乡统筹。建立健全社会保障体系，不断提高低收入阶层的消费能力、消费信心，防止和消除消费分层，缩小消费差距。

五、政府引导消费，实现和谐社会理念

党的十六届六中全会通过的《中共中央关于构建社会主义和谐社会若干重大问题的决定》明确指出：构建和谐社会是我国经济社会发展的长远目标和价值追求，社会和谐是中国特色社会主义的本质属性，是国家富强、民族振兴、人民幸福的重要保证。从消费的视角来实现和谐社会是全社会未来的任务，也是全民的责任。

对于政府而言，运用政府职能引导消费行为的转变，实现和谐社会，适度消费意义重大。因为政府既是消费政策、制度、法规的制定者，也是一个特殊的消费主体，对整个社会的消费具有导向性和示范性。政府应该从管理者和实践者的双重层面规范自身消费活动。

围绕着和谐消费的目标——符合人本能的要求，体现人的本质力量，促进人的全面的可持续发展的目标，建立符合消费规律的客观要求的消费价值观，促进人与人、人与社会、人与自然的和谐相处。为此，政府应在如下方面发挥引导作用。

（一）倡导和谐、健康的消费理念和消费方式，确立科学消费的价值观

在日常追求高度物质文明的生活中应不违背大自然规律和原则，用一种既有利于消费者身心健康发展，又有利于提高生活质量、丰富生活情趣，且消费行为不至于造成对自然资源的浪费，对生态环境的破坏的方式进行消费。与此同时，针对人们缺乏商品、消费知识，政府要设有关讲座、宣传，帮助人们正确认识商品。针对人们错误的消费观念，政府要积极倡导健康的消费观念。如提倡理性消费，反对超前消费、攀比消费；提倡勤俭节约，反对奢侈消费、炫耀消费；提倡精神文化消费，反对片面的娱乐性、消遣性消费；强调科学健康的消费，反对不合法、不道德的消费等。针对消费者盲目追求名牌，企业制造假货、以假货充当名牌的现象，政府应该树立人们的诚信意识，以及"用假货可耻"的观念，进行产品质量法、消费者权益保护法、反不正当竞争法等知识的教育，倡导人们积极反假、打假、不用假。

（二）政府要努力健全市场机制，优化市场环境

完善的市场机制，明确的制度规范，是广大消费者放心消费的制度保障。为此，就要健全市场机制，加强对市场的监督、管理，加大对市场违法行为的处罚。只有这样，才能使企业建立诚信为本、消费者为本的意识，生产大量的优质

产品，才能使消费者具备良好的消费心态和理性选择的能力，才能使消费环境安全、和谐。政府要为保障消费者消费权益不受侵犯，约束企业行为以及解决消费争端提供完备的法律环境，让消费者可以放心、自由地消费。

(三) 要建立政府宏观经济调控机制

针对一切不利于和谐社会建设的经济问题，针对性地做出政策性调整。具体措施如下：

(1) 促进收入的和谐分配，扭转收入差距扩大化的趋势。为了改善收入结构的不合理状况，党中央号召要积极推进收入分配制度改革，努力构建橄榄型收入分配结构，缓解地区之间和部分社会成员收入分配差距扩大的趋势。为此，要完善个人财产登记制度，加强监督约束机制，调节过高收入，扩大中等收入群体，减少低收入群体。

(2) 要积极推进税收体制改革，运用税收制度调节收入分配。强化个人所得税在调节收入中的作用，把调节的重点由中等收入阶层转向高收入阶层；要改革个税征收方式，实现由分类征收过渡到分类与综合相结合的方式，最终转向综合征收；扩大消费税的税基，把高档消费品纳入到征收范围，提高消费税平均税率水平，调节高收入阶层、高消费人群的税负水平；改革累进税率的设计，降低中等收入阶层税率累进的幅度；开征不动产税、赠与税、遗产税等财产税，控制个人所得的超快增长等。

通过运用再分配等制度政策，实现公平消费。针对地区之间、不同收入阶层之间、行业之间的消费水平差异，采取有效的社会保障措施，确保贫困人口、低收入人口的最低消费水平，缩小差距，制定分层的消费政策。应该从实际情况出发，根据不同消费者的消费需求与消费水平，制定不同的消费制度、政策，制造多元的消费热点，引导不同层次的消费，培育不同层次的消费群体。根据不同的消费层次，目前消费大致分为五个层次：贫困型、温饱型、温饱型向小康过渡型、小康型和富裕型。

(3) 增强生态环境意识，节约使用资源或提高资源的利用效率，实现资源的合理开发利用和环境质量的不断改善依靠制度保障维系。从西方国家环保的经验来看，我国开展环保工作的有效途径是采用"政府为主，市场为辅"的机制，政府要在环保工作中发挥主导作用，要继续完善环境法规的建设，填补环境，不管是企业消费者、个体消费者还是政府消费者都是具有独立意志的行为主体。要改变目前不和谐消费的现状，单靠教育、宣传引导是不够的，因此，和谐消费的实践，还得有必要的制度和政策，对消费行为进行保护、鼓励、约束、遏制。

(4) 要努力开发和创新更多的可持续消费品，尽量推广绿色产品和无公害食品；尽量减少使用危害生态资源的产品；减少消费对环境造成的污染和资源的浪

第五章 合宜性的未来消费模式

费,通过引导可持续消费,增大绿色产品的消费比例,来实现消费与经济社会的和谐发展。为了配合绿色消费宣传,需要启动家庭教育、学校教育、社会教育相结合的方式,进行消费教育。根据我国的现状,在强化家庭教育的基础上,以学校和社会为主要渠道,将正式教育与非正式教育相结合,在全社会形成统一的和谐消费观念,培养消费者正确的价值判断、独立的道德选择能力,引导消费者形成具有较强自主性的、合理的消费行为。在学校教育方面,要勇于创新改革,将消费教育项目引入学生综合素质培养体系,引导学生树立科学的消费观念,掌握必备的消费知识与技能,培养良好的消费行为。另外,要鼓励社会力量,开展消费教育活动,支持消费者协会等社会民间组织,举办各种形式的消费宣传活动。

参考文献

英文文献

[1] Marieke De Mooij. Consumer Behavior and Culture: Consequences for Global Marketing and Advertising [M]. London: Sage Publications, Inc., 2004.

[2] Jean-Claude Usunier, Julie Lee. Marketing Across Culture [M]. England: Pearson Education Limited, 2005.

[3] Hofstede, Geert. Culture's Consequences: Comparing Values, Behaviors, Instructions and Organizations Across Nations (2nd ed.) [M]. Shanghai: Shanghai Foreign Language Education Press, 2008.

[4] Engel J. F. Consumer Behavior [M]. NewYork: The Dryden Press, 1995.

[5] Mason R.S. Conspicious Consumption: A Study of Expectional Consumer Behavior [M]. New York: Martins Press, 1981.

[6] Hawkins, Del I., Roger J. Best, and Kenneth A. Consumer Behavior: Implications for Marketing Strategy [M]. Richard D. Irwin, Inc., 1992.

[7] Jackson T. Motivating Sustainable Consumption: A Review of Evidence on Consumer Behavior and Behavioral Change [M]. London: Policy Studies Institute, 2005.

[8] Hirschman, Elizabeth C. Religious Affiliation and Consumption Processes: An Initial Paradigm, Research in Marketing [R]. Greenwich, CT: JAI Press, 1983.

[9] Hofstede, Geert. Cultures and Organizations: Software of the Mind [M]. London: McGraw-Hill, New York: McGraw-Hill, 1997.

[10] Ben S. Bemanke. The Global Saving Glut and the US Current Account Deficit [R]. Sandridge Lecture, Virginia Association of Economics, Richmond, Virginia, 2005.

[11] Cooper, R. Global Imbalances: Globalization, Demography, and Sustainability [J]. Journal of Economic Perspectives, 2008, 22 (3).

[12] Annamaria Lusardu. On the lmportance of Precautionary Saving Motive[J]. The Ameriean Eeonomie Review, 1998, 88 (2).

[13] Akerlof, George A. Behavioral Macroeconomics and Macroeconomic Behavior [J]. Ameriean Eeonomie Review, 2002 (92).

[14] Barber J. Production, Consumption and the World Summit on Sustainable Development [J]. Environmental, Development and Sustainability, 2003 (5).

[15] Stern P., Dietz T., et al. Values, Beliefs and Proenvironmental Action: Attitude Formation Towards Emergent Attitude Objects [J]. Journal of Applied Social Psychology, 1995 (25).

[16] Chan R. Y. K. Determinants of Chinese Consumer's Green Purchase Behavior [J]. Journal of Environmental Psychology, 1999 (19).

[17] Poortinga W., Linda S., et al. Values, Environmental Concerns and Environmental Behavior—A Study into Household Energy Use [J]. Environment and Behavior, 2004, 36 (1).

[18] Asafii–Adjaye J. The Relationship Between Electricity Consumption, Electricity Prices and Economic Growth: Time Series Evidence from Asian Developing Countries [J]. Energy Economics, 2000, 22 (6).

[19] Hengyun M., Les O., John Q., Wen L. A Survey of China's Renewable Energy Economy [J]. Renewable and Sustainable Energy Reviews, 2010 (1).

[20] Crompton P., Wu Y. R. Energy Consumption in China: Past Trends and Future Directions [J]. Energy Economics, 2005, 27 (1).

[21] Fisher V. K., Jefferson G. H., Liu H., Tan Q. What Is Driving China's Decline in Energy Intensity [J]. Resource and Energy Economics, 2004, 26 (1).

[22] Karp D.Values and Their Effects on Pro–Environmental Behavior [J]. Environment and Behavior, 1996 (28).

[23] Sparks P., Shepherd R.Self–Identity and the Theory of Planned Behavior: Assessing the Role of Identification with Green Consumerism [J]. Social Psychology Quarterly, 1992, 55 (4).

[24] Spangenberg J. H., Lorek S. Environmentally Sustainable Household Consumption: from Aggregate Environmental Pressures to Priority Fields of Action [J]. Ecological Economics, 2002 (43).

[25] Princen T. Pinciple for Sustainable Consumption: Two New Perspectives [J]. Journal of Consumer Policy, 2003, 3 (1).

[26] Manoochehri, J. Post–Rio Sustainable Consumption: Establishing Coherence

and a Common Platform [J]. Development, 2002, 45 (3).

[27] Hensen U., Schrader U. A Modern Model of Consumption for a Sustainable Society [J]. Journal of Consumer Policy, 1997 (20).

[28] Heiskanen E., Pantzar M. Toward Sustainable Consumption: Two New Perspective [J]. Journal of Consumer Policy, 1997, 20 (4).

[29] Burgess J. Sustainable Consumption: Is It Really Achievable? [J]. Consumer Policy Review, 2003, 13 (3).

[30] Cohen M. J. Sustainable Consumption American Style: Nutrition Education, Active Living and Financial Literacy [J]. International Journal of Sustainable Development and World Ecology, 2005, 12 (4).

[31] Starmer Chris. Development in Non-Expected Utility Theory: The Hunt for a Descriptive Theory of Choice Under Risk [J]. Journal of Economic Literature, 2000 (38).

[32] Tversky, Amosand Kahnemanrn Daniel. Loss Aversion in Riskless Choice: A Reference Dependent Model [J]. Journal of Eeonomies, 1991, 106 (4).

[33] Rabin, Matthew. Economies and PsyChology [J]. Joumal of Eeonomic Literature, 1998 (36).

[34] Jorgenson D. W., Kevin J. S. U.S. Economic Growth at the Industry Level [J]. American Economic Review, 2000, 90 (2).

[35] Li J. F., Tong J. T., Yu W. M. 30 Years of China Renewable Energy Development [J]. China Report, 2008 (10).

[36] Lin Y. F. Is China's Growth Real and Sustainable? [J]. Asian Perspective, 2004, 28 (3).

[37] Lu X. D., Pan J. H., Chen Y. Sustaining Economic Growth in China under Energy and Climate Security Constraints [J]. China and World Economy, 2006, 14 (6).

[38] Mohtadi H. Environment, Growth and Optimal Policy Design [J]. Journal of Public Economics, 1996, 63 (4).

[39] Richard G., Adam B. The Induced Innovation Hypothesis and Energy—Saving Technological Change [J]. Quarterly Journal of Economics, 1999, 114 (3).

[40] Sinton J. E., Levine M. D. Changing Energy Intensity in Chinese Industry: the Relative Importance of Structural Shift and Intensity Change [J]. Energy Policy, 1994, 22 (3).

[41] Urban F., Benders R. M. J., Moll H. C. Renewable and Low Carbon

Energy as Mitigation Options of Climate Change for China [J]. Climatic Change, 2009, 94 (1).

[42] Wen L., Henrik L., Brian V. M. Potential of Renewable Energy Systems in China [J]. Applied Energy, 2011, 88 (2).

[43] Yoo S. H., Ku S. J. Causal Relationship Between Nuclear Energy Consumption and Economic Growth: A Multi-Country Analysis [J]. Energy Policy, 2009, 37 (5).

[44] Luna D., Gupta S. F. An Integrative Framework for Cross-Cultural Consumer Behavior [J]. International Marketing Review, 2001, 18 (1).

[45] Qian W., Razzaque M. A., Keng K. A. Chinese Cultural Values and Gift-Giving Behavior [J]. Journal of Consumer Marketing, 2007, 24 (4).

[46] Modigliani F., Cao L.The Chinese Saving Puzzle and the Life Cycle Hypothesis [J]. Journal of Economic Literature, 2004, 42 (1).

[47] Gillian C. Hopkinson, Davashish Pujari. A Factor Analytic Study of the Sources of Meaning in Hedonic Consumption [J]. European Journal of Marketing, 1999 (33).

[48] Hall Edward T. Monochronic and Polychronic Time//Larry A., Samovar, Richard E., Porter A. Reader [C]. Wadsworth Publishing Company, 1982.

[49] Fukuyama Francis. The Primacy of Culture [J]. Journal of Democracy, 1995 (6).

中文文献

[1] 国家统计局. 中国统计年鉴 [M]. 中国统计出版社, 1978~2013.

[2] 让·鲍德里亚. 消费社会 [M]. 刘成富, 全志钢译.南京：南京大学出版社, 2009.

[3] 凡勃伦. 有闲阶级论 [M]. 蔡受百译. 北京：商务印书馆, 2005.

[4] 王宁. 消费社会学 [M]. 北京：社会科学文献出版社, 2011.

[5] 马克思. 马克思恩格斯选集 [M]. 北京：人民出版社, 1995.

[6] N.格里高利·曼昆. 经济学原理 [M]. 北京：机械工业出版社, 2003.

[7] 亚当·斯密. 国富论 [M]. 郭大力, 王亚南译.北京：译林出版社, 2011.

[8] 马尔库塞. 单向度的人 [M]. 刘继译.上海：上海译文出版社, 1989.

[9] 艾伦·杜宁. 多少算够——消费社会与地球的未来 [M]. 长春：吉林人民出版社, 1997.

[10] 丹尼尔·贝尔. 资本主义文化矛盾 [M]. 北京：生活·读书·新知三联书

店，1989.

[11] 赫尔曼·戴利，肯尼斯·汤森. 珍惜地球：经济学，伦理学，生态学 [M]. 北京：商务印书馆，2001.

[12] 莫特著. 消费文化 [M]. 南京：南京大学出版社，2001.

[13] 汤因比，池田大作. 展望21世纪——汤因比与池田大作对话录 [M]. 荀春生译. 北京：国际文化出版社，1985.

[14] 杰姆逊. 后现代主义与文化理论 [M]. 西安：陕西师范大学出版社，1986.

[15] 克利福德·格尔茨. 文化的解释 [M]. 南京：译林出版社，1999.

[16] 罗森塔尔，尤金. 简明哲学辞典 [M]. 中共中央马克思恩格斯列宁斯大林著作编译局译. 北京：人民出版社，1955.

[17] 刘守华. 文化学通论 [M]. 北京：高等教育出版社，1992.

[18] 梁漱溟. 中国文化要义 [M]. 上海：上海世纪出版集团，2005.

[19] 韦卓民. 韦卓民博士教育文化宗教论文集 [C]. 中国台北：中国台北华中大学韦卓民纪念馆编印，1980.

[20] 麦克·克朗. 文化地理学 [M]. 杨淑华译. 南京：南京大学出版社，2003.

[21] R.霍伊卡. 宗教与现代科学的兴起 [M]. 成都：四川人民出版社，1991.

[22] 托克维尔. 论美国的民主 [M]. 张晓明编译. 北京：北京出版社，2007.

[23] 哈耶克. 通往奴役之路 [M]. 北京：中国社会科学出版社，1997.

[24] 李约瑟. Science and Civilisation in China [M]. 南昌：江西人民出版社，1990.

[25] 杰里米·里夫金等. 熵——一种新的世界观 [M]. 吕明译. 上海：上海译文出版社，1987.

[26] 恩格斯. 自然辩证法 [M]. 北京：人民出版社，1984.

[27] 福克纳. 美国经济史（上卷）[M]. 北京：商务印书馆，1989.

[28] 都留重人. 日本的起飞：从起飞进入持续增长的经济学 [M]. 成都：四川人民出版社，1988.

[29] [英] P. 伊金斯. 生存经济学 [M]. 合肥：中国科技大学出版社，1991.

[30] 亚当·斯密. 道德情操论 [M]. 北京：商务印书馆，2003.

[31] 柏拉图. 政治家 [M]. 北京：北京广播学院出版社，1994.

[32] 亚里士多德. 尼各马科伦理学 [M]. 北京：中国社会科学出版社，1990.

[33] 黑格尔. 美学（第1卷）[M]. 北京：商务印书馆，1979.

[34] 路易斯·布恩. 市场营销 [M]. 北京：人民邮电出版社，2007.

[35] 罗国杰，宋希仁. 西方伦理思想史（上卷）[M]. 北京：中国人民大学出版社，1985.

[36] 宿景祥. 美国经济统计手册 [M]. 北京：时事出版社，1992.

[37] 田海平. 西方伦理精神——从古希腊到康德时代 [M]. 南京：东南大学出版社，1998.

[38] 伊志宏. 消费经济学 [M]. 北京：中国人民大学出版社，2004.

[39] 陈坤林，何强. 中西文化比较 [M]. 北京：国防工业出版社，2012.

[40] 王前. 中西文化比较概论 [M]. 北京：中国人民大学出版社，2005.

[41] 张筱薏. 消费背后的隐匿力量：消费文化权力研究 [M]. 北京：知识产权出版社，2009.

[42] 孟秋菊. 消费和谐论 [M]. 成都：西南交通大学出版社，2010.

[43] 中国经济思想史学会编. 中国经济思想史研究 [C]. 上海：上海财经大学出版社，2008.

[44] 刘澎. 当代美国宗教 [M]. 北京：社会文献出版社，2001.

[45] 贾玉新. 跨文化交际学 [M]. 上海：上海外语教育出版社，1997.

[46] 瞿同祖. 瞿同祖法学论著集 [M]. 北京：中国政法大学出版社，1998.

[47] 王国维. 殷周制度论 [A]. 观堂集林（卷十）[M]. 北京：中华书局，1959.

[48] 王玉波. 大樊笼·小樊笼——传统生活方式 [M]. 北京：中国新闻出版社，1989.

[49] 陈勇勤. 中国经济思想史 [M]. 郑州：河南人民出版社，2008.

[50] 叶世昌. 古代中国经济思想史 [M]. 上海：复旦大学出版社，2003.

[51] 俞海山. 可持续消费模式论 [M]. 北京：经济科学出版社，2002.

[52] 林建煌. 消费者行为 [M]. 北京：北京大学出版社，2004.

[53] 李军林. 中国传统文化概论 [M]. 合肥：合肥工业大学出版社，2009.

[54] 孟昭毅. 外国文化史 [M]. 北京：北京大学出版社，2008.

[55] 黄梅波. 国别与地区经济 [M]. 北京：高等教育出版社，2010.

[56] 李晨阳. 道与西方的相遇：中西比较哲学重要问题研究 [M]. 北京：中国人民大学出版社，2005.

[57] 肖炼. 美国经济研究 [M]. 北京：中国友谊出版公司，2007.

[58] 尹世杰. 消费文化学 [M]. 武汉：湖北人民出版社，2002.

[59] 姚建平. 消费认同 [M]. 北京：社会科学文献出版社，2006.

[60] 徐淼忠. 现代消费经济学通论 [M]. 深圳：海天出版社，1988.

参考文献

[61] 胡雪萍.消费转型与经济发展[M].北京：中国财政经济出版社，2002.

[62] 黄卫平.看不懂的世界经济［M］.北京：经济日报出版社，2008.

[63] 张梦霞.中国消费者购买行为的文化价值观动因研究［M］.北京：科学出版社，2010.

[64] 卢嘉瑞.消费经济理论与实践研究［M］.石家庄：河北人民出版社，2007.

[65] 卢泰宏等.中国消费者行为报告［M］.北京：中国社会科学出版社，2005.

[66] 李通屏.中国消费制度变迁研究［M］.北京：经济科学出版社，2005.

[67] 王宁.消费社会学——一个分析的视角［M］.北京：社会科学文献出版社，2001.

[68] 李彦和.简明社会主义消费经济学［M］.银川：宁夏人民出版社，1987.

[69] 朱姝.消费者行为学［M］.上海：华东理工大学出版社，2009.

[70] 邹红.扩大消费需求的微观基础研究［M］.成都：西南财经大学出版社，2010.

[71] 周美伶.从跨文化的观点分析面子的内涵及其在社会交往中的运作［C］.中国社会心理学评论（第二辑）.北京：社会科学出版社，2006.

[72] 殷海光.中国的文化展望［M］.北京：中国和平出版社，1998.

[73] 赵玲.消费合宜性的伦理意蕴［M］.社会科学文献出版社，2011.

[74]（宋）黎靖德.朱子语类［M］.北京：中华书局，1986.

[75] 张岱年等.中国文化与文化论争［M］.北京：中国人民大学出版社，1990.

[76] 冯天瑜.中国古文化的土壤分析［N］.光明日报，1986-02-17.

[77] 吕维克.20世纪20年代美国消费社会研究［D］.山东大学硕士学位论文，2007.

[78] 黄安年.当代美国的社会保障制度［M］.北京：中国社会科学出版社，1998.

[79] 王宁.两栖消费行为的社会学分析［J］.中山大学学报，2005（4）.

[80] 任若恩，覃筱.中美两国可比居民储蓄率的计量：1992~2001［J］.经济研究，2006（3）.

[81] 任力.低碳经济与中国经济可持续发展［J］.社会科学家，2009（2）.

[82] 严先溥.加快我国消费模式转型步伐［J］.经济研究参考，2010（27）.

[83] 严先溥.金融危机下的消费模式转型——中美消费模式的比较与启示

[J]. 中国金融, 2010 (6).

[84] 严先溥. 金融危机下的消费思考——中、美消费模式的比较与启示 [J]. 消费经济, 2010, 26 (2).

[85] 石文典, 丁乃姝. 国内外消费观研究述评 [J]. 重庆理工大学学报 (社会科学), 2010, 24 (2).

[86] 李扬, 殷剑峰. 中国高储蓄率问题探究 [J]. 经济研究, 2006 (6).

[87] 吴建涛. 消费者行为差异与中美贸易收支失衡研究 [J]. 石家庄经济学院学报, 2009, 32 (5).

[88] 耿莉萍. 中美消费模式与条件的比较分析 [J]. 北京工商大学学报, 2005 (1).

[89] 王娅. 中美消费者行为差异研究——基于消费结构的视角 [J]. 商业时代, 2012 (1).

[90] 刘振彪. 从消费函数看我国需求疲软的形成机制 [J]. 消费经济, 2001 (4).

[91] 罗松山. 有效需求不足观点思辨 [J]. 经济学动态, 2002 (4).

[92] 朱国林, 范建勇. 中国的消费不振与收入分配: 理论和数据 [J]. 经济研究, 2002 (5).

[93] 余永定, 李军. 中国居民消费函数的理论与验证 [J]. 中国社会科学, 2000 (1).

[94] 袁志钢, 宋铮. 城镇居民消费行为变异与我国经济增长 [J]. 经济研究, 2000 (11).

[95] 周叔莲. 正确处理生产和消费的关系——兼论中国式的社会主义消费模式 [J]. 经济问题, 1981 (7).

[96] 付允等. 低碳经济的发展模式研究 [J]. 中国人口·资源与环境, 2008 (3).

[97] 金乐琴, 刘瑞. 低碳经济与中国经济发展模式转型 [J]. 经济问题探索, 2009 (1).

[98] 蒋洪新. 消费和谐体现中华民族优秀文化 [J]. 消费经济, 2007, 23 (2).

[99] 蔡德容. 以消费和谐促进社会和谐 [J]. 消费经济, 2007, 23 (2).

[100] 任玲玲. 浅析中美文化差异 [J]. 湖北经济学院学报, 2010 (6).

[101] 周中之. 经济全球化背景下当代中国消费伦理观念的变革及其研究 [J]. 上海师范大学学报, 2007, 36 (3).

[102] 邓志伟, 成海鹰. 论节俭的消费伦理观 [J]. 消费经济, 2002 (3).

[103] 刘志扬. 美国农业新经济的特征与影响 [J]. 贵州社会科学,

2003, 186 (6).

[104] 刘日红. 中国生产—美国消费模式再思考 [J]. 中国商贸, 2010 (6).

[105] 胡雪萍. 消费模式转型: 国际金融危机视角下的反思 [J]. 中南财经政法大学学报, 2009 (4).

[106] 胡雪萍. 国际金融危机下中国消费模式转型的路径 [J]. 国际经贸探索, 2009 (10).

[107] 陈志武. 美国的借贷消费模式会终结吗? [J]. 国际融资, 2008 (11).

[108] 穆秀丽. 消费异化: 金融海啸中美国消费文化反思 [J]. 重庆科技学院学报, 2009 (9).

[109] 靳宇. 炫耀性消费的历史与现实 [J]. 经济与法, 2010 (9).

[110] 袁惠等. 从消费文化到经济增长模式 [J]. 中外企业文化, 2009 (7).

[111] 刘飞. 从生产主义到消费主义: 炫耀性消费研究述评 [J]. 社会, 2007, 27 (4).

[112] 蒋惠惠. 美国经常项目赤字的可持续性研究 [J]. 对外经济贸易大学学报, 2006 (1).

[113] 黄谦明. 论消费主义思潮、经济增长方式与国民幸福 [J]. 学术论丛, 2009 (1).

[114] 张晓宏. 再论我国传统消费模式的弊端 [J]. 经济科学, 2001 (2).

[115] 邹加怡. 扩大内需是战略的调整 [J]. 国际经济评论, 2009 (1).

[116] 谢勇. 中国居民消费率的影响因素研究 [D]. 南京大学硕士学位论文, 2011.

[117] 吴琪. 奢侈与炫耀——基于炫耀性消费的奢侈品传播机制研究 [J]. 现代传播, 2013, 35 (6).

[118] 丁奕峰. 中国面子文化对炫耀性消费的影响分析 [J]. 中南财经政法大学研究生学报, 2010 (4).

[119] 孙里. 中国储蓄率高增长的理性分析 [J]. 长春理工大学学报, 2007 (5).

[120] 彭鲜红. 地理环境与中国传统文化特征研究 [J]. 河北北方学院学报, 2007 (1).

[121] 卢嘉瑞. 消费主义在中国的表现、危害及治理 [J]. 湖北经济学报, 2005 (4).

[122] 李金蓉. 消费主义与资本主义文明 [J]. 当代思潮, 2003 (1).

[123] 陈霞. 美国农业经济发展概况 [J]. China's foreign trade (英文版), 2010 (24).

［124］刘亮.美国人力资源政策对高等教育的影响及启示 ［J］.教育探索，2008（1）.

［125］席斌.关于失业人口过多与失业保险基金结余局面并存的思考［J］.中外企业家，2009（10）.

［126］于祖尧.美国经济制度严重病症引发全球危机 ［J］.创新科技，2009（2）.

［127］国家发展改革委外事司.如何看待美国的个人消费［J］.中国经贸导刊，2007（13）.